비즈니스 구축부터 신기술 개발까지

인공지능 교과서

저자 **이모토 타카시** | 감역 **이강덕** | 역자 **김기태**

BM (주)도서출판 **성안당**

머리말

모든 사람이 인공지능을 배우는 시대를 맞아

인공지능은 새로운 가치를 창출하고 또한 사회의 가치 기준을 변화시키고 생활과 비즈니스를 완전히 새로운 것으로 재구축할 거라는 평가를 받고 있다.

따라서 향후 모든 업계에서 인공지능이 승패를 가르는 핵심 요소가 됨에 따라 인공지능을 제대로, 능숙하게 활용한 기업과 조직만이 살아남을 거라고도 한다. 이 점에 관해 부정적 의견을 논하는 전문가는 거의 없다.

컴퓨터와 스마트폰처럼 모든 업계에서 인공지능을 사용하게 될 날이 머지않았다.

실제로 이미 전 세계의 고등학교와 대학교에서 인공지능을 필수 과목으로 지정하는 추세이다. 이공계뿐 아니라 문과 학부에서도 인공지능을 배우지 않으면 안 되는 시대가 현실이 되고 있다.

기업으로 눈을 돌리면 인공지능 활용 연구와 실험을 순조롭게 진행하여 잇따라 새로운 제품과 서비스를 창출하는 기업도 있는가 하면 인공지능에 흥미는 있지만 검토 단계에 머물러 있는 기업도 있다.

그 차이는 무엇일까?

인공지능을 제대로 활용하지 못하는 기업에게는 특징이 있다.

그건 기업의 경영진과 관계자가 인공지능을 바르게 이해하지 못하고 있다는 점이다. 그 이유는 인공지능이 매우 고도인데다 어려운 분야이기 때문일 것이다. 따라서 본질을 이해하려면 공부가 필요하지만 누구나가 데이터 사이언스와 인공지능에 흥미를 갖고 새로운 분야를 학습할 시간이 충분한 것은 아니다.

이러한 배경에서 〈IoT 교과서〉(닛케이BP) 독자로부터 전문 지식이 없어도 인공지능을 배울 수 있는 책을 만들어 주었으면 좋겠다는 요망이 쇄도하여 이 책을 집필하게 됐다.

이 책의 구성에 대해

이 책은 일본경제신문사의 세미나 〈닛케이테크놀로지 임팩트〉와 닛케이BP 세미나 〈닛케이 xTECH〉 등에서 수차례의 인공지능 강좌를 진행한 필자가 엔지니어가 아닌 중·고등학생이나 문과 출신의 비즈니스맨, 경영자 등도 인공지능을 바르고 효율적으로 이해할 수 있도록 필요 최소한의 요점을 압축하고 가급적 전문 용어를 사용하지 않고 집필했다.

초보자도 인공지능의 본질을 짧은 시간에 이해할 수 있도록, 또한 각자의 상황과 이해도에 따라서 학습할 수 있도록 3부로 나누어서 구성했다.

제1부(제1장)는 기초편이다. 여기서는 향후 인공지능이 중심이 되는 사회에서 살아가는 데 필요한 최소한의 지식에 대해 정리했다. 인공지능은 무엇이 전문이고 무엇이 비전문인지, 그리고 사회

를 어떻게 바꿀지에 대해 해설했다.

제2부(제2~4장)는 비즈니스편이다. 여기서는 비즈니스에 인공지능을 활용하는 데 있어 각 업계의 활용 사례와 어떤 방법으로 사용할지에 대해 다루었다.

또한 인공지능을 활용할 때 주의해야 할 사항을 중심으로 프로젝트 추진 방법과 국가 등의 지원 상황에 대해서도 해설했다.

제3부(제5~8장)는 기술편이다. 여기서는 인공지능의 구조에 대해 해설했다. 향후 데이터 사이언스와 인공지능에 관한 지식은 엔지니어와 인공지능 프로젝트에 관여하는 사람에게는 필수 지식이므로 꼭 읽어줬으면 한다.

직접적으로 프로젝트에 관련이 없는 사람이라도 인공지능에 대한 이해도를 깊이 할 수 있으므로 읽어보기를 권장한다. 가능한 한 전문 용어를 사용하지 않았기 때문에 전제 지식이 없어도 이해할 수 있다. 수학에 자신이 없는 사람은 이해할 수 있는 부분만 골라 읽어도 상관없으니 꼭 읽어주기를 바란다.

마지막 제9장에서는 필자가 강좌를 하면서 자주 받는 질문과 오해가 많은 점에 대해 FAQ 형식으로 정리했다. 다른 장과 중복되는 부분도 있을지 모르지만 매우 중요한 점에 대해 정리했으므로 복습을 한다는 생각으로 읽어주기를 바란다.

학생 여러분에게

현재, 그리고 앞으로 맞이할 시대는 특정 분야의 지식뿐 아니라 컴퓨터와 인공지능을 포함한 다양한 분야의 지식이 요구된다. 그러므로 많은 지식을 효율적으로 배우는 스킬이 필요하다.

효율적으로 많은 것을 배우려면 가장 중요한 것은 높은 동기를 갖는 것이다. 이 책을 정해진 읽는 방법은 없다. 자신에게 가장 편안한 방법으로 읽기를 바란다. 이를 위해 본서는 중간 장부터 읽어도 이해할 수 있도록 배려했다.

이 책을 읽기 위한 자격 또한 없다. 대학생은 물론 흥미가 있는 사람이라면 고등학생이라도 중학생이라도 초등학생이라도 읽어보기 바란다.

어쩌면 학교에서 아직 배우지 않은 이야기가 등장할지 모른다. 어려워서 이해할 수 없는 부분이 있더라도 낙담할 필요는 없다. 주저하지 말고 건너뛰자. 그리고 흥미가 있는 곳부터 읽으면 된다. 다른 서적과 학교 수업을 통해 새로운 지식을 익히고 나서 읽으면 신기할 만큼 쉽게 이해할 수 있다.

필자도 기술 서적을 읽을 때는 소설과 달리 처음부터 순서대로 읽으면서 한 번에 이해하려고 하지 않는다. 오히려 흥미가 있는 부분을 먼저 읽은 다음 필요에 따라서 나중에 사전처럼 들춰보면서 읽어본다. 그리고 여러 권을 번갈아가면서 흥미 있는 부분만 읽으면 최종적으로 여러 가지 지식을 효율적으로 배울 수 있다.

학교 공부도 마찬가지다. 한 권의 교과서만을 읽고 이해하려고 하지 말고 다양한 참고서를 읽고 이해할 수 있는 부분부터 습득하면 된다.

인공지능은 좋은 파트너이다

미지의 것을 접하면 경계를 하는 것은 생물로서의 본능일지 모른다. 인공지능도 인류에게는 미지의 것이다. 때문에 인공지능은 일부 엔지니어밖에 이해할 수 없는 어려운 존재이며, 상식을 파괴하고 인간에게 대적하는 위협적인 존재라고 느끼는 사람도 있을지 모른다.

단언컨대, 이 책은 그런 오해를 풀기 위해 있다.

'인공지능은 인류가 올바르게 활용하면 좋은 파트너가 된다'.

그런 시각을 갖고 많은 사람이 이 책을 읽고 빛나는 새로운 미래를 함께 만들어갈 수 있게 되면 정말로 기쁘겠다.

이모토 타카시(伊本 貴士)

contents

제 **2** 장

【비즈니스편】 산업별로 본 인공지능 사례와 미래 예측

제3장

.... 107

【비즈니스편】 인공지능 활용에 관한 국가 시책

제4장

【기술편】 머신러닝 ~지금까지의 인공지능과 역사~

【기술편】 인공지능 개발과 운용 관리

제 **9** 장 421

인공지능 개발에 관한 FAQ

【기초편】

제 1 장

인공지능(AI)의 세계

인공지능(AI)을 비즈니스에 활용한다. 그러려면 인공지능의 가치란 무엇인가. 인공지능은 무엇이 가능하고 무엇이 불가능한지 인공지능에 대한 기본적인 지식을 제대로 이해할 필요가 있다.

현명한 소프트웨어를 가리켜서 막연히 인공지능이라는 단어를 사용한다거나 개념적으로 이해하고서는 인공지능을 모두 알고 있다고 착각하고 있지는 않은가.

지금은 그나마 괜찮을지도 모르겠다. 그러나 이 상태라면 가령 인공지능을 사용한 제품을 이용하거나 개발하는 장면에 직면했을 때 그 가치와 메리트를 잘못 인식할 가능성이 있다.

이 장에서는 인공지능을 이해하는 제1단계로 전문적인 지식이 없는 사람이라도 반드시 알아야 할 기본 사항에 대해 알아본다. 구체적으로는 인공지능을 어떻게 이해하면 좋을지 또한 인공지능을 사용해서 도대체 무엇이 가능한지에 대해 해설한다.

제1장 인공지능(AI)의 세계

··

1.1 인공지능이란 무엇인가

인공지능의 탄생과 역사

인공지능은 1940년대부터 연구가 시작됐다고 한다. 인공지능의 탄생을 명확하게 정의하는 것은 어렵지만 인간의 뇌를 전기적인 네트워크를 구축해서 시뮬레이션한 실험이 그 시초라 할 수 있다.

그로부터 1970년까지의 제1차 인공지능 붐 그리고 1980년대의 제2차 인공지능 붐, 이후 인공지능 겨울의 시대라 불린 기간을 거쳐 2000년대에 들어서기까지 다양한 인공지능 수법이 개발되어 실험을 반복해왔다. 그러나 정작 실용 단계에 접어든 것은 없었다.

그것이 2010년대 들어 마침내 인공지능이 실용화되는 시대가 도래했다. 우리의 생활에 널리 도움 되고 생활을 편리하게 하는 존재로 발전해왔다. 동시에 지금까지 없던 새로운 가치를 창출할 가능성이 제기되면서 인공지능은 높은 기대를 받게 됐다.

그 이유는 영국의 컴퓨터 과학 및 인지심리학 연구자인 제프리 힌턴Geoffrey E. Hinton을 필두로 한 연구자들이 딥러닝(심층학습)을 실현하는 방법을 공개했기 때문이다(딥러닝에 대해서는 제6장을 참조).

이런 역사를 거쳐 인공지능은 화상인식과 음성인식 분야에서 실용화되어 자연어의 번역과 스마트 스피커, 자율주행차 등에서 이용되고 있다.

결국, 인공지능이란 무엇인가

그럼 인공지능이란 무엇인지에 대해 설명하지. 실은 인공지능의 정의에는 여러 의견이 있다. 때문에 세계 공통의 통일된 견해는 없다. 이점을 근거로 해서 매우 넓은 의미에서 인공지능을 설명하면 '인간과 마찬가지로 생각하고 판단을 하는 프로그램' 정도라고 할 수 있다. '인간과 마찬가지로'라고는 해도 사람에 따라서 해석은 제각각이다. 더욱이 '인간과 마찬가지로'라는 것을 실현하기 위한 어프로치도 여러 가지이다. 따라서 인공지능은 '이거다'라는 명확한 정의는 없다. 때문에 인공지능의 정의에 대해 크게 고집할 필요는 없다.

한편 현 단계에서 인공지능은 인간과는 달리 다양한 것을 창조해서 고도의 커뮤니케이션을 취할 수는 없다. 왜인가 하면 현재의 인공지능이란 '통계학의 확률이론에 근거한 모델 생성을 수행하는 툴'이기 때문이다.

예를 들면 A씨는 38℃의 물을 뜨겁다고 느끼지 않지만 39℃의 물은 뜨겁다고 느꼈다. B씨도 38℃의 물은 뜨겁지 않다고 느꼈지만 39℃의 물은 뜨겁다고 느꼈다. 마찬가지로 100명에게 물은 결과 100명 중 98명이 39℃의 물은 뜨겁다고 느꼈다. 이때 인간은 98%의 확률로 39℃ 이상의 물은 뜨겁다고 느낀다는 법칙이 존재하는 것으로 추측된다. 이 법칙을 모델이라고 한다. 실제로 이 예와 같은 단순 모델을 생성하기 위해 인공지능을 사용하는 일은 없겠지만 이해하기 쉽도록 단순한 예를 들어 설명했다.

모델과 설명변수, 목적변수

실제의 인공지능 모델을 예로 들어 설명한자. 가령 어느 지역의 기온과 습도, 강수량 등의 데이터에서 범죄가 어느 정도 일어날 가능성이 있는지를 예측하는 모델을 인공지능으로 생성하려고 한다. 이 경우 범죄 발생 가능성에는 장소 이외에도 기온과 습도 등의 환경 조건이 영향을 미치는 건 아닌가 하는 추측하에 작업을 진행한다(실제로 범죄 발생 확률은 날씨 등에 따라서 변화한다는 연구 결과가 많이 존재한다). 이때 모델로 산출하는 목적인 '범죄 발생 확률'을 목적변수라고 한다. 모델에 입력하는 기온과 습도, 강수량 등의 조건을 나타내는 숫자를 설명변수라고 한다.

인공지능의 과거 범죄 발생 상황에 관한 데이터(이 데이터를 학습 데이터라고 한다)에서 어떤 상황에서 범죄가 일어났는지를 분석하고 어떠한 조건이 갖춰진 경우에 범죄가 발생할 확률이 증감하는지를 나타내는 계산식을 만든다. 계산식이라고 해도 모든 조건을 나타내는 설명변수에서 정확도가 높은 범죄 발생 확률을 도출하는 식이므로 매우 복잡하다.

인공지능이 만든 거대한 계산식이 바로 모델이다. 범죄 발생 확률을 높은 정확도로 예측하는 우수한 인공지능이 모델을 생성할 수 있으면 모든 지역에서 기온 등의 상황을 나타내는 설명변수를 인공지능에 입력하면 계산에 의해서 높은 정확도로 범죄 발생 확률을 예측할 수 있다.

다시 말해 현재의 인공지능이란 모든 조건을 정하는 데이터에서 대답이 되는 수치를 얻기 위한 법칙을 발견하는 것이다(그림 1-1).

그림 1-1●인공지능의 개념도
(출처: 미디어스케치)

인공지능에 대한 환상

여기까지 설명한 대로 인공지능은 매우 복잡하고 고도의 기술이다. 때문에 인공지능으로 수행하는 계산 구조를 이해하지 않으면 인공지능이 어떻게 진화할지를 정확하게 이해하는 것은 어렵다. 이런 이유에서 인공지능에 대한 잘못된 정보가 때때로 난무한다.

그 전형적 예가 '인공지능은 인간에 한없이 가까운 존재가 된다'는 개념이다. 확실히 인공지능은 신경망(뉴럴 네트워크)이라는 알고리즘(문제를 해결하기 위한 수순)이 자주 이용된다. 이것은 인간의 뇌 신경세포를 모델로 고안된 것이다(신경망에 대해서는 제6장을 참조).

그러나 인간의 뇌는 방대한 수의 감각기를 갖고 있으며 현재의 컴퓨터보다 훨씬 많은 정보를 얻어 리얼타임으로 학습을 수행하고 있다. 인간은 시각과 청각, 미각, 촉각, 후각의 다양한 자극을 24시간 365일 뇌로 처리하고 있다. 따라서 우리들 인류는 무의식중에 그저 살아가는 것만으로도 매일 방대한 양의 학습을 하고 있는 것이다. 인간의 신체가 얼마나 우수하고 신비한지 새삼 알 수 있다.

다시 말해 현재의 기술로는 인공지능이 인간과 같은 수준으로 방대한 양의 데이터와 학습을 하는 것은 불가능하기 때문에 인간과 같은 창조성을 갖는 것은 어렵다. 따라서 인공지능 프로그램은 앞으로 수십 년간은 특정 목적을 위한 프로그램 수준에 머물 것이다. 인공지능은 만능이 아닐 뿐더러 인간과 마찬가지로 생각할 수 있는 것도 아니라는 점을 알아두자.

범용 인공지능의 가능성

한편으로 인간에 한없이 가까운 지성을 갖게 하기 위해 범용 인공지능Artificial General Intelligence 연구도 진행하고 있다. 범용 인공지능이란 특정 목적을 위해 만들어진 것이 아니라 어떤 문제에도 적절한 대답을 생각할 수 있는 인공지능을 말한다.

현재의 인공지능은 범용 인공지능에 대해 전용 인공지능이라 불리기도 한다. 가령 화상인식을 위한 거라면 화상인식을 수행하도록 프로그램되어 튜닝된다. 학습을 수행하면 어떤 것이라도 인식할 가능성이 있다는 점에서는 어느 의미 범용성이 있다고도 할 수 있다. 그러나 그 인공지능이 한국어 등의 대화가 가능한가 하면 아마도 어려울 것이다.

범용 인공지능을 실현하기 위한 구체적인 방법은 2018년 단계에서는 아직 확립되어 있지 않아 연구 여명기라고 할 수 있다. 양자 컴퓨터 등이 실현되면 가능성이 전혀 없는 건 아니지만 이외에도 해결해야 할 과제가 많아 실현까지는 수십 년 이상이 걸릴 것이다.

반대로 기존과 마찬가지로 학습을 하지 않는 프로그램을 인공지능이라고 부르는 일도 있다. 예를 들면 말을 걸면 대답을 하는 기기는 인간과 같이 친숙하게 느껴지므로 인공지능이라고 생각하기 쉽다. 그러나 실제로는 인간에 의해서 만든 계산식에 기초해서 준비된 대답문을 단순하게 되돌려줬을 뿐일지도 모른다. 이 경우 학습이라는 장치가 없으므로 누가 몇 번이고 같은 질문을 해도 같은 대답밖에 돌아오지 않는다. 이처럼 세상에는 인공지능에 관한 많은 오해가 넘쳐난다. 이러한 정보에 유혹되지 않기 위해서라도 이 책에서 설명하는 인공지능의 구조를 이해하고 인공지능이 가능한 것과 불가능한 것을 판단할 수 있기 바란다.

1.2 인공지능의 가치

왜 인공지능으로 자율주행차를 실현할 수 있는가

인공지능은 만능은 아니다. 그러나 인공지능이 특정 목적에 한해서 지금까지는 없었던 새로운 가치를 창출하는 것은 틀림없다.

예를 들어 자율주행차는 인공지능에 의해서 실현 가능해진 상징적 산물이라고 해도 좋을 것이다. 자율주행을 수행하려면 탑재된 여러 대의 카메라 영상에서 차량 진행 방향에 무엇이 어디에 존재하는지를 정확하게 인지해야 한다. 인공지능은 화상이라는 방대한 정보를 포함하는 데이터에서 특정의 것을 인식하는 패턴 인식이라 불리는 계산 능력이 매우 뛰어나다. 자율주행에 이용되는 인공지능은 카메라가 촬영한 영상에서 사람과 표지판, 자동차 등을 구별하고 각각이 어느 정도의 거리에 있는지를 정확하게 판단한다.

화상인식 분야에서 동그라미인가 삼각형인가를 인식하는 정도의 간단한 구별이라면 인공지능을 사용하지 않아도 가능하다. 인간이 만든 계산식으로도 구별할 수 있다. 그런데 인간의 신체는 체격과 체형에 다양한 차이가 있다. 추가해서 제각각 다른 옷을 입고 여러 가지 방향을 향해 다양한 자세를 취하고 있다고 하자. 이 사람들을 모두 '인간'이라고 인식하려면 어떤 '특징'이 있으면 인간이라고 판단 가능한지에 대한 모델을 인공지능이 생성할 필요가 있다.

이처럼 인공지능은 방대한 데이터에서 법칙을 발견하는 것을 전문으로 하며 인간과는 전혀 다른 시점에서 이미지에서 특정 물체를 인식한다(그림 1-2).

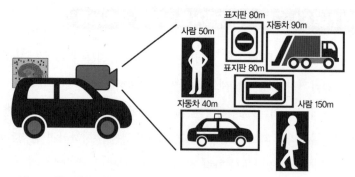

그림 1-2. 자율주행차의 개념
(출처: 미디어스케치)

인공지능을 둘러싼 각국 기업의 대응과 기대치

일본은 제3차 산업혁명에서 크게 두 차례 실패했다고들 한다. 첫 번째는 인터넷 확산기에 일본의 기업 서비스가 국내용 서비스를 고집한 나머지 글로벌 전개에 실패한 점이다. 결과적으로 미국의 구글Google과 페이스북Facebook과 같이 전 세계적으로 대성공한 기업이 일본에서 탄생하는 일은 없었다.

두 번째는 휴대전화의 실패이다. 휴대전화의 보급에 관해서는 NTT 도코모가 3G와 LTE 같은 통신 규격을 개발하고 2000년경에는 NEC와 소니 등의 일본 기업이 많은 휴대전화를 판매했다. 그런데 통칭 갈라파고스 휴대전화에서 스마트폰으로 이행하는 데 실패하여 결국 미국 애플Apple의 아이폰iPhone과 아시아 각국의 기업이 판매하는 안드로이드Android에 밀려나 일본의 기업은 잇따라 휴대전화 사업에서 손을 뗐다.

그리고 다음의 제4차 산업혁명이라 불리는 2010년 후반부터 2030년 사이에 다양한 기술 혁신이 일어날 것으로 예상된다. 그중에서도 가장 큰 가치를 창출할 것이라고 입을 모으는 기술이 인공지능이다.

2010년대 이후 특히 제조업 등의 생산 활동에서 아시아와 아프리카 등의 신흥국 기업이 대두하여 제조 기술에서는 선진국의 기업에 뒤지지 않는 수준까지 기술 수준이 높아졌다. 선진국의 기업은 향후 소품종 대량생산 영역에서 신흥국 기업에게 이긴 것은 지난날의 업적으로 남을 것이다. 실제로 선진국 기업이 적극적으로 신흥국에서 공장을 가동하고 있다. 또한 현저한 기술 진화를 달성하고 있는 오늘날 제품의 저가격과 고품질, 고스펙 같은 숫자상의 우위성만으로 기업이 차별화를 기하는 것은 어려운 시대에 돌입했다고 할 수 있다. 휴대전화가 바로 그 전형적인 예이다. 2000년대 초까지만 해도 일본 기업이 개발한 기종이 시장을 석권했다. 그러나 2010년대 후반 스마트폰으로 이행하는 과정에서 하드웨어의 성능에서는 두드러진 차이를 내지 못했다. 현재는 iOS라는 오퍼레이팅 시스템OS과 iTunes 등의 서비스를 강점으로 하는 애플의 아이폰과 저가격 안드로이드 스마트폰을 판매하는 삼성전자와 화웨이Huawei Technologies 같은 한국과 중국의 기업이 세계적으로 큰 점유율을 차지하고 있다.

이제 세계 각국은 아무도 흉내 낼 수 없는 새로운 가치를 창출해야 한다. 그래서 새로운 가치를 창출하는 기술로서 기대되고 있는 것이 인공지능이다. 즉 기업에게 인공지능이란 새로운 무기이며 차별화를 위해서도 반드시 대응해야 할 필수 기술이다.

주의가 필요한 것은 중국이 언제까지나 저가격 제품의 소품종 대량 생산을 고수하지만은 않을 거라는 점이다. 중국은 미국과 나란히 인공지능 연구에 거액의 투자를 하는 대표 국가이다. 이 사실에서 중국 기업이 향후의 기업 성장에 인공지능은 필요불가결하다는 인식을 갖고 있는 것을 알 수 있다.

반면 일본은 인공지능에 대한 투자액이 세계의 경쟁국에 비해 낮다고 한다. 경쟁국과의 차별화를 위해 필수인 기술임에도 불구하고 투자액이 낮은 것은 왜일까. 인재 부족과 IT화의 지연, 투자 의욕의 저하

등 다양한 요인이 있다고 생각한다. 그러나 이 현상을 받아들이고 각
각이 진지하게 생각하지 않으면 일본의 산업은 세계에서 크게 뒤지게
될 것이다.

인공지능이 가능한 것

결국 현재의 인공지능은 무엇을 할 수 있는가 하면, 모델을 사용해
서 설명변수와 목적변수의 관계성을 도출한다. 인간은 상상도 못했던
관계성을 도출할 수 있으면 그것을 사용해서 미지의 상황에 대해 높은
정확도로 예측할 수 있을 것으로 기대된다. 인공지능은 다양한 목적으
로 데이터를 분석하는데, 크게 회귀와 분류의 2가지로 나눌 수 있다.

(1) 회귀

예를 들면 온도가 40℃에 습도가 60%인 환경에서 바나나를 기른 경
우 어느 정도의 당도를 가진 바나나가 수확될지 예측할 수 있다. 이처
럼 어느 조건하에서 목적변수의 수치(이 경우는 당도)가 어떻게 변화하
는지의 경향을 예측하는 분석을 회귀라고 한다.

회귀분석의 응용 예는 폭넓어 이상異常 검지와 미래 예측 등에 이용
된다. 이상 검지는 정상 상황을 학습시킨 인공지능으로 예측치에서 크
게 벗어난 상황을 이상으로 검지하는 것이다. 미래 예측은 조건을 나
타내는 설명변수에 시각을 넣어 학습시키고 그 시각이 미래의 값이 되
면 어떻게 될지를 예측하는 것이다.

(2) 분류

지금까지의 학습 데이터에 비추어봤을 때 데이터가 어느 그룹에 속하는지를 확률로 예측하는 분석을 분류(클래스 분류)라고 한다. 주로 화상인식 기술 등에 이용된다.

화상인식이란 어느 이미지가 가령 개인지 고양인지를 판단하는 기술이다. 이 경우 설명변수로는 이미지 데이터를 입력하고 이미지의 색을 나타내는 수치가 어떻게 되어 있으면 '개'라는 그룹에 속할 확률이 높은지 반대로 '고양이'라는 그룹에 속할 확률이 높은지 관계성을 도출한다.

현재의 인공지능으로 수행하는 계산은 회귀와 분류가 대부분이다. 때문에 이 2가지를 이해하면 인공지능이 무엇을 할 수 있는지에 대해 이해할 수 있을 것이다.

미지 데이터 대응과 인공지능의 가치

인공지능의 가치는 미지의 데이터에 대해 어느 정도 높은 정확도로 예측이 가능한지로 결정된다고 해도 과언이 아니다. 예를 들면 아래와 같은 과거의 데이터(학습 데이터)가 있다고 하자.

- 기온 25℃, 습도 20%에서 자란 바나나의 당도는 5.0이었다.
- 기온 40℃, 습도 80%에서 자란 바나나의 당도는 9.0이었다.

이 상황에서 기온 40℃, 습도 80%에서 자란 바나나의 당도는 얼마가 될까 하는 질문에 대한 대답은 누구나 간단하게 예측할 수 있다. 왜 냐하면 단순히 같은 상황의 데이터를 검색해서 그 결과를 제시하면 되 기 때문이다. 그렇지 않고 '기온 30℃, 습도 50%'와 '기온 20℃, 습도 100%' 같은 지금까지 경험한 적 없는 미지의 상황에서 자란 바나나의 당도를 높은 정확도로 예측할 수 있으면 매우 가치가 높은 인공지능이 라고 할 수 있다.

이것을 예측하려면 기온과 습도, 당도의 관계성을 높은 정확도로 이 해하고 있는 모델을 생성할 필요가 있다(단, 실제로 설명변수는 기온·습 도의 2가지뿐 아니라 수십 종류의 데이터를 준비하지 않으면 관계성은 보이지 않을 것이다).

높은 정확도로 관계성을 이해하려면 가능한 한 많은 사실을 나타내 는 과거의 데이터(학습 데이터)가 필요하다. 학습하는 데이터가 많을수 록 어떤 미지의 상황에서도 높은 정확도로 예측을 할 수 있다. 이것이 고정 공식에서 대답을 산출하는 기존의 프로그램이 아닌 인공지능을 사용하는 프로그램을 활용하는 이점이다.

1.3 인공지능은 일자리를 빼앗을까

인공지능이 불가능한 것

인공지능은 실제로 존재하는 결과 데이터에서 그 경향을 나타내는 모델을 만들어내는 것이다. 따라서 지금까지와는 전혀 다른 예측지 못한 사태가 발생하면 예측하는 것은 불가능하다. 또한 과거에 전혀 존재하지 않았던 것을 상상해서 만들어내는 것도 어려울 것이다.

예를 들면 네덜란드의 후기 인상파 화가인 빈센트 반 고흐의 화풍으로 그림을 그리는 인공지능을 다룬 논문이 있다. [1], [2]

논문에 소개된 인공지능은 과거에 고흐가 그린 그림의 화풍 특징을 분석한다. 즉 고흐가 그린 모든 그림에 공통되는 특징을 도출하는 것이다. 이것이 가능하면 다음은 사진 등을 같은 특징을 갖도록 가공하면 고흐풍의 화상이 완성된다. 이것 역시 실제로 존재하는 데이터에서 특징을 도출하는 일례이다. 다만 지금까지 존재하지 않던 화풍의 그림을 신규로 만들어내고 인간을 감동시킬 만한 그림을 인공지능이 그리는 것은 어렵다.

인공지능으로 대체할 수 없는 3가지 업무

현재의 인공지능이 무엇을 할 수 있고 무엇을 할 수 없는지를 이해하면 향후 인공지능이 인간을 대신해서 어떤 일을 할 수 있을지를 쉽게 상상할 수 있다.

영국 옥스퍼드 대학의 마이클 A. 오즈번Michael A. Osborne 준교수와 칼 베네딕트 프레이Carl Benedikt Frey 박사는 복잡한 지각 조작을 하는 업무와 창조성이 필요한 업무, 사회적 커뮤니케이션이 필요한 태스크(업무)를 인공지능에 의한 지성을 가진 로봇이 수행하는 것은 향후 수

십년간은 어렵다는 논문을 발표했다.[3]

　복잡한 지각 조작을 하는 업무란 인간과 마찬가지로 미묘한 감촉을 인지하고 미묘한 힘 조절이 필요한 업무를 말한다. 왜 로봇이 지성을 가져도 이들 업무와 일을 하는 것은 어려울까. 그 이유는 로봇은 인간에 비해 센서의 수가 압도적으로 적기 때문이다. 인간은 피부에 존재하는 많은 감각기로 상황을 파악하고 부드러운 신체로 미묘하고 복잡한 힘 조절을 수행하고 있다. 때문에 로봇이 의료적인 인간의 수술을 하는 것은 어렵다고 생각한다. 다만 정형화되어 있어 복잡한 조정이 필요치 않은 수술이라면 가능할지 모른다.

　또한 로봇이 지성을 갖는다고 해도 집안을 자유롭게 움직이며 돌아다니는 것은 어려울 것이다. 집이라는 것은 구조도 다를 뿐더러 집안에 놓여 있는 물건도 집집마다 다르기 때문이다. 실제로 많은 로봇이 가동하고 있는 공장은 로봇이 움직이는 것이 가능하도록 동선 등을 고려해서 설계되어 있으며 장애물을 최대한 없앴다.

　창조성이 필요한 업무는 음악과 예술 등의 영역에서 참신한 것을 새롭게 만들어내는 것이며 또한 인간의 심리에 호소하는 메시지가 담긴 것이다. 예를 들면 전통공예 등은 여기에 해당하므로 향후도 인간이 담당하게 될 것이다. 인공지능이 미묘한 표현을 만들어내려면 인간과 마찬가지로 방대한 데이터가 필요하기 때문이라고 앞의 두 사람은 논문에서 설명했다.

　사회적 커뮤니케이션이 필요한 업무는 사람에 대한 고도의 커뮤니케이션 스킬이 요구되는 업무이다. 예를 들면 교섭과 설득, 심리 케어 등이 해당한다. 현재의 인공지능은 리얼타임으로 시시각각 변화하는 인간의 감정을 정확하게 포착하고 상대가 어떻게 생각하는지를 상상하면서 적절한 표현을 수행하는 것은 불가능하다. 학습을 위한 방대한 데이터양과 리얼타임 처리를 하기 위한 능력, 미묘한 표현을 만들어내기 위한 창조 능력 등 필요한 것이 너무 많기 때문이다. 때문에 심리 카운슬러 업무 등은 향후도 인간이 담당하게 될 것이다.

이상의 점을 이해하면 대체로 복잡한 조작과 창조성, 커뮤니케이션 스킬이 필요한 인간적인 업무와 일은 현재의 인공지능으로 수행하는 것은 어렵다고 할 수 있다. 반대로 창조성이 요구되지 않는 작업에 해당하는 업무와 일은 인공지능을 탑재한 컴퓨터가 인간을 대신해서 수행할 가능성이 있다는 것을 이해할 수 있을 것이다.

여기서 주의해야 할 것은 인공지능은 결코 정형적인 업무만 가능한 게 아니라 비정형적 업무도 처리할 수 있다는 점이다. 자율주행은 이미 인공지능이 인간 이상으로 안전하게 운전할 수 있는 단계에 달했지만 일반적인 사항이라고는 할 수 없다. 도로 상황과 어떤 도로에서 어떤 식으로 사람이 튀어나올지 등 예상치 못한 상황에 임기응변으로 대응해야 하기 때문이다.

인류는 인공지능에게 일자리를 빼앗기는가

인공지능에 의해서 일자리를 잃을 가능성이 아주 없는 건 아니지만 크게 염려할 필요는 없다고 저자는 생각한다.

그 이유를 설명하자. 우선 앞에서도 설명한 바와 같이 인공지능이 처리할 수 없는 일이 있기 때문에 인공지능이 모든 업무를 수행할 수 있는 것은 아니다. 따라서 일자리 자체가 사라질 거라는 생각은 기우이다.

예를 들면 세무사나 회계사는 인공지능이 대신할 수 있는 직업으로 자주 거론된다. 확실히 분류 작업은 인공지능이 영수증을 확인해서 자동으로 처리하는 추세이다. 그러나 인공지능이 경영자에게 적절한 조언을 할 수 있을지는 의문이다. 세무사와 회계사에게는 경영 어드바이저로서 경영자를 서포트하는 중요한 업무가 있다.

인공지능은 데이터 분석을 토대로 견해를 논하는 것은 가능할지 모른다. 그러나 인공지능이 고도의 커뮤니케이션으로 경영자의 불안감을 없앨 수 있다고는 장담할 수 없다. 또한 세무사와 회계사는 인간으로서 신뢰받는 것이 중요한 직업이다. 즉 특정 직업이 인공지능으로 대체되는 게 아니라 여러 직업 중의 특정 업무가 인공지능으로 대체된다는 표현이 적절하다고 생각한다.

그러나 복잡한 조작과 창조성, 고도의 커뮤니케이션이 필요하지 않은 직업도 존재한다. 유감이지만 그러한 직업은 향후 인공지능과 로봇으로 대체될 것이다.

다만 인공지능과 로봇으로 대체하는 데는 많은 비용이 필요하다. 물리적으로는 가능하다고 해도 채산이 맞지 않으면 당연히 대체하기에는 어려움이 있다. 큰 부담 없이 도입할 수 있기까지는 10년 이상이 걸릴 거라고 생각한다.

실은 이 세상에 컴퓨터와 인터넷이 등장했을 때도 완전히 같은 상황이었다. 당시에도 일찍이 없는 신기술의 보급으로 사라지는 직업이 있는 것은 아닐까 하는 우려의 목소리가 높았다. 그러나 뚜껑을 열고 보니 일자리는 사라지지 않았고 업무 추진 방법이 크게 변했을 뿐 사회에 큰 혼란이 생긴 것도 아니었다. 인공지능도 마찬가지라고 할 수 있다. 인공지능이 침투한다는 것은 인간이 더욱 더 인간다운 창조성과 커뮤니케이션이 필요한 직업, 즉 재미있다고 생각하는 업무만을 할 수 있는 시대가 도래하는 거라고 필자는 인식하고 있다.

사람과 인공지능의 협조 레벨

한 마디로 인공지능을 활용한다고 해도 다양한 레벨이 있다. 예를 들면 의료현장에서 인공지능을 활용한다고 해서 현 시점에서 의사가 병원에서 사라지고 모든 환자를 로봇이 진단하고 그 진단 결과에 기초해서 로봇이 수술하는 병원을 필자는 상상할 수 없다. 이유는 기술적으로 '가능한가 불가능한가'의 문제가 아니라 그런 병원에서 진단을 받고 싶어하지 않기 때문이다.

한편으로 질병의 진단에 인공지능을 활용하고 분석 결과를 의사가 참고로 하는 것은 지금 당장이라도 실천해야 한다고 생각한다. 의사에 따라서는 미처 알아차리지 못하거나 간과할 수 있는 실수를 발견할 가능성이 있기 때문이다.

이처럼 한마디로 인공지능을 활용한다고 해도 서포트 툴로서 사용하는 방법부터 인간을 대신해서 사용하는 경우까지 다양한 협조 레벨이 있다. 필자가 본 여러 현장 중에서 어떠한 레벨을 생각할 수 있는지를 표에 정리해봤다(표 1-1).

표 1-1●사람과 인공지능의 협조 레벨
(출처: 미디어스케치)

	개요	내용	작업 주체
레벨 5	완전 대체	작업 전체를 인간을 대신해서 인공지능(로봇)이 수행한다. 사람은 원격에서 감시·지시가 가능하다.	인공지능
레벨 4	일부 대체	사람이 수행하는 작업의 일부를 인간을 대신해서 인공지능(로봇)이 수행한다. 사람은 가까이에서 감시하면서 함께 작업을 할 필요가 있다.	인공지능과 사람
레벨 3	인공지능이 사람에게 지시	업무의 일부에 관해 사람은 판단을 하지 않고 인공지능의 지시에 따라서 작업을 수행한다.	사람
레벨 2	인공지능에 의한 체크	사람이 수행한 작업 결과에 대해 인공지능이 문제가 없는지를 카메라 등을 이용해서 검사한다.	사람
레벨 1	인공지능에 의한 어드바이스	인공지능은 분석한 결과와 예측을 토대로 사람에 대해 작업 순서와 주의사항 등의 부가 정보를 조언, 제공한다.	사람

예를 들면 인공지능을 사용해서 분석하고 특정 질병의 발생 가능성을 의사에게 제시하는 경우는 레벨 1이며 도입하는 데 곤란한 문제는 일어나지 않는다.

이에 대해 원격의료 등으로 기대받고 있는 로봇이 의사를 대신해서 수술을 하고 의사가 카메라 등으로 로봇의 움직임과 환자의 상태를 지켜보는 것은 레벨 5에 상당한다. 안전성과 트러블 발생 시의 대응 등 다양한 시나리오를 상정하지 않으면 안 되어 도입에는 매우 많은 시간과 비용이 든다.

제조업 공장 등에서 필자에게 컨설팅 의뢰를 하면서 그 회사의 사장으로부터 '사람이 하고 있는 작업을 인공지능으로 자동화하고 싶은데 어떻게 하면 좋을까'라는 내용의 상담을 받는다.

작업자의 일을 인공지능을 사용해서 대행하는 이 요망은 레벨 5에 상당한다. 처음부터 레벨 5를 목표하는 경우 그에 상응하는 조건을 충족할 필요가 있다. 즉 상당한 비용을 염출할 수 있어야 하고 효과를 기대할 수 있을 정도로 대규모로 전개할 수 있어야 하며 나아가 작업을 정형화할 수 있어야 한다. 이 점을 이해하지 않고 프로젝트를 추진한다면 중간에 좌절할 가능성이 높다.

따라서 인공지능을 활용하는 경우는 지금 일어난 문제에 대해 우선 어느 협조 레벨을 실현하면 해결할 수 있을지를 생각할 필요가 있다. 예를 들어 레벨 3으로 해결할 수 있는데 굳이 레벨 5를 지향하는 것은 의미가 없다. 또한 프로젝트가 중단될 리스크를 회피하는 것도 중요하다. 장래적으로는 레벨 5를 지향하는 경우라도 단계적으로 추진함으로써 현장의 혼란을 피하고 기술적인 문제를 조기에 가시화해야 한다.

1.4 인공지능은 세계를 어떻게 변화시키는가

업계의 재정의

인류는 2010년대까지 산업혁명을 세 차례나 경험했다. 혁신적인 기술이 등장하고 그로 인해 안정된 파워 밸런스가 무너져서 산업이 재구축되는 변혁이 산업혁명이다.

1980~2000년대에 걸쳐 일어난 제3차 산업혁명은 IT 혁명이라고도 불리며 그야말로 컴퓨터와 인터넷이라는 IT의 기술 혁신에 의해서 세계의 비즈니스를 둘러싼 기업 간의 구도와 상식이 재정의된 시대이다.

그 결과 미국에서는 그때까지는 형태도 없었던 마이크로소프트와 아마존, 애플, 구글, 페이스북은 시가총액으로 세계 상위 10에 오르는 기업으로 순식간에 성장했다. 말할 것도 없이 컴퓨터와 인터넷이라는 신기술의 등장이 없었다면 있을 수 없는 일이었다.

이에 대해 인공지능이라는 기술의 등장으로 일어난 것이 제4차 산업혁명이다. 즉 인공지능은 컴퓨터와 인터넷과 맞먹을 정도의 영향을 세계에 미칠 것으로 예상하고 있다. 즉 제4차 산업혁명 시대는 인공지능을 활용한 제품과 서비스를 창출할 수 있느냐 그렇지 못하느냐가 기업의 운명을 좌우한다고 할 수 있을 것이다. 때문에 구글과 아마존, 중국의 바이두와 알리바바 같은 기업은 인공지능 벤처 기업과 연구개발, 인재 육성 등에 막대한 규모의 투자를 하고 있다.

인공지능은 기반 기술이며 그 활용 방법은 어느 업계에서도 생각할 수 있다. 따라서 전 업계에서 인공지능에 의한 재정의가 일어날 것이다.

비즈니스 세계에서 다양한 레벨의 재정의가 일어남에 따라 현재의 업계라는 구분이 의미가 없어질지 모른다. 따라서 인공지능 비즈니스에 종사하는 사람은 이 점을 의식하고 지금의 상식을 일단 버리고 상식을 의심하면서 새로운 세계를 만들어내는 것이 매우 중요하다고 할 수 있다.

인공지능이 보급된 세계

필자는 SF 작가는 아니므로 근거가 없는 미래를 말하는 것은 불가능하다. 따라서 현재의 인공지능 기술이 진화한다는 것을 전제로 세계가 어떻게 변화할지를 예측하면, 모든 것이 최적화된 세계가 될 거라고 생각한다.

예를 들면 공장의 생산활동과 물류에서는 필요한 때 필요한 물건이 낭비 없이 특정 장소에 배달되도록 인공지능이 모든 계획을 세워서 다양한 기계에 지시한다.

또한 모든 것이 자동화된다. 사물이 모든 것을 인식하고 상황에 맞춰서 자율적으로 움직이게 된다. 가령 집에 도착하면 열쇠가 자동으로 열리고 들어가면 자동으로 닫힌다. 방의 온도를 쾌적하게 조절하고 텔레비전 앞에 앉아서 시선을 보내면 텔레비전 전원이 켜져서 좋아하는 프로그램을 표시한다. 쇼핑을 하러 가면 계산대는 없고 자신이 원하는 것을 가방에 넣고 그대로 점포 바깥으로 나오면 자동으로 전자화폐로 결제된다.

이처럼 모든 것이 자동화되어 현명하게 움직임으로써 사회의 모든 면에서 시간과 움직임에 낭비가 없어 보다 편리한 세계가 될 것이다.

기업은 어떻게 해야 하는가

업종과 규모를 불문하고 모든 기업이 인공지능에 의한 큰 변화의 시대 속에서 어떻게 살아남을지를 생각해야 한다.

필자는 기업에는 2가지 선택지가 있다고 생각한다. 하나는 인공지능을 활용한 새로운 제품과 서비스를 창출하는 선택지이다. 이 경우 인재 육성을 중시하여 기존에 없는 새로운 개념을 도입하기 위해 강점과 조직의 좋은 부분을 남기면서 합리적인 생각을 토대로 조직의 존재 방식과 문화를 발본적으로 변화시키는 대개혁이 요구될 것이다. 사장도 사원도 변화하려면 부단한 노력이 필요하다. 변화하지 못하면 언젠가 기업은 쇠퇴하는 외에 달리 방법은 없다.

또 하나는 인공지능이 하지 못하는 것에 중점을 두고 사람에 의한 사람을 위한 비즈니스를 전개하는 선택지이다. 그래도 다소는 인공지능을 활용하는 제품과 장치를 이용할 필요가 있을지 모르지만 최종적으로는 사람이 창출하는 가치로 승부하게 된다.

예를 들면 도예와 같은 예술품은 인간이 만드는 것에 의미가 있다. 따라서 여기에 해당할 것이다. 일반적으로 이러한 분야는 시장 규모가 작고 니치 영역이기 때문에 크게 이익을 얻는 것은 어렵지만 살아남는 것은 가능할 것이다.

어쨌든 시대의 흐름을 정확하게 파악하고 경쟁 기업이 어떤 전략을 선택할지를 정확하게 이해할 필요가 있다.

인간은 어떻게 해야 하는가

일찍이 1970년대 컴퓨터가 등장한 시대에는 컴퓨터를 사용할 수 있는 사람은 거의 없었다. 지금은 컴퓨터와 스마트폰을 사용하지 않고 업무를 하는 사람은 거의 없는 상황이 됐다. 이미 컴퓨터와 인터넷은 남녀노소나 문과, 이과에 상관없이 사회에서 살아가기 위해 어느 정도의 지식이 필요한 기술이다.

마찬가지로 인공지능은 문과와 이과, 소속 부서에 관계없이 필수 지식이 된다고 해도 좋을 것이다. 따라서 기술자가 아니어도 기본적인 인공지능 지식을 이해해두면 장래에 도움이 된다.

경영자에게도 인공지능 지식은 필요하다. 중요한 사업을 인공지능에 맡길 수 있기 때문이다.

말할 것도 없이 기술자에게도 인공지능은 필수 지식이다. 또한 인공지능을 잘 다루는 엔지니어는 캐리어를 쌓는 데 큰 도움이 될 수 있다. 인공지능 시장은 역사상 드문 '성장이 보장된 기술'이기 때문이다.

인공지능이 좋든 싫든, 사회는 인공지능이 할 수 있는 것은 인공지능에게 맡기는 방향으로 흘러간다. 이러한 흐름 속에서 인간은 인공지능이 불가능한 '인간다운' 기술과 가치란 무엇인지를 생각해야 한다. 다시 말해 인공지능은 향후 다가올 세계에서 인간이 살아가기 위해 필수인 지식이 아닐까 생각한다.

【참고문헌】

1) Leon A. Gatys, Alexander S. Ecker, Matthias Bethge.
   A Neural Algorithm of Artistic Style.
   https://arxiv.org/pdf/1508.06576.pdf

2) Leon A. Gatys, Alexander S. Ecker, Matthias Bethge.
   Image Style Transfer Using Convolutional Neural Networks.
   https://www.cv-foundation.org/openaccess/content_cvpr_2016/papers/Gatys_Image_
   Style_Transfer_CVPR_2016_paper.pdf

3) Carl Benedikt Frey, Michael A. Osborne.
   THE FUTURE OF EMPLOYMENT: HOW SUSCEPTIBLE ARE JOBS TO
   COMPUTERISATION?
   https://www.oxfordmartin.ox.ac.uk/downloads/academic/The_Future_of_Employment.
   pdf

제
1
장

제
2
장

제
3
장

제
4
장

제
5
장

제
6
장

제
7
장

제
8
장

제
9
장

제 2 장

산업별로 본
인공지능 사례와 미래 예측

제 1 장

제 3 장

제 4 장

제 5 장

제 6 장

제 7 장

제 8 장

제 9 장

인공지능은 다양한 분야에서 새로운 가치를 창출할 것으로 예측된다. 인터넷 서비스와 제조업 분야에 국한되지 않고 의료와 건설, 농업 등 폭넓은 분야에서 인공지능은 지금까지는 없는 가치를 창출할 것으로 기대된다. 이미 몇 가지 사례도 등장했다.

이 장에서는 인공지능이 실제로 어떤 가치를 창출하는지를 사례를 들어 소개한다. 추가해서 향후 인공지능이 진화함에 따라 업계가 어떻게 재정의되는지에 대한 견해도 업계별로 소개한다.

산업별로 본 인공지능 사례와 미래 예측

2.1 제조업의 인공지능 활용과 예상(제품개발편)

스마트 제품

인공지능에 추가해서 IoTInternet of Things(사물인터넷) 기술의 발전에 수반하여 모든 것이 인터넷으로 연결되어 다양한 서비스와 제품과 커뮤니케이션을 취하면서 움직이게 된다.

미국의 소프트웨어 회사인 PTC의 짐 헤플만Jim Heppelmann 최고경영책임자CEO와 하버드 비즈니스 스쿨의 마이클 포터Michael E. Porter 교수는 'IoT 시대의 경쟁 전략'이라는 논문에서 앞으로의 스마트 제품에 필요한 기능으로 모니터링, 제어, 최적화, 자율성의 4가지를 들었다. [1]

자율성이란 스마트 제품이 스스로 정보를 수집하고 최적이라고 생각되는 판단을 자발적으로 해서 움직이는 것이다.

예를 들면 미국 네스트랩Nest Labs은 온도를 계측해서 공조를 원격제어하기 위해 서모스탯(온도조절기) 네스트Nest 를 개발했다(그림 2-1). 동사는 2014년 미국 구글이 매수해서 일약 유명해진 회사이다.

네스트의 특징은 인공지능에 의해

그림 2-1 ● 네스트랩의 서모스탯 네스트
(출처: 네스트랩)

서 공조를 이용하는 시간과 설정 온도 등을 학습하고 사람이 조작하지 않아도 자동으로 쾌적한 환경을 만들어낸다. 더위와 추위를 느끼는 정도는 사람에 따라 차이가 있다. 이러한 개인의 감각과 기호를 인공지능이 학습해서 자동으로 조정함으로써 너무 덥거나 너무 추운 것을 방지한다. 나아가 수고를 하지 않고 절전까지 기대힐 수 있다.

제품의 컴퓨터화

향후 인공지능의 성능이 제품의 어필 포인트가 된다. 그에 따라서 제품에는 높은 스펙(사양)이 요구될 것이다.

지금까지 많은 가전제품은 마이크로컨트롤러라 불리는 저스펙의 CPU와 메모리를 내장한 IC(집적회로)로 동작에 필요한 계산을 수행했다. 마이크로컨트롤러는 저가격에 작은 반면 CPU의 클록 수가 수 MHz에 불과하고 메모리의 용량도 수십kB(바이트)로 매우 성능이 낮기 때문에 간단한 계산밖에 처리할 수 없었다(그림 2-2).

그림 2-2 ● 마이크로컨트롤러 ATMega328P
(출처: 미디어스케치)

이에 대해 인공지능을 움직이려면 가전제품이라도 컴퓨터 등과 마찬가지로 고도의 계산 처리를 수행할 수 있는 스펙이 필요하다. 때문에 컴퓨터와 동등 또는 그 이상의 스펙을 가진 CPU와 대용량 메모리, 하드디스크 같은 높은 스펙의 하드웨어 구성이 필요하다. 추가해서 인공지능의 처리를 고속으로 하기 위해 GPU(그래픽 프로세서 유닛. 본래는 컴퓨터의 그래픽 처리 전용 계산 회로이지만 인공지능의 계산을 고속으로 처리할 수 있다. 상세한 것은 제8장 참조)를 탑재하는 제품도 많이 등장할 것으로 생각한다.

다만 가전제품과 자동차 등은 컴퓨터에 비해 가혹한 환경에서 이용하는 일이 많기 때문에 컴퓨터가 그대로 제품에 내장되는 것이 아니라 고성능에 또한 방진성과 방습성을 갖춘 제품과 기판이 향후 개발될 것이다.

제품의 OS

또한 소프트웨어의 규모가 크게 복잡해지면 '같은 프로그램을 계속 사용하는 게 아니라 시대에 맞춰 업데이트한다' '시큐리티 홀을 수정한다' '개인의 이용 방법과 기호에 맞춰 애플리케이션을 다운로드해서 추가한다'는 식의 개념이 생겨난다. 때문에 모든 제품에 OS(오퍼레이팅 시스템. 미국 마이크로소프트의 Windows 시리즈와 Linux 등의 기본 소프트웨어)가 탑재될 것이다.

예를 들면 휴대전화가 스마트폰으로 진화하는 과정에서 고기능의

OS가 탑재되고 애플리케이션을 선택해서 다운로드함으로써 휴대전화를 커스터마이즈할 수 있게 됐다. 이것도 이러한 진화의 일환이다.

향후는 전자레인지와 내비게이션 시스템 등에도 OS가 탑재될 가능성이 있다. 이미 일부에서는 OS가 탑재되어 있는 것이 등장했다. 실용화를 향해 개발이 가속하고 있는 자율주행차에서도 고성능 컴퓨터가 탑재되어 OS상에서 인공지능 프로그램 등의 다양한 소프트웨어가 동작하게 된다.

때문에 제품 개발에서는 하드웨어의 성능보다 소프트웨어의 성능과 인터넷 서비스와의 연계가 가치를 결정하게 될 것이다. 실제로 도요타 자동차의 도요타 아키오 사장은 이미 IT 기업을 경쟁자로 보고 다음과 같이 말했다. "(자동차 업계에) 구글, 애플, 아마존이라는 새로운 플레이어가 등장했다. 전례 없는 전쟁이다. 자동차를 코모디티(범용화)화하고 싶지 않다"고.[2]

자동차 업계에서는 기존의 엔진 차량에 비해 구조가 심플한 전기자동차EV의 개발이 본격화했으며 자동차를 만드는 것이 간소화되고 있다. 한편 인공지능에 의해서 소프트웨어의 가치가 높아지면 소프트웨어 회사의 존재 가치가 높아지고 비즈니스에서 주도권을 잡을 가능성이 있다. 때문에 소프트웨어 회사가 자동차 회사와 연계해서 자동차의 개발을 추진하거나 자동차 회사에 제조를 위탁하는 것까지 생각할 수 있다.

이처럼 향후는 모든 제품에서 소프트웨어에 의한 성능과 서비스와의 연계, 그리고 소프트웨어를 안전하고 쾌적하게 움직이기 위한 하드웨어 같은 기존과는 다른 것이 요구될 것이다.

2.2 제조업의 인공지능 활용과 예상(생산관리편)

인공지능에 의한 비용 삭감

생산 관리에 인공지능을 사용해서 자동화와 경비 삭감을 지향하는 기업이 많이 있지만 그렇게 간단하지만은 않다. 그 이유 중 하나는 인공지능의 도입에 많은 비용이 발생하기 때문이다.

인공지능을 개발할 수 있는 엔지니어는 세계적으로 심각한 인력 부족 상태에 있다. 때문에 개발 비용은 향후 매우 높아질 것으로 예상된다. 더욱이 인공지능은 많은 경우 목적에 맞는 인공지능(프로그램)을 처음부터 개발해야 한다. 인공지능에는 목적에 맞추어 정도를 조정하기 위한 파라미터 값이 많이 있어 범용 패키지를 개발해도 용도가 상당히 한정되기 때문이다.

대규모 공정을 운영하고 있는 경우는 1%의 비용 삭감이라도 상당한 금액을 삭감할 수 있으므로 인공지능을 도입하는 가치가 있을지(채산이 맞다) 모른다. 그러나 그 이외는 삭감할 수 있는 경비에 비해 개발 비용이 고액이 되는 사례가 많다고 생각할 수 있다.

인공지능을 이용하지 않는 선택지

낭비 배제와 생산성 개선 등은 인공지능을 사용할 것까지도 없이 통계학에 기초해서 인간이 간단한 분석을 수행하는 것만으로 대응할 수 있는 경우가 많이 있다.

예를 들면 어느 공정이 원인이 되어 지연이 발생했는지 등은 IoT 등의 기술을 이용해서 각 공정의 작업 시간을 기록하고 엑셀 등으로 가시화하는 것만으로도 문제를 현재화할 수 있다.

애초에 생산 공정에 관한 데이터를 취득하지 않는 것이 원인으로 개선이 진행하지 않는 상태에서 단락적으로 IoT와 인공지능을 도입했다고 하자. 이 경우 막상 견적을 봤을 때 예상을 넘는 금액이 되거나 투자한 것에 비해 어느 정도의 효과를 얻을 수 있을지 확신이 서지 않아 결국 그 시점에서 프로젝트가 중지되는 예가 많이 있다.

검토와 회의를 반복해서 견적까지 냈음에도 불구하고 프로젝트가 중지되는 것은 시간과 비용의 낭비이다. 제조비용뿐 아니라 이러한 사무 작업에도 낭비가 많은 것을 의식하는 기업은 놀랄 정도로 적은 것이 실태이다.

우선은 바로 가능한 것부터 대응한 후에 전문가를 참여시켜 인공지능을 이용하는 것이 적절한지 어떤지를 검토해야 한다. 인공지능을 사용하지 않아도 문제를 해결할 수 있는 거라면 무리하게 인공지능을 사용할 필요는 없다.

인공지능에 의한 제품의 안정화

한편 인공지능은 상황과 결과의 관계성이 매우 복잡한 것을 분석하는 데는 위력을 발휘한다.

예를 들면 화학제품을 만드는 공장 등에서는 제조 공정의 온도와 습도 등 환경의 미묘한 변화로 제품이 변화해서 불량품이 많이 발생한다. 이를 방지하기 위해 인공지능으로 조정하는 것이다.

일본에서는 NTT커뮤니케이션과 미쓰이화학이 가스 제조 공정에서 원재료의 온도와 유량 데이터, 반응로의 온도 등 51종류의 데이터를 인공지능에 입력하여 그 결과 생성하는 가스의 농도를 예측하는 실험을 했다.[3] 이 대응에 의해 최종적으로는 원재료의 상황과 반응로를 인공지능이 조정함으로써 어떤 상황에서도 안정적으로 높은 품질의 가스를 계속적으로 생성하는 것을 지향하고 있다(그림 2-3).

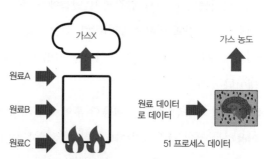

그림 2-3 ● 미쓰이화학의 실증실험 개념도
(미쓰이화학의 자료를 토대로 필자가 작성)

인공지능에 의해서 품질을 안정화시키는 것은 지금까지 없는 높은 품질의 제품을 제공할 수 있는 가능성이 있다. 따라서 향후 새로운 가치를 사회에 제공할 것으로 기대된다.

예지보전

생산관리에서 인공지능을 적극적으로 활용하고 있는 사례로 예지보전이 있다. 예지보전이란 공장의 기계 등이 고장나고 나서야 파악하는 게 아니라 고장이 나기 전에 징후를 검지해서 관리자에게 알리는 것이다.

기계가 고장나기 전에 전조를 검지할 수 있으면 미리 교환 부품을 조달하거나 점검 수리를 의뢰해서 예기치 않은 고장을 방지할 수 있다. 기계의 고장은 생산 활동의 정지로 이어지고 결과적으로 큰 손해를 초래하기 때문에 고장을 미연에 방지하는 것은 생산관리를 하는 데 있어 큰 가치가 있다.

고장을 예지하는 장치로는 인공지능으로 소리를 분석하는 방법이 있다. 복잡한 움직임을 하는 기계는 문제가 발생하면 이음이 발생한다. 소리는 인간의 귀로는 알 수 없는 수준으로 인공지능이 주파수별로 소리의 변화를 분석해서 이음을 검지하는 구조이다. 소리 이외에도 진동 데이터를 분석하는 방법 등이 있다.

2018년경부터 예지보전 솔루션을 제공하고 있는 기업이 몇 곳 등장했으며 향후 활용이 진행할 것으로 생각한다. 그러나 도입 시에는 주의가 필요하다.

예를 들면 소리에 의한 검지를 하는 경우 그 기계가 정말로 고장나기 전에 이음을 검출할 수 있을지 어떨지를 알 수 없기 때문이다. 정상시의 소리는 간단하게 학습시키는 것이 가능하지만 이상시의 소리는 고장나지 않으면 알 수 없다. 따라서 무턱대고 도입할 게 아니라 제조사 등과 교섭해서 사전에 이상을 검지할 수 있을지 어떨지를 검증을 한 후에 보격적으로 도입할 것을 권장한다.

이상검지와 산업보안

인공지능은 생산관리에서 다양한 각도에서 이상을 검지할 것으로 기대된다. 예를 들면 일하는 종업원의 심박수 등에서 이상을 감지하는 방식의 활용이 검토되고 있다. 목적은 안전한 현장을 유지하기 위해서이다.

여름철 야외 작업 중에 열사병 등으로 쓰러질 위험이 있다. 그러나 작업하는 본인은 열사병 징후를 느끼지 못한 채 괜찮다고 여기고 작업하는 일이 꽤 있다. 본인도 모르는 사이에 진행하는 신체의 변화를 인공지능이 검지해서 알릴 수 있으면 사고와 질병을 방지할 수 있다. 이러한 산업보안 분야에서 인공지능의 활용은 높은 잠재 니즈가 있다.

현재 다양한 현장에서 위험이 수반되는 작업이 있고 유감스럽게도 가슴 아픈 사고가 많이 발생했다. 안전관리는 현재 사람에 의한 관리가 중심이었지만 사람만으로는 한계가 있다. 다양한 센서에서 얻을 수 있는 정보를 감시하는 인공지능을 서포트 역할로 활용하면 보다 더 안전한 현장을 실현할 수 있을 것이다.

일본의 경우 인공지능을 활용한 산업보안의 스마트화에는 경제산업성 등이 적극적으로 대응하고 있다. 실증실험을 위한 예산을 계상하는 외에 법령의 재검토에 의해 자주적으로 대응하는 사업자에게는 규제를 완화하는 등의 포지티브 인센티브를 주는 방안을 검토하고 있다.

생산계획

공장 등의 생산계획 입안에 인공지능을 활용하려는 움직임이 있다. 향후 선진국의 제조업은 소품종 대량 생산에서 탈피하여 다품종 소량 생산으로 이행하게 될 것이다. 그렇지 않으면 살아남기 어려워질 가능성이 있다.

예를 들면 필자가 이전 어드바이스한 안경테를 생산하는 공장과 과자를 생산하는 공장 등에서도 매년 소량 주문이 증가하고 있으며 로트 수(1회 작업 시의 제조 수)는 감소하는 추세이다. 그로 인해 이익률이 저하하고 있다. 반대로 요구되는 사양은 수요의 다양화에 수반해서 세분화되고 있다. 때문에 상품의 종류는 느는 한편 생산관리는 복잡해졌다.

이렇게 되면 사람이 선택의 변화에 대응해서 리얼타임으로 적절한 생산 계획을 세우는 것은 곤란하다. 또한 갑작스런 주문 변경과 기계의 고장에 의한 정지 등 예측지 못한 사태가 발생할 때마다 재차 최적의 생산계획을 짜려고 해도 인간에게는 한계가 있다.

그래서 생산계획의 입안·관리에 인공지능을 활용하는 방안이 검토되고 있다. 간단한 사례를 소개하면 누구에게 어느 공정을 맡기면 생산량이 늘지를 인공지능에게 계산시키고 있는 기업이 있다.

사람은 누구나 각자 전문(잘하는) 작업과 비전문(못하는) 작업이 있다. 때문에 사람의 배치와 생산량을 인공지능에게 학습시켜 내일은 누구에게 무엇을 몇 시간 담당시키면 전체 업무의 생산성이 좋아질지를 계산시키는 것이다.

최종적으로는 컴퓨터 시뮬레이션에 의한 버추얼 팩토리가 구축되는 것이다. 인공지능이 주문 상황과 공장의 상태 등을 반영한 후에 하루의 생산활동을 시뮬레이션하는 것이다. 또한 시뮬레이션상의 계획과 실제 현장과의 차이를 검지하고 지연이 생길 것 같은 장소를 일찍이 검지하는 활용법도 생각할 수 있다.

생산뿐 아니라 물류도 포함해서 인공지능으로 제어할 수 있으면 낭비없이 효율적인 생산 활동을 실현할 수 있다. 이렇게 하면 주문량이 늘어도 최소한의 인원으로 대응할 수 있는 체제를 갖출 수 있다.

2.3 자동차 산업의 인공지능 활용

자동차 생산현장

세계의 자동차 산업은 2020년대에는 기존의 가솔린 엔진차에서 전기자동차로 서서히 이행할 것으로 예측하고 있다. 그 이유는 몇 가지 있지만, 큰 이유로는 2차 전지의 성능이 높아지는 점과 전기자동차로 이행하면 부품을 대폭 줄일 수 있는 점을 들 수 있다.

　일반적으로 '물건'은 부품의 수가 감소하는 만큼 저비용인데다 고장도 잘 나지 않는다. 또한 일본의 하이브리드차에 뒤처진 미국과 중국, 독일 기업이 세계적으로 전기자동차 시장을 확대해서 만회하려는 의향도 있다.

　향후의 자동차는 생활 스타일과 기호에 맞춰 다양한 수요에 대응할 필요가 있다. 그러한 수요에 신속하게 대응하기 위해서는 부품 개수가 적은 것이 유리하다. 추가해서 환경 문제와 메인티넌스의 효율성, 공공기관의 정비 셰어링 서비스 확대(자동차를 사용한 만큼 지불하는 서비스) 등 변화의 물결이 자동차 업계에 밀려오고 있다. 이러한 변화에 의해 자동차는 현재보다 손쉽게 구입하고 빈번하게 교체할 가능성이 있다. 그러면 크기와 색상, 옵션 등 고객별 세부 기호에 따라서 커스터마이즈한 자동차를 효율적으로 생산하는 니즈가 생긴다. 이렇게 되면 사람이 대응하는 것이 어려워지기 때문에 생산계획의 입안에 인공지능을 도입하는 경우가 늘 것이다.

　실제로 닛산자동차는 생산공정의 설계에 버추얼 팩토리에 의한 시뮬레이션을 이용하고 있으며 생산공정 전체의 최적화를 지향하고 있다.[5]

자율주행의 레벨 정의

　향후 자동차에서 필수인 기능이 자율주행이다. 자율주행이라고 해도 완전한 자율주행에서 운전자의 어시스트 기능까지, 어느 범위까지를 인공지능이 담당하느냐에 따라서 다양한 레벨이 있다.

자율주행 레벨을 나타내는 지표에 몇 가지가 있지만 세계적으로 유명한 것에 미국 자동차기술회SAE(Society of Automotive Engineers)가 정하는 자동화 레벨이 있다. 일본 정부도 2016년까지는 미국운수성도로교통안전국NHTSA의 자동화 레벨을 채용했지만 2016년 이후는 SAE의 자동화 레벨을 채용하고 있다.[6]

SAE가 정하는 자동화 레벨에는 어느 범위까지 인공지능이 담당하느냐에 따라 레벨 0~5의 6단계가 있다(그림 2-4).

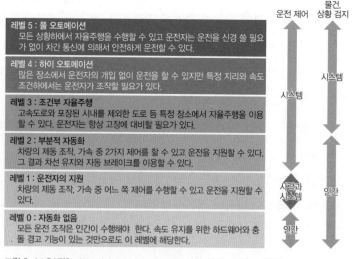

그림 2-4 ● SAE(Society of Automotive Engineers)가 정하는 자동화 레벨[7]
(SAE의 자료를 토대로 필자가 작성)

레벨 0~2는 인간이 주도하기 때문에 자율주행이라기보다 운전 어시스트 기능이라는 표현이 맞는 레벨이다.

레벨 3~5는 모든 운전 조작은 시스템(인공지능)이 주도한다. 레벨 3 이상의 자동차가 공도公道에서 주행하려면 많은 경우 자율주행의 정확도를 확보해야 하는 외에 그 나라의 법률 개정이 필요하다. 또한 만일 사고가 발생한 경우에는 누가 어디까지 책임을 지느냐의 문제도 있어 간단하게 실현되지 않을 것으로 본다.

다만 자율주행은 대규모 자동차 시장의 새로운 차별화 전략으로서 매우 중요하기 때문에 몇몇 국가와 기업이 솔선해서 적극적으로 대응하는 움직임을 보이고 있다.

자율주행차 개발 동향

독일은 국가가 총체적으로 일찍부터 자율주행의 실현에 대응하고 있다. 그 결과 2019년에는 장소는 한정되기는 하지만 베를린 시내 특정 노선의 버스와 온천가 등에서 무인 자율주행차가 주행할 예정이다.

일본에서도 히노마루교통과 ZMP가 도쿄 올림픽이 열리는 2020년의 실용화를 목표로 2018년에 자율주행 택시의 실험을 시작했다 (그림 2-5).[8]

그림 2-5 ● ZMP의 자율주행차
(출처: 닛케이 xTECH)

일본의 자동차 제조사도 세계의 전시회, 예를 들면 미국 최대의 컨슈머 일렉트로닉스 관련 전시회 CESConsumer Electronics Shows 등에서 콘셉트카로서 자율주행차를 공개했다. 예를 들면 혼다는 자율주행차가 가능한 콘셉트카 NeuV(누보)를 발표했다. 자율주행에 한하지 않고 운전자의 감정과 기호를 인공지능으로 인식해서 안전운전의 서포트 등을 수행하는 자동차를 제안했다(그림 2-6).

그림 2-6 ● 혼다의 콘셉트카 NeuV(누보)
(출처: 닛케이 xTECH)

도요타자동차는 2020년에 고급차 렉서스에 인공지능에 의한 자율주행 기능을 도입한다는 계획을 추진하고 있으며 레벨 4의 공도 자율주행을 목표하고 있다.[9]

자율주행 플랫폼

자율주행의 기초적인 기술에 컴퓨터 비전이 있다. **컴퓨터 비전**이란 이미지와 동영상을 분석해서 무엇이 찍혔는지를 분석하는 기술이다.

이전부터 자동차는 자동 브레이크 등의 기능을 위해 밀리와 레이너 등의 센서를 탑재하고 주행 도로에서 대상 검지를 했다.

이에 대해 자율주행에서는 자동차 주변의 어느 방향과 거리에 사람과 표지판, 차량 등이 있는지를 정확하고 리얼타임으로 인식할 필요가 있기 때문에 기존의 센서에 추가해서 인공지능의 화상인식 기술을 사용해서 분석을 한다. 따라서 향후는 자동차에도 고성능 컴퓨터를 탑재할 필요가 있다.

한편 자동차 내부는 전자기기의 사용으로 온도와 습도에 관해 매우 가혹한 환경이다. 때문에 이러한 엄격한 환경에서 인공지능을 동작할 수 있는 높은 기능성과 내구성을 겸비한 컴퓨터가 세계적으로 개발되고 있다.

또한 자율주행은 하드웨어만으로는 실현할 수 없다. 자율주행을 실현하려면 고성능 컴퓨터 외에 학습을 한 인공지능과 데이터를 보존하는 데이터베이스와 도로 상황과 정체 정보 등을 수신하는 다양한 기능을 가진 플랫폼이 필요하다. 플랫폼 모두를 한 회사에서 개발하는 것은 만만치 않은 일인데다 자동차 제조사에게는 익숙하지 않은 분야의 기술도 많다. 바로 이 점에서 인공지능이 자동차 제조사와 IT 기업 등을 둘러싸고 자동차 업계 전체의 지도를 크게 바꿀 거라고 말하는 이유이다.

실제로 자동차 업계에서는 컴퓨터에 강한 기업이 존재감을 보이고 있다. 자율주행 플랫폼에서 존재감을 보이고 있는 것이 대형 반도체 제조사인 미국 엔비디아NVIDIA이다.

NVIDIA는 컴퓨터용 **GPU** 개발에서 급성장한 기업이지만 GPU가 인공지능의 계산에 적합하다는 특징을 살려서 조기부터 자율주행 개발에 대응해온 기업으로도 유명하다.

엔비디아는 엔비디아 드라이브NVIDIA Drive라는 자율주행 플랫폼을 개발했으며 독일 보쉬BOSCH와 독일 다임러Daimler, 도요타자동차, 스바루SUBARU 등의 기업이 채용을 발표했다. [10) 11) 12)]

엔비디아 드라이브 플랫폼은 자동차에 탑재하는 컴퓨터 하드웨어인 엔비디아 드라이브 **AGX** 시리즈와 카메라 화상에서의 물체 인식과 자동차 제어를 하는 엔비디아 드라이브 소프트웨어, 자율주행의 안전성을 시뮬레이션하는 엔비디아 드라이브 컨스텔레이션Constellation으로 구성되어 있다. [13)] 또한 자동차에 탑재하는 하드웨어로서 엔비디아 드라이브 **AGX** 페가수스PEGASUS와 엔비디아 드라이브 **AGX** 자비에 XAVIER을 발표했다(그림 2-7).

그림 2-7 ● 엔비디아 드라이브 AGX 페가수스
(출처: 닛케이 xTECH)

엔비디아 드라이브는 레벨 5에 상당하는 기능을 서포트하는 것이
가능하고 향후 각 자동차 제조사에서 채용되면 장래적으로 공통 플랫
폼이 될 가능성이 있다.

내비게이션 시스템

자동차의 내비게이션 시스템도 인공지능에 의해서 보다 고도화된다.
지금까지는 단순히 목적지까지 최적 경로를 계산하여 음성으로 안내
할 뿐이었다. 향후에는 운전자의 과거 행동과 취미·기호에 맞춰 추천
하는 관광 명소와 주유소, 음식점 등의 정보를 음성으로 제공해준다.

운전 중에는 내비게이션 시스템의 화면을 볼 수 없기 때문에 음성으
로 대화를 한다. 이 경우 음성인식에는 인공지능이 불가결하고 누가
무엇을 말했는지를 정확하게 인식함으로써 안전하고 쾌적한 운전을
서포트하게 될 것이다.

실제로 도요타자동차는 CES에서 Concept−愛i라는 콘셉트카를 발
표했다(그림 2-8). 인공지능과의 대화를 통해 추천하는 음악을 재생하
거나 멀리 돌아가더라도 즐길 수 있는 루트를 권장하는 등 인공지능과
음성 대화를 즐기는 내비게이션 시스템을 제안했다.

이처럼 향후 내비게이션 시스템은 단순한 경로 안내가 아니라 안전
성과 편리성, 오락성 등 모든 면에서 쌍방향 대화를 지원하는 방향으
로 진화한다.

그림 2-8 ● 도요타자동차의 콘셉트카 'CONCEPT-愛i'
(출처: 닛케이 xTECH)

2.4 농업·어업·축산업의 인공지능 활용

사실 인공지능과 매우 상성이 좋은 업계가 농업과 어업, 축산업 등의 제1차 산업이다. 그 이유 중 하나로 자연을 상대로 하고 있는 점을 들 수 있다.

자연 현상은 다양한 요인이 매우 복잡하게 얽혀서 성립되어 있다. 예를 들면 태풍과 가뭄 등의 원인을 찾으려고 해도 직접적 요인은 그렇다 쳐도 근본적 요인은 간단하게 표현할 수 있는 것은 아니다.

이처럼 매우 복잡한 현상을 해석하고 그 관계성을 분석하는 능력은 인간보다 인공지능이 훨씬 우수하다. 때문에 지금까지 인간의 감에 의지하던 농작물과 동물, 물고기 등의 생육을 데이터에 기초해서 보다 확실하게 이상에 가까운 형태로 수행하는 것이 향후의 제1차 산업이 가야 할 모습이다.

인공지능과 식물공장

식물공장이란 컨트롤된 폐쇄적인 공간에서 식물을 만드는 공장을 말한다. 식물공장에서 식품을 재배하는 목적은 크게 아래 3가지이다.

① 식물을 계획적이고 효율적으로 대량으로 재배한다.
② 환경을 치밀하게 컨트롤함으로써 고품질의 식물을 재배한다.
③ 실내에서 재배함으로써 질병과 재해에 의한 피해를 방지한다.

식물공장의 경우 질병과 재해의 영향을 없애려면 외계에서 격리된 완전한 폐쇄 공간일 필요가 있다. 때문에 흙은 사용하지 않고 물과 양분액만으로 재배하는 수경 재배와 태양광이 아니라 LED를 조사하는 재배 방법을 채용한다. 식물공장은 저출산 고령화에 따라 농업에 종사하는 사람이 감소할 것으로 예측되어 앞으로의 시대에 큰 이점과 가능성을 품고 있다. 그러나 한편으로 생육 이외의 경영적인 측면에서 큰 과제가 존재한다.

가장 큰 문제는 만든 식물을 어떻게 판매하는가 하는 판로 개척과 이익 확보이다. 식물공장은 공장 내에 많은 LED 조명과 제어 컴퓨터, 로봇을 갖추어야 하기 때문에 많이 비용이 든다.

공장의 건설비와 전기요금 등의 광열비, 고장 난 로봇 등의 유지 경비 등을 생각하면 낮은 이익률로 대량 생산하는 것만으로 경영을 유지하는 것은 매우 곤란하다.

예를 들면 상추와 소송채 등의 잎채소는 비교적 재배하기 쉬운 반면 결코 드문 재료는 아니기 때문에 신규 판로를 개척하는 것이 어려워 실패한 사례가 많이 있다.

반대로 딸기 등의 과일은 환경 제어가 어려운 반면 단가가 높다. 더욱이 당도가 높고 색이 좋은 것은 고급 식재료로 팔 수 있기 때문에 출하량은 작아도 큰 이익을 기대할 수 있다.

외계로부터 완전하게 차단된 식물공장의 경우 사람의 손으로 어느 정도는 환경을 컨트롤할 수 있다. 예를 들면 빛의 양과 색, 온도, 습도, 양분의 양, 이산화탄소 농도 등이 컨트롤 대상이 된다.

IoT와 인공지능에 의해 어떻게 환경을 제어하면 가장 효율적으로 재배할 수 있는지를 데이터에 기초해서 도출하고 재배가 어려운 고급 식재료를 효율적으로 기르는 프로젝트가 세계 각지에서 가동했다.

가령 일본에서 데이터에 기초한 제조로 유명한 것에 야마구치현山口縣 이와쿠니시岩国市의 아사히주조가 만드는 일본주 닷사이獺祭가 있다(그림 2-9). 일본주는 쌀을 발효시켜 만드는 것이다. 제조 과정에서 술독의 온도와 가수加水 타이밍 등은 모두 토우지杜氏(양조장의 총괄 책임자. 모든 작업의 지휘자로 술의 맛을 결정하는 데 가장 큰 역할을 한다−역자 주)라 불리는 직인이 경험에 기초해서 판단했다. 이것을 아사히주조는 데이터로 관리하고 모든 것을 컴퓨터 제어로 전환한 결과 맛을 컨트롤하는 데

성공하여 안정된 품질을 실현할 수 있었다. 그 결과 일본뿐 아니라 유럽 등 세계 각지에서 사랑받게 된 성공 예이다.

이외에도 이와테현 이호시의 술창고인 남부비진南部美人(일본 동북부 지방인 이와테현에서 생산되는 니혼슈–역자 주)이 토우지가 수행하는 주미의 흡수 시간을 데이터화해 인공지능에 분석시킴으로써 인력 부족을 해소하는 동시에 비법을 남기고자 도전하고 있다. [14)]

그림 2-9 ● 아사히주조의 닷사이
(출처: 미디어스케치)

또한 넥스트 엔지니어링은 미야자키현에서 IoT 제어에 의한 고급 바나나를 재배하여 1개 1000엔 정도에 판매하고 있다. 이외에도 최신 기술을 이용해서 무농약으로 매우 당도가 높은 바나나를 일본 국내에서 재배하는 시도가 전국에서 이루어지고 있다.

최종적으로는 최적의 환경 컨트롤을 인공지능으로 수행하는 것이 기대되고 있으며 그것을 실현되면 지금까지 없는 고품질의 식물을 자동으로 기를 수 있는 것이 가능해질지 모른다.

비교 재배와 최적화

앞 항에서 설명한 바와 같이 식물공장에서는 채산성이 최대의 과제이다. 때문에 가능한 한 고가의 것을 재배해서 판매한다는 개념이 필요하지만 이를 위해서는 시장에서 쉽게 입수할 수 없는 식물과 품질의 것을 제공할 필요가 있다.

예를 들면 어떠한 환경에서 기르면 딸기의 당도가 높아지는지 정확히 알지 못한다. '정확히 알지 못한다'는 것은 어떤 환경이 최적인지를 누구도 알아내지 못했다는 의미와 품종에 따라서 적합한 환경이 바뀌므로 최적의 패턴이 매우 많이 있다는 2가지 의미가 있다.

그러면 어떻게 해서 최적의 환경을 도출할 것인가. 그에 대한 해답으로 비교 재배라는 방법이 있다. 비교 재배는 같은 환경에서 기른 것을 한 가지 환경 요소만을 바꾸어서 어떤 변화가 있는지를 비교하는 실험 방법이다.

예를 들어 LED 빛만 해도 광량과 색(파장), 펄스파의 ON/OFF의 전환 타이밍 등 조절해야 할 값이 많다.

다만 환경을 바꾸면서 비교 재배 실험을 반복하려면 많은 시간이 걸린다. 사람이 하기에는 컨트롤해야 하는 환경이 너무 많아 한계가 있다. 그래서 인공지능을 사용한다. 다양한 환경에서 기른 데이터를 인공지능으로 분석하고 환경과 성과의 관계성을 분석하면 비교 재배 실험을 효율적으로 추진할 수 있다.

다만 이 경우는 일단 상식을 버리고 가능한 한 다양한 환경에서 시험하는 것이 중요하다. 인공지능에 있어서는 실패한 데이터도 관계성을 명확하게 파악하는 데 매우 중요한 데이터이기 때문이다. 또한 인간은 알 수 없는 관계성을 인공지능이 발견할 가능성은 매우 높고, 바로 이 점이 인공지능을 이용하는 이점이기도 하기 때문이다(그림 2-10).

그림 2-10 ● 필자가 실시한 LED를 이용한 무순의 생육 실험 환경
빨강 2, 파랑 1의 비율로 배치한 LED 조명으로 재배. (출처: 미디어스케치)

조금 어렵게 느껴질지 모르지만 자신들의 인공지능이 가장 당도 높은 재배 방법을 찾을 수 있다면 그곳에서밖에 기를 수 없는 인기 브랜드를 확립할 기회가 된다.

앞으로는 과일 외에 치즈 등의 발효 식품과 주류 등 제1차 산업의 다양한 분야에서 인공지능을 사용한 새로운 기회로 이어지는 시대이다.

인공지능과 어업

어업에서는 인력 부족과 동시에 고령화에 수반하는 작업의 부담이 심각한 문제가 되고 있다. 이러한 배경에서 어업에서도 다양한 장면에서 인공지능을 이용하는 것이 검토되고 있다.

그 예로서 인공지능으로 어장을 예측하는 시도를 하고 있다. 지금까지는 어부의 경험에 기초해서 어장을 정했지만 향후는 인공지능이 군어 탐지기 등으로 수집한 정보에서 어디에 가면 어느 정도의 어획량을 기대할 수 있을지를 예측할 수 있다.

물고기는 수온과 산소 농도, 먹이 분포 등의 다양한 환경에 영향을 받으면 행동으로 이어지는데, 영향을 미치는 요인이 많아 어획량의 관계성을 확실히는 알 수 없다. 그래서 인공지능을 사용해서 분석함으로써 어장을 정확하게 예측할 수 있게 되면 단순하게 어획량의 증가뿐 아니라 유어의 어획을 방지할 수 있어 자원 확보로 이어질 가능성도 있다.

또한 물고기의 생식에서도 환경을 컨트롤함으로써 보다 효율적으로 많은 물고기를 기르는 환경을 인공지능에 분석시키고 정확하게 컨트롤하는 시도가 이루어지고 있다.

이러한 연구가 진행하면 생선에도 육질이 있으므로 지방질의 물고기를 기르는 환경 등을 인공지능이 산출해서 컨트롤할 수 있다. 또한 어업에서는 좋은 고기와 나쁜 고기를 선별하는 작업이 따르지만 긴키대학 수산연구소와 도요타통상, 일본마이크로소프트는 양식 추어의 선별 작업을 화상 진단으로 수행하는 실험을 하고 있다.[15]

이처럼 향후는 어업에서도 인공지능을 활용하여 여러 가지 작업을 자동화할 것으로 생각한다.

인공지능을 활용한 새로운 축산업

축산업에서도 인공지능에 의한 부담의 경감과 품질의 컨트롤이 진행하고 있다. 식물이나 물고기와 달리 축산의 경우는 소와 돼지 등 비교적 큰 생물이 대상이므로 체온 등의 데이터를 활용한다.

기존에는 매우 넓은 목장에 있는 각각의 가축 데이터를 어떻게 수집할지가 과제였다. 그러나 2010년대 후반부터 **LPWA**Low Power, Wide Area(저소비전력으로 장거리 통신 가능한 무선 기술)로 분류되는 **LoRa**라는 무선 규격에 의해서 수km의 무선 데이터 통신이 가능해져서 목장의 어디에 있어도 개개의 가축 데이터를 자동으로 수집할 수 있게 됐다.

예를 들면 소의 체온 변화를 24시간 365일 모니터링하고 있으면 그 변화에서 분만 시기를 예측할 수 있다. 소가 분만할 때는 사람이 자리에 함께 있어야 하기 때문에 정확하게 예측할 수 없는 경우 어느 정도의 오차를 감안해서 예정일 1주일 전부터 교대로 24시간 지켜야 하는 부담이 관리하는 사람에게 있었다. 때문에 분만 시기를 정확하게 예측할 수 있게 되면 사람의 부담은 크게 줄어든다. 또한 소에게 주는 먹이 및 운동과 육질과 우유맛과의 관계성을 인공지능이 분석함으로써 소와 우유맛을 조절할 수 있을 것으로 기대된다.

2.5 의료 분야의 인공지능 활용과 미래

의료 분야에서도 다양한 장면에서 인공지능을 활용하는 연구가 시도되고 있다. 그중에는 인공지능의 활용이 진행하면 의사가 직업을 잃을 거라는 얘기도 있지만 크게 신경쓸 필요는 없다.

현대의 인공지능은 특정 목적을 달성하기 위해 만들어진 것이다. 때문에 의사가 하는 모든 업무를 인공지능이 대체할 수 있는 것은 아니다. 의사에게는 환자에게 믿음을 주고 고민거리 등을 듣고 적절한 조언을 해야 하는 막중한 업무가 있다. 즉 고도의 커뮤니케이션 능력이 요구된다. 이것은 인간이기 때문에 가능한 것이다.

또한 의료 분야에서 인공지능 등의 최신 의료에 관한 법 개정과 가이드라인의 책정은 후생노동성과 의료 관련 단체 등에서 검토되고 있는 단계이다(2018년 말 집필 시). 지금 이 시점에서는 최종적으로 의사가 진단을 하고 책임을 져야 한다는 의견이 지배적이다.

의료 분야에서 인공지능 활용을 둘러싼 논의는 의사냐 인공지능이냐 하는 문제는 아니다. 인공지능을 활용함으로써 의사의 부담을 줄인다. 동시에 좋은 조언자로서 인공지능을 활용하고 의사는 사람만 할수 있는 일을 한다. 이러한 것이 가능하도록 원만한 협조 관계를 구축하는 것이 향후 의료 업계에 요구될 것이다.

인공지능에 의한 진단

데이터를 분석해서 그 사람에게 특정 질환(병)이 있는지 어떤지를 판정하는 연구는 오래전부터 있었다. 예를 들면 미국 스탠포드 대학의 브래들리 에프론&트레버 해스티Bradley Efron&Trevor Hastie, 이안 존스톤Ian Johnston, 로버트 티브쳐아니Robert Tibshirani는 442명의 당뇨 환자에 관한 연령과 성별, 체격 지수, 평균 혈압, 혈청 측정치 등의 데이터를 측정하고 회귀분석이라는 통계학 수법을 사용해서 1년 후의 당뇨병 진행도를 예측하는 실험을 시도했다.[16]

이 논문 데이터는 **scikit-learn**(사이킷런)이라는 인공지능 라이브러리 (프로그래밍 언어 파이썬의 대표적인 머신러닝 라이브러리)에 포함되어 있으며 인공지능 학습용으로 자주 사용되고 있다. 이처럼 어떤 질병에 걸리면 생체의 어딘가에 변화가 드러난다는 전제에 입각하면 그 변화를 인공지능에 분석시킴으로써 인간보다 정확하게 질병의 신난이 가능할 것으로 기대된다. 예를 들면 일본에서는 히타치제작소가 소변에서 유방암과 대장암을 찾아내는 기술을 확립했으며 시마즈제작소도 인공지능을 활용해서 암을 2분에 판단할 수 있는 장치를 개발했다.[17]

이 연구가 진행하면 현재의 증상뿐 아니라 앞으로 질병이 진행하는 속도를 예측할 수 있게 될 가능성이 있다. 더 나아가 본격적으로 증상이 드러나기 이전에 징후를 발견하면 초기 단계에서 대처할 수 있다고 한다. 그렇게 되면 질병에 걸리고 나서 치료하는 게 아니라 질병을 예측할 수도 있다. 이것이 실현되면 인간의 평균 수명을 크게 늘릴 수 있는 가능성이 있다.

화상인식에 의한 진단

예를 들면 당뇨병의 경우 혈액 성분을 분석하면 어느 정도의 징후를 읽을 수 있는 가능성이 있다. 그러나 다른 질병은 혈액 성분에 반드시 징후가 나타난다고는 단정할 수 없다.

이처럼 특정 성분만을 센싱해서 수치 데이터화한 것은 인공지능 세계에서는 매우 한정적인 데이터라고 할 수 있다.

그래서 센싱 데이터가 아니라 영상 데이터에서 특정 징후를 판독하려는 개념이 컴퓨터 비전이다. 실은 무언가를 대상으로 촬영한 영상에는 인간은 알지 못하는 많은 데이터가 숨어 있다.

이것을 인공지능으로 분석해서 보다 많은 증상을 진단하려는 연구가 시도되고 있다. 진단하는 영상으로는 환부 촬영에 추가해 X선 영상과 컴퓨터 단층촬영장치CT 영상, 자기공명화상장치MRI 영상, 세포의 현미경 영상 등을 이용하는 것을 생각할 수 있다.

사례로는 고치현高知縣 고치시高知市의 엑스미디어가 환부 영상으로 피부병의 종별을 인공지능으로 자동 진단하는 시스템을 개발했다(그림 2-11).[18]

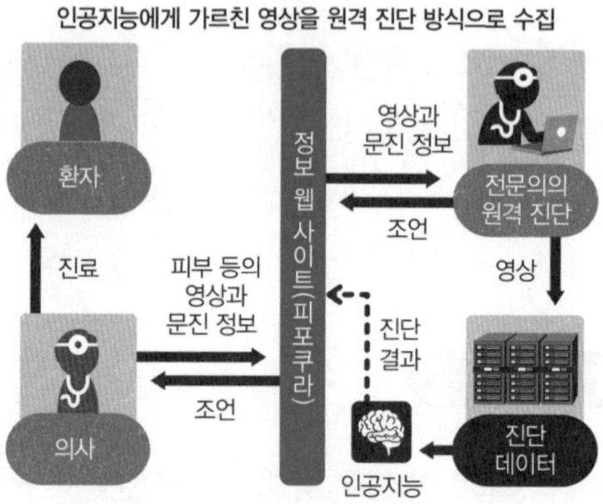

그림 2-11 ● 엑스미디어의 인공지능에 의한 피부병 진단
(출처: 닛케이 xTECH)

의료 분야의 인공지능 활용 시 주의사항

다만 인공지능을 사용한 영상 진단을 하는 장치는 '의약품, 의료기기 등의 품질, 유효성 및 안전성의 확보 등에 관한 법률(일본)'의 대상이 되며 심사를 받아 인가를 얻어야 한다는 점에 주의가 필요하다.

또한 인터넷을 통한 진단 서비스도 마찬가지로 심사를 받아 인가를 취득한 후에 관련 법에 따라서 적용해야 한다.

또한 인공지능은 방대한 과거의 데이터에서 인간과는 다른 시점과 정보를 기반으로 진단이 가능하다는 점이 중요하며 반드시 인공지능의 정확도가 높은 것은 아니다. 어디까지나 통계학적 확률 계산의 시점에서 가능성을 판단하는 것에 지나지 않는다.

진단에서는 정확도라는 관점 이외에 책임의 소재라는 점에서 최종 판단은 의사가 한다는 개념이 일반적이다. 때문에 인공지능을 사용한 장치는 어디까지나 그 시점에서 분석한 경우의 정보에 지나지 않는다는 점에 주의가 필요하다.

그렇다고 해도 인공지능에 의해 지금까지 없는 정보가 추가됨으로써 질병의 조기 발견으로 이어져서 평균 수명과 건강 수명을 연장시킬 가능성이 있다. 향후 인공지능은 의료 업계에서 적극적으로 활용될 것이다.

데이터 공유에 관한 과제

인공지능을 유효하게 활용하려면 대량의 데이터가 필요하다. 또한 운용 개시 후에도 가능한 한 많은 추가 데이터를 학습시키는 편이 정확도가 높아진다. 의료 분야에서도 인공지능을 분석에 사용하는 경우는 100명분의 환자 데이터보다 1만 명분의 데이터를 학습시키는 쪽이 정확도가 높아지는 것은 말할 것도 없다.

물론 건강한 환자의 데이터를 대량으로 수집하는 것만으로는 정확도가 높은 진단은 불가능하다. 당뇨병 진단이라면 실제로 당뇨병으로 진단받은 환자의 데이터를 일시적이 아니라 지속적으로 수집할 필요가 있다. 때문에 의료에 인공지능을 활용하는 경우라도 폭넓게 대량의 데이터를 효율적으로 수집하는 것이 바람직하다. 이를 위해서는 복수의 의료기관에서 데이터를 공유해야 하지만 여러 가지 과제가 있다.

예를 들면 허가 문제이다. 많은 경우 인공지능에 의한 이용이 상정되어 있지 않기 때문에 환자에게 데이터 공유 허가를 얻지 않았다는 문제가 있다. 데이터를 의료기관은 물론 기업과 공유하는 경우는 프라이버시 확보 관점에서 데이터의 공유처를 명확히 밝힌 후에 개별로 허가를 얻어야 한다.

또한 신체에 관한 화상 등을 공개하는 것에 대해 물리적 저항이 높은 데이터를 수집해서 분석에 사용하는 것에 관해 환자에게 어떻게 설명을 해서 허가를 얻을지 하는 문제도 있다. 데이터를 수집하는 의료기관은 적어도 데이터의 취급에 관한 가이드라인을 제정하고 이를 인터넷 등에 공개함으로써 외부에 데이터의 취급 상황과 운용 체제, 이용 범위에 관한 사항을 명확히 밝혀야 한다.

또한 중요한 데이터가 외부에 누설되지 않도록 보관, 관리해야 한다는 점에서 의료기관에 새로운 부담을 강요할 가능성이 있다는 문제도 있다.

법이라는 관점에서는 부적절한 정보 수집과 취급을 방지하기 위해서는 데이터의 공유와 취급에 관한 법 정비와 후생노동성과 의료단체의 가이드라인 제정 등이 필요하다.

2018년 일본 정부는 건강, 의료, 개호 정보 기반 검토 태스크포스에서 건강, 의료, 개호 정보 기반(가칭)의 정비를 검토했으며 2020년까지 실현을 목표로 각 의료기관의 데이터를 공유하는 것을 목표하고 있다.[19]

또한 싱가포르 정부는 스마트시티를 실현하기 위한 스마트네이션 구상에서 국가가 관할하는 의료기관의 데이터를 공유할 수 있는 시스템을 구축하고 환자에게 검진 이력 등을 인터넷 경유로 확인할 수 있는 시스템을 제공하고 있다.

인공지능의 활용은 지역 사회에 큰 혜택을 초래할 가능성이 있다. 때문에 민관 일체가 되어 실현에 대응해야 함은 말할 것도 없다.

뇌파 해석의 가능성

인공지능을 이해하는 것은 인간의 감정을 이해하는 것이기도 하다. 데이비드 허블David Hubel과 토르스튼 위즐Torsten Wiesel은 1959년 발표한 논문에서 고양이에게 다양한 명암 패턴을 보인 경우에 뇌(대뇌피질)의 신호에 일정한 법칙이 있음을 발견하고 이 논문으로 노벨 생리학·의학상을 수상했다.[20] 이 논문으로 인간의 뇌에 발생하는 신호에는 패턴이 있다는 것이 판명됐다.

인간의 뇌에 패턴이 있는 거라면, 가령 인간의 뇌파와 뇌의 혈류 움직임 등을 인공지능에 분석시키면 그 사람이 무엇을 생각하고 있는지 알 수 있지 않을까 하는 가설에 기초해서 다양한 연구가 시도되고 있다.

예를 들면 빨간색 종이를 보고 있을 때의 뇌파 데이터와 파란색 종이를 보고 있을 때의 뇌파 데이터를 인공지능에 대량으로 학습시킨다고 하자. 어느 사람의 뇌파 데이터를 보면 그 사람이 빨간색 종이를 보고 있는지 파란색 종이를 보고 있는지를 알 수 있는 가능성이 있다.

인공지능을 사용해서 인간이 보고 있는 것과 감정을 판정한다고 하니 조금 두렵기도 하지만 이 연구는 정신적 질병의 치료에 도움이 될 것으로 기대되는 분야이기도 하다.

선진국에서는 젊은 세대의 사인으로 자살이 상위에 거론되어 사회 문제가 되고 있다. 미국의 카네기 메론 대학과 피츠버그 대학의 연구 팀은 **fMRI**functional magnetic resonance imaging(뇌의 혈류를 화상으로 하는 장치)를 사용해서 뇌의 혈류 화상 데이터를 인공지능에 학습시킨 결과 그 사람에게 자살 생각이 있는지 어떤지를 90% 이상의 정도로 판별할 수 있게 됐다고 2017년에 〈Nature Human Behavior〉지에 발표했다.[21]

실은 자살 생각이 있는지 어떤지의 판정은 매우 어려워서 본인조차도 알 수 없다. 그러나 인공지능이 인간의 감정이라는 것을 이해할 수 있으면 향후 다양한 장면에서 인간을 도울 가능성이 있다.

2015년에 NTT데이터 경영연구소와 뇌정보통신융합연구센터Center for Information and Neural Networks: CiNet와 템즈가 fMRI의 분석에서 동화상

을 본 사람의 감정을 분석할 수 있는 장치를 개발했다고 발표했다. [22)]

현행의 설문조사 결과는 기준이 애매하다. 예를 들면 '이 CM은 재밌었나요?'라는 질문에서도 '재미있다'의 정의가 각각 다르기 때문이다. 이처럼 데이터로 분석하면 보다 더 효과가 높은 CM 제작에 기여할 가능성이 있다(그림 2 12).

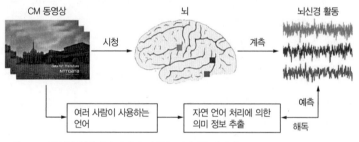

그림 2–12 ● 동영상의 '장면의 의미'와 뇌 활동 데이터를 관련짓는 구조
(출처: 닛케이 xTECH)

브레인 머신 인터페이스

뇌파 등 뇌의 상태를 인공지능으로 해석하고 그 결과를 사용해서 로봇과 컴퓨터를 조작하는 기술과 기기를 브레인 머신 인터페이스BMI라고 부른다. 이 기술에 의해 가령 신체를 움직이지 않아도 뇌로 생각하기만 하면 로봇 팔을 자유롭게 움직여서 사물을 이동시킬 수 있다.

브레인 머신 인터페이스를 개발하는 주요 목적은 신체에 장애를 가진 환자가 손발 대신 로봇을 움직이게 하기 위한 것이다.

또한 뇌졸중 등으로 신체를 움직이는 것이 어려운 사람을 치료하는

BMI 치료도 연구되고 있다.

BMI 치료란 가령 손가락을 움직이는 것이 곤란한 환자가 둘째손가락을 움직이는 상상을 하면 손에 장착한 장치의 모터가 움직여서 둘째 손가락을 움직이게 하는 재활을 수행하는 것이다. 이런 과정을 여러 차례 반복함으로써 뇌의 신경을 회복하는 치료이다.[23] BMI는 다양한 장애와 질병에 대해 로봇을 대신 움직이게 하는 새로운 치료 방법을 제공할 가능성이 있다.

장래에는 일반인이라도 파워드슈트(모터 등을 사용해서 인간의 움직임을 지원하는 강화복) 등을 제어해서 신체에 부담을 줄이거나 수작업 등을 보조하는 활용 방법을 생각할 수 있다.

인공지능 신약 개발

신약 개발이란 지금까지 없는 새로운 약을 개발하는 것이다. 신약 개발 분야에서는 이미 인공지능 활용은 상식이 되고 있다.

어떤 방식으로 새로운 약을 발견하는가 하면, 우선 치료하고 싶은 질환의 원인이 되는 기능을 하는 단백질에 주목하여 그 단백질의 기능을 바꾸는 작용을 하는 화합물을 찾아내는 것이 기본적인 작업이다.

간단하게 들리지만 기본적으로 타깃이 되는 단백질의 데이터베이스에는 단백질의 구조에 관한 데이터가 수십만 종류 이상 있고 또한 그에 대해 작용할 가능성이 있는 화합물의 데이터베이스가 수백만 종류 이상 있다. 그중에서 효과가 있을 것 같은 후보의 조합을 인간이 경험에 기초해서 선별하는 것이 기존의 신약 개발에서 사용하는 수순이었다.

그 후보에 대해 선정한 단백질과 화합물이 결합해서 어떻게 작용하는지를 컴퓨터상에서 시뮬레이션한다. 시뮬레이션 결과, 효과를 기대할 수 있고 부작용이 없다고 판단한 약을 실제로 임상실험을 통해 효과와 부작용을 확인한다. 이 과정에 매우 많은 시간과 수고가 필요하다는 점이 신약 개발의 어려운 부분이다(그림 2-13).

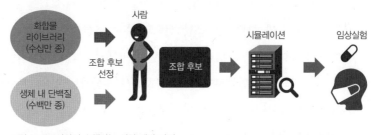

그림 2-13 ● 사람이 수행하는 신약 개발 과정
(출처: 미디어스케치)

또한 신약 개발 분야에서는 새로운 조합을 가장 빨리 발견한 회사가 특허를 신청하고 그 약에 관한 판매 권리를 얻을 수 있다. 때문에 새로운 조합을 찾아내는 것은 제약회사의 경영에 크게 영향을 미친다. 이것은 국가의 경제에도 큰 영향이 있다. 따라서 신약을 개발하기 위한 데이터베이스의 구축과 시뮬레이션을 수행하는 컴퓨터의 운용에는 대학과 독립행정법인 등의 연구기간도 밀접하게 관여하는 만큼 슈퍼컴퓨터를 구사해서 수행하고 있다.

각국이 최고속의 슈퍼컴퓨터 개발에 막대한 국가 예산을 투입하고 있는 것은 단순히 계산 속도 경쟁에서 이기기 위해서만은 아니다. 세계 최고속의 컴퓨터를 사용함으로써 산업 경쟁력이 높아지기 때문이다. 예를 들면 최고속 컴퓨터를 사용하면 다른 국가보다 많은 신약을 개발할 수 있는 가능성이 있다. 다시 말해 국가의 경제에 큰 이익을 초래한다는 이유가 있는 것이다.

특허는 최초로 제출한 사람만이 권리를 얻을 수 있으므로 2위는 의미가 없다.

인공지능 얘기로 돌아가자. 신약 개발 세계에서는 효과를 기대할 수 있는 단백질과 화합물의 조합 선택과 후보 조합에 관한 효과 검증에 인공지능을 이용하고 있다. 왜냐하면 수만에서 수억 개나 되는 데이터에서 인간의 지식만으로 후보를 선발해서 계산하는 것은 너무나 비효율적이기 때문이다. 여기에 인공지능을 활용해서 효과가 있을 것 같은 단백질과 화합물을 발견하는 시간을 대폭 단축하고자 하는 시도가 진행하고 있다. 그렇다고 해도 서버 한 대로 가능한 계산량이 아니므로 슈퍼컴퓨터나 그에 상당하는 컴퓨터 시스템이 필요하다. 때문에 인공지능의 활용을 제약회사 단독으로 수행하기에는 어려움이 따른다. 이러한 점에서 제약회사와 IT 기업이 업무 제휴를 하는 사례가 많이 나오고 있다.

일례로는 2018년 1월에 디엔에이DeNA가 아사히카세이파머와 시오노기제약과 제휴해서 인공지능을 사용한 신약 개발 수법을 공동 개발한 사례가 있다.[24]

세포 배양

식물과 마찬가지로 세포도 환경을 조절해서 배양이 가능하다. 재생 의료에서는 iPS 세포(인공 다능성 줄기세포)를 사용해서 특정 세포와 장기를 만드는 연구가 진행하고 있다. iPS 세포의 배양에 인공지능을 이용하는 시도이다.

iPS 세포의 배양에 관해서는 숙련된 기술자가 현미경을 보면서 양질의 세포와 그렇지 않은 세포를 판단할 필요가 있으며 시간이 걸렸다. 시마즈제작소와 츠쿠바 대학에서는 인공지능에 의한 화상 진단에 의해서 양질의 세포를 가려내는 연구를 하고 보다 간단하고 단시간에 세포를 가려내는 연구를 하고 있다(그림 2-14).[25]

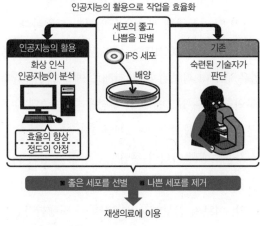

그림 2-14 ● 인공지능에 의한 세포 판별
(출처: 닛케이 xTECH)

이처럼 iPS 세포의 배양에서는 인공지능을 사용한 관리가 기대되고 있다. 향후는 배양 환경의 조절과 세포의 판별 등을 자동으로 수행함으로써 보다 많은 세포를 단시간에 효율적으로 배양하는 연구가 진행할 것이다.

2.6 건설업의 인공지능 활용과 미래

업무용 차량

공사와 건설용 차량에도 인공지능의 도입도 진행하고 있다. 건설현장은 사유지가 많고 일반인의 출입이 제한되어 있다. 때문에 일반 공도公道에 비해 자율주행 기술을 도입하기 수월하다.

실제로 코마츠는 2008년에 무인 덤프트럭을 발표했다. 자율주행의 안전성은 당연히 확보된 것을 전제로 예를 들면 고지高地 등의 토사 운반을 무인화할 수 있으면 운전 부담을 대폭 줄일 수 있는 동시에 인력 부족 문제도 해소할 수 있다(그림 2-15).

또한 자율주행뿐 아니라 무인으로 굴삭 작업을 하는 차량은 더욱 더 늘어날 것으로 보인다. 작업의 종류도 인공지능이 도입됨으로써 대폭 늘 것이다. 이로써 건설현장의 공장화가 진행한다.

건설현장은 인력 부족이 심각한 데다 사고가 일어나기 쉬운 장소이기도 하다. 따라서 인공지능을 활용한 작업의 자동화에 관련 기업들은

그림 2-15 ● 코마츠의 무인 덤프트럭
(출처: 코마츠)

향후에도 적극적으로 투자할 것으로 예측된다. 사람은 차량과 시스템의 감시 운용에 집중하게 되고 수년 후에는 그 모습이 크게 바뀔 가능성이 있다.

스마트홈

인공지능 기술이 발전하면 일반 가정도 스마트홈으로 진화한다. 스마트홈이란 일반적으로 IoT와 인공지능에 의해서 일상 속의 다양한 것이 자동화·최적화된 집을 말한다.

예를 들면 집에 사는 사람이 집에 가까이 오면 자동으로 열쇠를 열고 멀어지면 자동으로 잠기는 시큐리티 시스템 등이 있다.

스마트홈을 실현하는 제품으로 유명한 것에 미국 네스트랩Nest Labs이 개발한 네스트Nest가 있다. 네스트는 서모스탯(온습도계를 갖추고 있어 공조 기능을 조작할 수 있는 기기) 기능을 갖고 있었지만 인공지능에 의한 자기학습 기능도 추가 탑재해서 조작하는 사람이 쾌적하게 느끼는 환경을 자동으로 만들어낸다. 연기 탐지와 홈시큐리티 기능까지 갖고 있어 스마트홈을 실현하는 기기로서 전 세계에서 이용되고 있다(그림 2-16).

그림 2-16 ● 네스트랩의 네스트
(출처: 네스트랩)

네스트랩은 2010년에 창업하여 2014년에 미국 구글에 32억달러에 매수됐다. 이 한 사건으로 인공지능을 탑재한 제품으로 성공한 기업으로서 일약 유명해졌다.

스마트 제품에서 자율화는 필수 기능이라고 할 수 있다. 향후에는 다양한 가전제품과 시큐리티 시스템은 사람이 조작하지 않고 사람의 행동 예측과 기호 학습을 통해 자동으로 수행하도록 진화한다. 이에 맞춰 다양한 기기가 상호 통신할 수 있는 기능을 갖고 인공지능을 움직일 수 있는 처리 능력을 갖도록 설계된다.

2.7 금융업의 인공지능 활용과 미래

인공지능을 이용한 자산 운용

금융업계는 비교적 새로운 것을 도입하기 어려운 업종일 거라는 인식과 달리 가장 적극적으로 인공지능을 도입한 업계 중 하나다. 원래 금융업계에는 경제에 관한 다양한 데이터에 기초해서 행동을 판단하는 문화가 있다. 때문에 인공지능을 받아들이기 쉬운 환경이라고 할 수 있다.

실제로 주식 거래에 관한 판단은 이미 사람이 아닌 인공지능의 업무로 이행하고 있다. 이를 대변하는 사건이 있었다. 바로 미국의 최대 투자 은행 골드만 삭스Goldman Sachs가 2000년 600명이 담당했던 주식 거래를 인공지능으로 대체했고 2017년에는 2인으로 대폭 삭감한 상징적인 사건이다. [26)]

투자 판단 업무를 인간에서 인공지능으로 바꾸는 이유는 인간이 수행하는 데이터 분석보다 인공지능이 수행하는 데이터 분석이 정확하기 때문이다. 인공지능은 날씨와 인구 증감, 정치 정세, 뉴스 등 매우 많은 정보를 토대로 분석을 하기 때문이다. 이미 많은 기업이 주식 운용의 판단을 인공지능에 맡기고 있다고 한다.

일본에서도 미쓰비시UFJ국제투신이 2018년에 인공지능이 투자 판단을 하는 투자 신탁을 발매했다. [27)] 미쓰비시UFJ국제투신뿐만 아니라

전 세계에서 투자 신탁 분야의 인공지능 채용에 적극적으로 대응하고 있고 과거의 데이터에서 수익을 낼 수 있는 투자처와 비율을 판단한다.

이처럼 향후는 금융업계에서 다양한 투자 판단을 인공지능이 수행할 것으로 예측되며 가장 우수한 인공지능을 갖는 금융기관에 고객이 집중할 가능성이 있다.

한편 인공지능 채용에 따른 리스크도 우려된다. 전 세계의 인공지능이 일정 이상을 학습을 하면 같은 생각을 하게 되어 무언가를 계기로 동시에 비관적인 판단을 해서 세계 동시 주가 하락 등을 일으키지 않을까 우려된다. 또한 대규모 자연 재해 등 아직 데이터가 충분하지 않은 사건에 대해 어디까지 임기응변으로 대응할 수 있을지에 대한 우려도 있다.

금융업계에서 인공지능은 유용한 툴이라는 것은 틀림없다. 한편으로 인공지능 활용에 따른 리스크도 있다는 점을 염두에 두고 여러 가지 대책을 강구하는 것이 중요하다.

인공지능에 의한 자산 운용

인공지능의 진화와 관계없이 은행의 인터넷 서비스가 가속하고 있으며 은행의 점포에 가야만 처리할 수 있는 절차는 극히 일부로 감소하고 있다. 때문에 저출산·고령화가 진행함에 따라 특히 은행 점포는 감소 추세이며 신입사원의 채용 수도 감소하고 있다.

은행에서는 그 외에도 기업 대출에 관한 판단 등의 업무에서 인공지능을 이용하는 움직임이 활발하다.

대출의 경우 빌려준 자금을 제대로 이자를 붙여 받는 것이 목표이다. 그러면 도대체 어떠한 패턴이면 확실하게 변제할 수 있을지는 매우 많은 요인이 관계하므로 인간은 판단하기 어렵다. 인공지능의 경우는 과거의 데이터에서 제대로 갚은 데이터와 갚지 못한 데이터를 학습하면 여러 요인을 근거로 해서 정확도 높은 예측을 할 수 있다. 이처럼 은행의 다양한 업무, 특히 사무 작업 등은 인공지능에 의해 자동화되는 추세이며 은행의 직원은 대폭 줄 것이라고 예상되고 있다.

다만 인간밖에 할 수 없는 작업도 있다. 예를 들면 대출 판단만 하더라도 모두가 숫자로 나타낼 수 있는 지표만 있는 것은 아니다. 눈부시게 진화하는 향후의 비즈니스 세계에서는 기업의 재무 데이터 이외에도 어느 정도 인재 교육이 진행하고 있는지, 어느 정도 신기술 연구에 투자를 해서 성과를 올렸는지 하는 점도 기업의 성장에 크게 관여하게 된다.

숫자로 나타낼 수 없는 지표는 인간이 상황을 판단해서 숫자로 변환한 후에 인공지능에 학습시킬 필요가 있다. 따라서 100% 인공지능만으로 판단할 수 있는 것은 아니다.

또한 은행 내에서 다양한 IT 시스템과 인공지능의 보수 운용을 담당하는 인력은 더 많이 필요해질 것으로 예상된다.

2.8 소매업의 인공지능 활용과 미래

아마존 고와 슈퍼마켓의 미래

2016년에 미국 아마존닷컴Amazon.com이 무인 결제를 실현하는 매장 아마존 고Amazon Go의 베타판을 개점했다. 아마존 고는 IoT와 인공지능 기술을 구사해서 계산대를 없앴다.

계산대가 없다는 것은 매장에 필요한 점원 수를 줄일 수 있어 비용 삭감과 동시에 인력 부족 해소를 기대할 수 있다. 또한 이용자는 계산대 앞에 늘어설 필요가 없다는 이점이 있다.

계산대를 없애면 어떤 방식으로 지불을 하는가 하면 우선 사전에 사용자 등록을 한다. 그리고 입점 시에 스마트폰에 표시한 QR 코드를 단말기에 대고 들어간다. 이후부터는 매장 내의 센서와 카메라를 사용해서 고객 행동을 감시하고 매장을 나올 때 쇼핑 봉투에 넣은 상품만큼 후일 구입 금액이 신용카드로 결제되는 장치이다(그림 2-17).

이 방법을 실현하려면 어떤 고객이 어떤 상품을 쇼핑 봉투에 넣어 매장을 나왔는지를 정확하게 파악할 필요가 있다.

누가 무엇을 샀는지를 파악하는 방법으로는 기존 RFIDRadio Frequency Identification를 이용하는 방안이 검토되고 있다. RFID는 초소형 회로가 매립되어 있어 단말기에 대면 통신할 수 있는 태그이다. 교통계 IC 카드 등에 매립되어 있다. 다만 RFID를 사용하는 방법은 모든 상품에 회

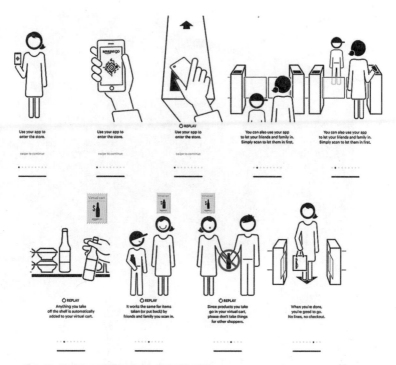

그림 2-17 ● 아마존 고 앱에 표시되는 매장 이용 절차
(촬영: 미디어스케치)

로를 매립한 태그 실을 장착할 필요가 있어 저가격의 상품을 많이 판
매하는 슈퍼마켓에서는 비용적으로 맞지 않는다는 결점이 있다.

아마존 고는 매장 내에 다수의 카메라를 설치하고 모든 방향에서 촬
영한 영상을 인공지능에 의해서 해석함으로써 누가 어느 상품을 쇼핑
봉투에 넣었는지를 인식한다(그림 2-18). 물론 여러 명의 사람이 같은
장소에 있는 경우 카메라의 사각지대에 들어가 상품을 잡는 곳이 완전
히 영상에 비치지 않을 가능성도 있어 모든 각도에서 카메라로 촬영한

그림 2-18 ● 아마존 고의 매장
(출처: 일본경제신문)

후에 선반 위의 무게를 계측하는 중량 센서도 이용해서 복수의 방법으로 확실하게 인식한다는 계획이다.

다만 과제도 있다. 예를 들면 알코올류를 구입하려면 신분증으로 연령을 확인해야 하지만 집필 시점(2018년 말)에서는 사람이 연령을 확인하는 방법으로 정해졌다. 따라서 완전무인화는 어렵다고 할 수 있다.

이처럼 아마존 고는 계산대를 무인화해서 사람이 줄을 서지 않고 쾌적하게 쇼핑을 할 수 있다는 새로운 가치를 제공하여 2021년까지 전 세계에서 3,000점의 점포를 전개한다는 입장이다.[28]

편의점과 인공지능

편의점은 미국에서 시작했지만 일본에서 크게 성장하여 현재의 모델이 됐다. 실제로 일본에는 편의점 수가 압도적으로 많다. 편의점의 가장 큰 특징은 24시간 영업과 복사기와 ATM기의 설치, 티켓 판매와 광열비 수납 대행 같은 상품 판매 이외의 다양한 서비스를 제공한다는 점이다.

일본의 대형 편의점도 긴 세월 만성적 점원 부족으로 고민하고 있다. 또한 각 매장 점주의 고령화가 진행하는 현상도 있어 인공지능을 사용한 매장 개혁에 대응하고 있다.

JR동일본은 2018년 도쿄의 아카바赤羽역에서 무인판매 매장 실험을 개시했다. 이 매장은 천장에 장착된 여러 대의 카메라 영상을 인공지능으로 분석한 후에 그 고객이 어느 상품을 선택했는지를 데이터화하고 매장을 나오기 전에 지불 게이트에서 스이카Suica로 결제를 한다.

필자는 실제로 쇼핑을 시도했다. 한 번 손에 잡은 상품을 선반에 도로 놓거나 두 명이 매장에 들어가 보기도 했지만 최종적으로 구입한 상품만 결제됐다(그림 2-19).

또한 대형 편의점 로손은 2018년에 무인 계산대를 발표했다. 로손의 시스템은 저비용의 IC 태그 기능을 가진 툴을 상품에 부착하고 매장에서 나올 때 게이트에서 통신을 해서 어느 상품을 갖고 나왔는지를 인식한다. 즉 이 시스템에는 발표 시점에 인공지능이 이용되는 것은 아니지만 아마존 고와 같은 매장이 향후 일본에 진출하는 것을 염두에

그림 2-19 ● JR동일본의 무인매장과 물건을 고르는 필자
(출처: 미디어스케치)

둔 것으로 생각된다.

　로손은 인공지능을 사용한 가상 점원(AI 점원)도 발표했다. 지금까지 편의점의 점원은 해외(신흥국)에서 충당하는 부분이 컸다. 그러나 신흥국도 경제 발전을 달성하면서 굳이 일본까지 와서 일하는 장점은 이전에 비해 희박하며 점원 희망자는 줄어드는 추세이다. 이러한 배경에서 편의점의 임금도 상승하고 있다. 또한 영어와 달리 일본어는 일본에서밖에 사용하지 않는 언어이므로 일본어를 할 수 있는 인력을 채용하는 것은 간단하지 않다.

　그래서 가상 캐릭터에 대화를 시키는 것이 가상 점원이다. 그러나 이용자와 어디까지 커뮤니케이션을 취하는 것이 가능한지, 정말로 도움이 될 수 있는지 또한 매장의 인력 절감으로 이어질지 등 미지수인 부분은 많이 남아 있다(그림 2-20).

그림 2-20 ● 로손의 가상 점원
(출처: 미디어스케치)

챗봇의 활용

　로손의 가상 점원과 같이 고객의 문의에 프로그램으로 대응해서 사람에 의존하지 않고 서포트하는 움직임이 가속하고 있다. 문의 내용 대부분이 같기 때문에 사람이 일일이 대응하는 것은 비효율적이다. 이미 인터넷상의 판매 사이트와 숙박 예약 사이트에서는 인공지능을 활용한 챗봇이 활용되고 있다.

　챗봇은 "다음주 토요일에 더블룸 비어 있습니까"라고 자연어로 입력하면 고객이 무엇을 요구하는지를 분석하고 적절한 대답을 한다.

　향후 인공지능으로 보다 확실하게 문장의 의미를 이해할 수 있게 되면 다양한 문의에 대응하는 것이 가능하다. 동시에 적절한 회답을 인공지능에 의해서 구축하는 것도 가능해진다.

　또한 음성 문의에도 인공지능을 이용한 음성인식으로 대응할 수 있어 매장의 부담을 조금이라도 줄인다는 점에서 주목을 받고 있다(그림 2-21).

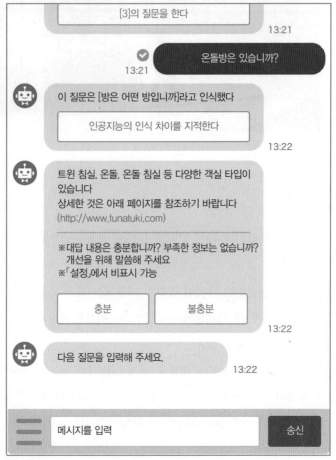

그림 2-21●챗봇에 의한 문의 예(트립 인공지능 컨시어지)
(촬영: 미디어스케치)

인공지능을 이용한 수요 예측

소매업과 데이터마이닝은 떼려야 뗄 수 없는 관계에 있다. 데이터마이닝이란 방대한 데이터에서 유익한 정보를 발굴(마이닝)하는 기술을 말한다. 일본에서는 편의점 등에서 데이터마이닝이 중시되고 있으며 계산대에 성별과 연령을 입력하는 버튼이 있는 매장도 있다(현재는 폐지되는 경향인 것 같다).

또한 고객이 구매 행동을 일으키는 요인에는 여러 가지가 있다. 예를 들면 기온이 급격하게 떨어지면 따뜻한 음료와 음식물이 잘 팔린다. 근처에서 운동회나 문화제 등의 이벤트가 있으면 김밥이 많이 팔린다. 이들 요인을 분석하고 고객이 원하는 것을 확실하게 점포에 진열하는 것은 고객의 신뢰를 얻는 데 매우 중요하다.

특히 편의점은 매우 좁은 공간에 많은 상품을 취급하기 때문에 가능한 한 팔릴 수 있는 상품만을 압축해서 진열할 필요가 있다. 때문에 대형 편의점은 데이터 분석을 위한 시스템에 많은 금액을 투자하고 있다.

향후는 이러한 데이터 분석에 인공지능이 활용될 것이다. 구매 행동에 관한 모든 데이터를 인공지능에 학습시키면 확실하고 상세한 수요 예측을 세우는 것이 가능하여 낭비 삭감과 기회 손실 방지로 이어진다.

확실하고 상세한 수요 예측을 세울 수 있으면 그에 기초해서 낭비 없는 생산계획과 구매계획, 수송계획을 세울 수 있다. 수요 예측에는 소셜 데이터의 활용도 효과적이다. 세상에는 유행이 있고 그 데이터를 활용할 수 있으면 진정한 의미에서 무엇이든 갖춘 편리한 매장이 완성

될 것이다.

추천 기능

인터넷에서 판매하는 전자상거래EC 사이트에는 추천 기능이 있다. 추천 기능이란 고객의 행동과 구매 이력 등에서 취미와 기호를 분석하고 권장 상품을 표시하는 기능이다. 아마존닷컴의 '추천 상품 표시'가 유명하다.

그렇다고 해도 기존의 추천은 그 정도로 고도의 기능을 하는 것은 아니다. 예를 들면 'IoT 교과서'라는 책을 산 사람이 'IoT 문제집'이라는 책도 샀다는 데이터가 있으면 'IoT 교과서'를 구매한 다른 사람도 아마 'IoT 문제집'을 구매할 거라는 예측에 기초해서 '추천'으로 표시한다. 이러한 분석 수법을 **협업 필터링**이라고 한다.

그러나 이러한 단순한 분석 결과는 당연한 것처럼 보이지만 일반적인 사람들과 다른 생각을 가진 사람에게는 해당하지 않는다. 향후 이러한 추천 기능 분석에 인공지능을 활용하면 방대한 빅데이터에서 구매자의 취미와 기호를 확실하게 예측할 수 있으며 구매한 상품과 전혀 관계가 없을 것 같은 제품도 표시할 수 있어 새로운 구매를 유도할 수 있다.

【참고문헌】

1) 마이클·E·포터, 제임스·E·헬프만.
   하버드 비즈니스 리뷰(Harvard Business Review) 2015년 11월호

2) 일본경제신문
   https://www.nikkei.com/article/DGXLASDZ04ICG_U7A800C1EA2000/

3) 닛케이 xTech
   https://tech.nikkeibp.co.jp/it/atcl/news/16/103103206/

4) 경제산업성 「산업 보안의 스마트화 진척 상황에 대해」
   http://www.meti.go.jp/committee/sankoushin/hoan/pdf/007_02_01.pdf

5) 닛산자동차 「품질에의 대응」
   https://www.nissan-global.com/JP/QUALITY/PRODUCTS/TECHNOLOGIES/

6) 내각 관방 IT 종합 전략실 「자율주행 레벨의 정의를 둘러싼 움직임과 향후의 대응(안)」
   https://www.kantei.go.jp/jp/singi/it2/senmon_bunka/detakatsuyokiban/dorokotsu_ dai1/siryou3.pdf

7) SAE
   https://www.sae.org/standards/content/j3016_201609/

8) 일본경제신문 「자율주행의 물결, 공공교통으로 히노마루교통과 ZMP가 실험」
   https://www.nikkei.com/article/DGXMZO34620340X20C18A8MM0000/

9) 일본경제신문 「자율주행, 세계에 제어 기술 도요타계 4사가 신회사」
   https://www.nikkei.com/article/DGKKZO34597400V20C18A8MM8000/

10) NVIDIA 「일본, NVIDIA DRIVE로 자율주행차 업계를 톱기어로」
    https://blogs.nvidia.co.jp/2018/09/27/japan-partners-nvidia-drive-ecosystem/

11) NVIDIA 「드라이브리스의 실현으로 : Daimler와 Bosch, 로봇 택시에 NVIDIA DRIVE를 채용」
    https://blogs.nvidia.co.jp/2018/07/13/daimler-bosch-nvidia-drive-robotaxi/

12) NVIDIA 「GTC Japan : 자율주행 기술, 글로벌 컨퍼런스의 핫 토픽으로」
    https://blogs.nvidia.co.jp/2018/09/04/gtc-japan-autonomous-vehicles/

13) NVIDIA 「NVIDIA DRIVE」
    https://www.nvidia.com/ja-jp/self-driving-cars/drive-platform/

14) 일본경제신문 「AI 사용 술 제조 이와테, 직인술을 데이터화」
    https://www.nikkei.com/article/DGKKZO30517960V10C18A5CR0000/

15) 일본경제신문 「근대와 마이크로소프트 등, AI로 양식 치어의 선별을 효율화」
    https://www.nikkei.com/article/DGXMZO34408340R20C18A8X13000/

16) Least Angle Regression Bradley Efron, Trevor Hastie, Iain Johnstone and Robert Tibshirani Statistics Department, Stanford University.
    https://web.stanford.edu/~hastie/Papers/LARS/LeastAngle_2002.pdf

17) 일본경제신문 「암 조기 발견에 신기술 히타치는 요 분석, 시마즈는 AI 활용」
https://www.nikkei.com/article/DGXMZO25695350V10C18A1MM8000/

18) 일본경제신문 「AI로 피부병 진단 실현 임박, 화상 수집 열쇠」
https://www.nikkei.com/article/DGXMZO1828092029062017×90000/

19) 일본경제신문 「의료·개호의 개인정보 공유」
https://www.nikkei.com/article/DGKKZO33542830Y8A720C1MM8000/

20) D. H. Hubel, T. N. Wiesel.
RECEPTIVE FIELDS OF SINGLE NEURONES IN THE CAT'S STRIATE CORTEX.
https://www.ncbi.nlm.nih.gov/pmc/articles/PMC1363130/pdf/jphysiol01298–0128. pdf

21) Marcel Adam Just, Lisa Pan, Vladimir L. Cherkassky, Dana L. McMakin, Christine Cha, Matthew
K. Nock & David Brent.
Machine learning of neural representations of suicide and emotion concepts identifies suicidal youth.
https://www.nature.com/articles/s41562.017–0234–y

22) 닛케이 xTech 「뇌를 사용하는 궁극의 인터페이스, 비즈니스 전개는 가능?」
https://tech.nikkeibp.co.jp/it/atcl/watcher/14/334361/082500907/

23) 일본경제신문 「뇌파로 난치병 치료 돕는다 『생각으로 움직이는 기술』 BMI를 활용 수족 마비의 재활에」
https://www.nikkei.com/article/DGKKZO12499470T00C17A2TZQ000/

24) 일본경제신문 「AI 사용한 창약 연구 DeNA」
https://www.nikkei.com/article/DGKKZO25508690Q8A110C1XB0001/

25) 일본경제신문 「재생의료, 진행하는 AI 활용 세포 배양과 선별에, 시마즈와 츠쿠바대학 등」
https://www.nikkei.com/article/DGXMZO28526850T20C18A3TJM000/

26) 닛케이 비즈니스 디지털 「인간을 『구축(駆逐)』한 월가의 왕자」
https://business.nikkeibp.co.jp/atcl/NBD/15/special/051600674/?ST=pc

27) 일본경제신문 「투신운용, 모두 AI로 미쓰비시UFJ 국제」
https://www.nikkei.com/article/DGXMZO33137590Z10C18A7MM0000/

28) 일본경제신문 「아마존, 계산대 없는 점포 확대 21년에 3000점」
https://www.nikkei.com/article/DGKKZO35562470Q8A920C1EAF000/

【비즈니스편】

제 1 장

제 2 장

제 4 장

제 5 장

제 6 장

제 7 장

제 8 장

제 9 장

제 3 장

인공지능 활용에 관한 국가 시책

이번 장에서는 스마트그리드와 스마트시티 등 사회 전체의 장치로서 인공
지능을 어떻게 사용하는가에 대해 설명한다. 또한 사회 전체에서 인공지능에
필요한 데이터를 유통시키기 위한 오픈데이터에 대해 설명한다. 지금까지 이
상으로 편리하고, 지금까지 이상으로 친환경 사회를 구축하기 위해서는 인공
지능이 어떻게 도움이 되는지 하는 시점에서 읽기 바란다.

인공지능 활용에 관한 국가 시책

3.1 에너지와 스마트그리드

스마트그리드

스마트그리드란 전기의 흐름을 컴퓨터로 제어할 수 있는 송전망을 말한다. 통상은 전력회사와 이용자 사이에서는 전기의 송전만 이루어진다. 그러나 스마트그리드는 전기뿐 아니라 데이터도 전력회사와 이용자 사이에서 송수신된다. 데이터의 송수신이 실현되면 업무를 원격 제어로 수행할 수 있다.

예를 들면 아파트 입주 시에 필요한 통전을 위한 제어반 조작의 작업을 원격 제어로 수행할 수 있다. 그러면 전력회사에서 현장에 사람을 보낼 필요가 없다. 또한 가정 내에서 이용하는 전기를 시간대와 이용 상황에 맞추어 저렴한 가격대의 전기로 자동 전환해서 전기요금을 절약할 수도 있다. 일반 가정의 경우 **스마트미터**를 설치한 후에 **HEMS**Home Energy Management System를 도입해서 스마트그리드에 참가할 수 있다.

스마트그리드는 전 세계에서 국가 시책으로 추진되고 있다. 그러나 그 목적은 각국의 사정에 따라 차이가 있다. 일본의 경우 화력발전 비율이 높아 송전이 안정적이다. 추가해서 세계적으로 보면 비교적 전기요금이 저렴하다고 할 수 있다. 때문에 풍력과 태양광 등의 재생가능에너지 보급률은 높지 않다.

일본은 여름철 낮시간에 소비전력이 급격히 증가하는 경향이 있다. 때문에 공장이나 빌딩의 전력을 축전하는 방법으로 소비전력을 평준화하는 실증실험을 하고 있다. 또한 남은 전기를 기업 간이나 공장 간에서 서로 융통함으로써도 소비전력의 평준화를 기대할 수 있다. 이처럼 지역의 사용 전력 평준화와 소비전력 삭감을 위해 스마트그리드를 이용한다는 계획이다.

한편 유럽에서는 정치적 판단에서 재생가능에너지의 이용에 적극적이다. 재생가능에너지에서 큰 비율을 차지하는 것은 태양광과 풍력이다. 단 이들 에너지는 기상 상황에 크게 좌우되기 때문에 발전량이 안정적이지 않다. 따라서 스마트그리드상에서 몇 곳의 소형 발전 전력을 그러모아 필요한 곳에 필요한 양만큼 송전하는 고도의 조정이 필요하다. 이처럼 재생가능에너지의 비율을 늘리면서 안정적 송전을 실현하고 국가와 지역 전체에서 송전을 최적화할 목적으로 스마트그리드와 인공지능의 활용이 기대되고 있다.

스마트그리드와 인공지능

스마트그리드에서는 인공지능의 활용이 진행하고 있다. 스마트그리드에서는 향후 어느 정도의 전력 수요가 전망되고, 수요에 맞춰 어디서 어느 정도의 발전을 수행할지, 또한 부족한 경우는 어디에서 융통할지를 계획하고 재해에 의해 문제가 발생한 경우에도 임기응변으로 대응해야 한다.

이중 가장 중요한 것은 전력의 수요 예측이다. 바로 이 수요 예측에 인공지능이 이용되고 있다. 향후 전기자동차 등의 보급으로 점점 전력 의존도가 높아질 것으로 예상되는 가운데 전력 수요의 변동이 커질 가능성이 있다. 공휴일에는 어떻게 변동하는지, 습도가 올라가면 어떻게 변동하는지 등 다양한 요소를 근거로 정확하게 전력 수요를 예측하는 것이 인공지능에 요구되고 있다.

또한 이용 상황 등을 모니터링하면서 지역 전체의 송전망을 제어하고 수요와 공급의 균형을 취하면서 최적화하는 것이 가까운 장래에 실현해야 할 새로운 송전 시스템이다.

3.2 스마트시티

스마트시티

스마트시티란 직역하면 '현명한 도시'이지만 일반적으로 IoTInternet of Things와 인공지능 등의 기술을 구사해서 주민이 편리하게 생활하기 위한 서비스를 제공하는 도시를 말한다. 정의가 확실한 단어는 아니므로 스마트그리드를 도입한 자치단체를 의미하는가 하면 IoT에 의해 지킴이를 도입한 자치단체를 의미하기도 한다.

싱가포르의 스마트네이션 구상

대규모 스마트시티를 지향하는 프로젝트로 유명한 것이 싱가포르 정부가 추진하는 스마트네이션 구상이다(그림 3-1).

그림 3-1 ● 스마트네이션 구상의 공식 웹사이트(www.smartnation.sg/)
(출처: 미디어스케치)

스마트네이션에는 다양한 시책이 포함되어 있다. 예를 들면 모든 병원의 진단 이력과 처방전을 데이터화해서 국가가 준비한 데이터베이스로 공유한다(그림 3-2).

또한 도처에 감시 카메라를 설치하여 쓰레기를 버린 사람을 검지하는 등의 구상도 있다. 여기에는 인공지능에 의한 화상인식 기술을 이용한다.

교통에 관해서는 모든 신호를 시스템에서 제어할 수 있도록 하고 인공지능이 도로별 교통량을 예측한 후에 신호를 어떻게 바꾸면 정체가 일어나지 않는지를 계산해서 제어하는 구상도 있다.

이처럼 주민의 생활에 관여하는 모든 부분에서 낭비를 없애고 쾌적한 생활을 제공하고자 하는 것이 본래의 스마트시티이다. 그리고 이를 실현하기 위해 인공지능은 빼놓을 수 없는 기술이다.

그림 3-2●싱가포르 정부가 스마트네이션 프로젝트의 일환으로 배포하고 있는 건강 관리 앱 'HealthHub'(www.smartnation.sg/)
(출처: 미디어스케치)

인공지능을 이용한 도시계획 입안

필자는 강연 등을 할 때 정치는 인공지능에 맡기는 편이 좋지 않을까, 인공지능 시장市長이 등장하지 않을까 하는 질문을 종종 받는다. 개인 직으로는 정치를 인공시능에 맡기는 개념은 비현실적이며 대단히 위험하다고 생각한다.

현실 세계에서는 지금까지 없었던 현상이 발생하는 일이 있다. 또한 인간의 감정을 수치로 나타내려면 아직 해결해야 할 문제가 많이 남아 있다. 이런 점을 고려하면 현 시점에서는 정치를 인공지능에 맡기는 것은 비현실적이다(장래의 가능성을 생각하면 한이 없으므로 여기서는 생략한다).

따라서 인공지능의 판단을 그대로 받아들여 시책으로 실천하는 것은 적절하지 않다. 왜냐하면 인공지능은 주어진 특정 데이터만으로 합리적인 방법을 생각하기 때문이다.

예를 들면 인공지능이 지역의 경제를 발전시키기 위해 생산성이 낮은 고령자에게는 높은 세금을 부과해서 쫓아내고 우수한 젊은 사람을 감세로 불러들이는 전략을 세울지 모른다. 그러나 이 전략에는 이를 실현했을 때 발생할 지역 주문의 반발과 세상의 비난, 사회적 약자에 대한 배려 등은 전혀 고려되어 있지 않다.

한편 특정 문제를 해결하기 위한 어드바이저로는 매우 우수하며 지금 당장이라도 활용할 것을 권장한다.

일본에서는 NTT그룹이 인공지능을 이용하여 도시 계획에 도움되는 정보 분석 서비스를 전개하고 있다. corevo(코레보)라 불리는 인공지능군으로 지역에 관련한 다양한 정보를 분석하고, 예컨대 구획별 인구의 증감 예측과 이벤트에서 사람의 흐름 예측, 교통수단의 혼잡 예측, 관광객의 증감 예측 등을 한다(그림 3-3).

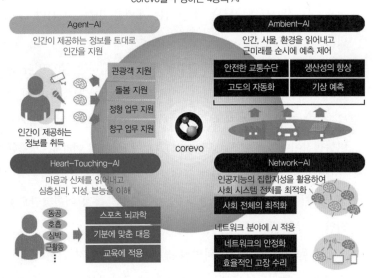

corevo를 구성하는 4종의 AI

그림 3-3●NTT그룹이 제공하는 인공지능군 'corevo'의 구성
(출처: NTT그룹)

실제로 NTT도코모는 2020년의 도쿄올림픽에서 혼잡 지역과 교통 상황을 인공지능으로 예측한다는 계획을 세운 바 있다. 향후 자치단체는 이러한 인공지능의 분석 결과에 기초해서 계획을 세우는 것이 상식이 될 것이다.

지역에서 인공지능을 활용하여 예측과 현실에 차이가 생긴 경우는 그 결과를 인공지능에게 가르침으로써 인공지능은 그 지역 특유의 특성을 학습하게 된다.

최종적으로는 그 지역을 가장 이해하는 인공지능이 완성되어 다양한 측면에서 효율적인 도시 구축을 수행하기 위한 빼놓을 수 없는 파트너가 될 것이다.

스마트시티의 앞에 있는 것

스마트시티가 실현되면 모든 면에서 낭비 없는 도시 구축이 가능해진다. 이를 위해서는 인공지능뿐 아니라 IoT와 블록체인 같은 모든 최신 기술을 활용할 필요가 있다.

그 결과 지역에 따라서는 중심부를 중점적으로 정비해서 편리하게 하는 콤팩트 시티화가 진행할 가능성이 있다. 저출산·고령화가 진행하는 지방에서는 지역 전체를 활성화시키려면 막대한 비용이 든다. 때문에 활성화는 매우 어렵다고 생각한다. 따라서 우선은 중심지를 활성화시키기 위해 IoT와 인공지능 등을 활용해서 지역 전체의 비용을 낮추는 개념이 필요하다.

한편 산간부에서는 쓰고 버리는 게 아니라 효율적으로 생활을 유지하기 위한 장치 구축이 필요하다. 이 점에서 필자는 스마트빌리지에 큰 관심을 갖고 있다. 주변에 편의시설이 적어도 생활이 곤란하지 않도록 택배 서비스와 카셰어링(개인과 기업 간에서 자동차 등의 이동수단을 공유하는 서비스), 원격의료, 스마트그리드에 의한 재생가능에너지의 활용 등이 스마트빌리지를 성립시키는 구체적인 방법이 된다. 이들

방법은 인공지능을 활용하는 것은 물론 마이크로 수력발전(소형 수력발
전장치)과 5G 등의 장거리 고속 무선통신이 실현돼야 비로소 가능해진
다(그림 3-4).

그림 3-4●NTT의 마이크로 수력발전
(출처: NTN)

향후 다양한 기술이 진화하면 도심에 모여 일을 할 필요성이 낮아진
다. 일부 젊은이들은 안식처를 찾아 산간 지역에서 생활하는 것을 바
라지 않을까 생각한다. 그렇게 되면 스마트빌리지에 대한 니즈가 높아
질 것이다. 스마트빌리지는 현재 과소 문제로 고민하는 산간부의 지역
을 그 지역에 상응한 형태로 재구성할 가능성이 있다.

3.3 데이터 유통의 현황과 과제

데이터 유통의 필요성

　인공지능은 인간의 뇌를 컴퓨터상에서 시뮬레이션한 것이다. 이에 대해 학습시키는 데이터는 인공지능에게는 혈액과 같은 것이다. 인공지능이라는 뇌를 활성화시키고 학습이라는 혈액을 보내서 보다 더 현명하게 하려면 대량의 데이터가 필요하다. 때문에 기업이 취득한 데이터는 독점하는 게 아니라 기업 간에서 공유해야 할 것이다. 그렇게 함으로써 인공지능의 활용이 진행하고 사회에 큰 혜택을 초래하게 된다. 이러한 배경에서 각국은 인공지능 시대를 내다보고 민관에서의 데이터 유통을 촉진하는 데 힘을 쏟고 있다.

　지금까지 데이터는 가능한 한 내부에서 저장하고 바깥으로는 절대 공개할 수 없다는 생각이 지배적이었다. 그러나 향후는 기업 간에서 데이터를 공유하거나 매매하는 사례가 나올 것이다.

　다만 개인 정보에 대해서는 신중하게 취급하고 프라이버시를 배려하지 않으면 안 된다는 점을 잊어서는 안 된다.

공공기관의 오픈데이터화

　기업이 데이터를 공유하는 것은 경제의 미래를 좌우한다. 때문에 어느 국가에게나 매우 중요하다. 그러나 유익한 데이터를 가진 것은 기업만은 아니다. 중앙 정부와 지방자치단체, 독립행정기관 등 여러 공공기간도 많은 데이터를 보유하고 있다. 우선은 공공기관에서 데이터를 공개하지 않으면 민간 기업의 데이터 공유는 진행하지 않는다. 일례로 일본 정부는 2018년 6월에 '디지털 퍼스트 법안(가칭, 한국은 데이터 3법)'을 신속하게 책정한다고 발표했다.

이 법안에는 각부 성청이 보유하고 있는 데이터를 원칙적으로 100% **오픈데이터**(인터넷상에 공개되어 있는 데이터)화하는 내용을 담을 예정이다. 기상 관측·예측 데이터와 교통사고, 범죄 발생 정보, 선박의 위

그림 3-5 ● 일본의 오픈데이터 사이트 DATA GO.JP
(촬영: 미디어스케치)

치·침로 정보·공공교통기관의 운행 위치 정보 등을 디지털화한 다음 오픈데이터로 제공한다는 생각이다. 법안의 가결에 상관없이 이미 일부 데이터에 대해서는 오픈데이터화가 추진되고 있다. 이들 데이터는 DATA GO.JP(www.data.go.jp/)에 공개되어 있다(그림 3-5).

웹사이트에는 2018년 12월 현재 2만 2,441건의 데이터가 공개되어 있다. 예를 들면 농림수산성이 치즈 수급에 관한 데이터를 웹사이트에서 공개하고 있다(그림 3-6). 다만 아직 공공기관이 가진 데이터의 일부에 한정되어 있으며 향후 보다 많은 데이터가 오픈데이터로 공개될 예정이다.

데이터는 엑셀 형식으로 공개되어 있다(그림 3-7). 때문에 비교적 용이하게 소프트웨어로 데이터를 읽어들여 분석할 수 있다.

그림 3-6 ● 2017년 치즈 수급표(www.data.go.jp/data/database/maff_20180911_0217)
(촬영: 미디어스케치)

치즈 수급표

항목	연도	20	21	22	23	24	25	26	
국산 내추럴치즈 생산량 ①	(②+③)	(100.3)	(104.5)	(102.7)	(98.2)	(102.4)	(104.3)	(96.6)	(9
		43,082	45,007	46,241	45,425	46,525	48,534	46,877	45
프로세스치즈 원료용 ②		(92.7)	(110.5)	(104.4)	(93.8)	(101.3)	(102.2)	(95.1)	(9
		22,878	25,278	26,385	24,745	25,071	25,617	24,354	24
프로세스치즈 원료용 외 ③		(110.5)	(97.6)	(100.6)	(104.1)	(103.7)	(106.8)	(98.3)	(9
		20,204	19,729	19,856	20,680	21,454	22,917	22,523	21
수입 내추럴치즈 총량 ④	(⑤+⑥)	(81.1)	(106.7)	(103.6)	(111.7)	(108.1)	(96.5)	(103.1)	(1
		171,382	182,944	189,466	211,697	228,754	220,734	227,656	248
프로세스치즈 원료용 ⑤		(88.9)	(105.4)	(103.5)	(111.0)	(96.2)	(100.0)	(103.1)	(1
		59,048	62,237	64,439	71,547	68,827	68,841	70,946	77
그중 관세 할당 내		(87.6)	(102.4)	(107.6)	(105.2)	(97.3)	(99.7)	(98.2)	(1
		52,754	54,042	58,162	61,197	59,560	59,385	58,309	58
프로세스치즈 원료용 외 ⑥		(77.5)	(107.5)	(103.6)	(112.1)	(114.1)	(95.0)	(103.2)	(1
		112,334	120,707	125,027	140,150	159,927	151,893	156,710	170
내추럴치즈 소비량 ⑦	(②+⑪)	(81.2)	(106.0)	(103.2)	(111.0)	(112.8)	(96.4)	(102.5)	(1
		132,536	140,436	144,883	160,830	181,381	174,810	179,233	19
프로세스치즈 소비량 ⑧	(⑨+⑩)	(90.8)	(106.6)	(103.9)	(106.0)	(97.2)	(100.3)	(98.8)	(1
		105,287	112,184	116,549	123,552	120,109	120,525	119,045	127
국내 생산량 ⑨		(89.9)	(106.8)	(103.8)	(106.0)	(97.5)	(100.6)	(99.2)	(1
		96,673	103,268	107,172	113,625	110,800	111,461	110,548	119
수입 수량 ⑩		(102.1)	(103.5)	(105.2)	(105.9)	(93.8)	(97.4)	(93.7)	(9
		8,614	8,916	9,377	9,927	9,309	9,064	8,497	8,
치즈 총소비량 ⑪	(⑦+⑧)	(85.2)	(106.2)	(103.6)	(108.8)	(106.0)	(98.0)	(101.0)	(1
		237,825	252,620	261,432	284,382	301,490	295,335	298,278	320
국산 비율(%) 프로세스치즈 원료용②/(②+③)		27.9	28.9	29.1	25.7	26.7	27.1	25.6	2

그림 3-7 ● 엑셀로 표시한 치즈 수급 데이터
(출처: 일본 농림수산성)

해외의 오픈데이터 추진

오픈데이터 움직임은 미국에서도 추진되고 있다. 실제로 오픈된 데이터는 **DATA.GOV**(www.data.gov/)에서 다운로드하는 것이 가능하다 (그림 3-8).

웹사이트에서는 공적 기관이 관리하고 있는 농업, 기상, 유통, 교육 에너지, 건강 등 다양한 분야의 데이터를 자유롭게 다운로드할 수 있다. 미국에서는 정부뿐 아니라 각 주와 도시도 적극적으로 독자의 오픈데이터 사이트를 공개하고 있다. 또한 미국 외에도 여러 국가에서 적극적으로 오픈데이터를 추진하여 인터넷에 적극적으로 데이터를 공개하고 있다(그림 3-9).

그림 3-8 ● 미국의 오픈데이터 사이트 DATA.GOV(www.data.gov/)
(촬영: 미디어스케치)

그림 3-9 ● 세계 각국의 오픈데이터 사이트맵(www.data.gov/open-gov/)
(촬영: 미디어스케치)

그림 3-10 ● EU Open Data Portal(http://data.europa.eu/euodp)
(촬영: 미디어스케치)

유럽에서는 참가하는 각국의 오픈데이터 사이트뿐 아니라 유럽연
합EU 전체의 오픈데이터 사이트인 **EU Open Data Portal**(http://data.
europa.eu/euodp)을 공개하고 있다(그림 3-10).

이처럼 전 세계적으로 적극적으로 오픈데이터를 추진하고 있는 국
가가 있고 누구라도 다운로드할 수 있다.

오픈데이터를 둘러싼 과제

예를 들면 인공지능을 사용해서 농산물의 생산량을 예측하는 분석
을 하려면 가능한 한 많은 데이터가 있어야 예측 정확도가 높아진다.
어느 정도의 데이터량이 필요한지에 대해서는 목적과 데이터의 내용

에 따라서 다르지만 수천 내지 수만의 데이터량이 필요한 경우도 드물
지 않다.

오픈데이터는 아직 그다지 데이터가 수집되어 있지 않은 것이 많아
향후 보다 많은 데이터를 수집해서 공개할 필요가 있다.

또한 공개된 데이터에는 PDF 형식과 HTML이 많아 문서로는 열
람 가능하지만 소프트웨어로 분석하는 데 적합하지 않다. 소프트웨어
로 원활하게 읽어들일 수 있으려면 CSV 형식과 엑셀 분석 등의 데이
터 형식으로 공개할 필요가 있다. 또한 데이터 분석 등의 소프트웨어
로 이용하기 쉽게 하려면 웹 API(외부의 소프트웨어에서 직접 데이터를 신
청해서 다운로드하는 장치)로 공개하는 것도 요구된다. 이와 관련해서는
많은 문제가 남아 있다.

민간의 데이터 유통

한편 일본에서는 민간의 데이터를 촉진하기 위해 내각관방 IT실과 경
제산업성 총무성이 추진하는 IoT 추진 컨소시엄, 총무성의 정보통신심
의회 등에서 다양한 의논을 한 내용을 토대로 민간 기업으로 이루어진
데이터 유통추진협의회(https://data-trading-org/)를 설립했다.[2] 데이
터 유통추진협의회에서는 데이터 유통 사업자에 관한 자주적 룰 작성
과 안전한 데이터 제공을 위한 기술과 정확도 책정을 지향하고 있다.

이러한 민간 기업으로 구성된 단체가 가동함으로써 많은 데이터가
기업 간에서 공유, 분석되어 새로운 가치를 사회에 제공할 수 있다.

정보은행

정보은행은 민간끼리 데이터를 상호 제공하는 경우에 중개 역할을
하며 일단 데이터를 맡는 조직을 말한다(그림 3–11). 자금을 맡기거나
빌리는 업무를 하는 조직은 아니다. 2016년에 일본 정부가 가동한 데
이터 유통환경정비검토회에서 논의되고 있는 테마이다. 정보은행의
역할로는 데이터의 신빙성 체크와 개인 정보가 포함되어 있는지의 익
명성 확인, 데이터 제공자와 구입자의 매칭 등을 생각할 수 있다.

데이터의 거래에는 무료뿐 아니라 유료 거래도 포함되어 있다. 데이
터의 구입자가 나타난 경우 매출에서 정보은행의 수수료를 제외하고
데이터 제공자에게 지불한다. 데이터 제공자는 주로 기업이지만 개인
이 독자로 수집·작성한 데이터를 제공하는 경우도 있다.

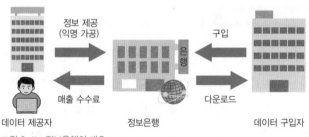

그림 3–11 ● 정보은행의 개요
(출처: 미디어스케치)

2018년에 몇몇 민간기업이 정보은행의 설립을 계획한 바 있다. 미쓰비시UFJ신탁은행은 개인이 데이터를 맡기고 본인의 동의를 얻은 다음 타 기업에 제공하는 데이터 유통 서비스를 2019년에 개시한다고 발표했다.[3] 2018년 현재 이 데이터 유통 서비스를 이용하여 아식스와 공동으로 IoT 신발을 신고 걸었을 때 얻을 수 있는 위치 정보 등의 데이터를 기업에게 판매하는 실증실험을 시작했다(그림 3-12).

판매할 때는 데이터 제공자인 신발을 신고 걸은 개인의 승인을 확인한다. 데이터가 팔린 경우 데이터 제공자인 개인에게도 매출의 일부가 환원되므로 걷기만 해도 제공료가 들어갈 가능성이 있다.

그림 3-12 ● 미쓰비시UFJ신탁은행과 아식스가 개발 중인 IoT 신발
(촬영: 미디어스케치)

또한 2018년에는 총무성이 수행하는 정보은행의 실증실험에 관한 위탁사업에 히타치제작소와 미쓰이스미토모은행, JTB, 추부전력 등 6개 사업자가 선정됐다. [4]

향후 정보 유통 및 정보은행 관련 시장은 커질 것으로 예측되며 거대 시장이 될 가능성이 있다. 때문에 다양한 분야의 기업이 뛰어들어 치열한 경쟁이 일어날 것으로 생각한다.

민간의 데이터 유통 촉진 과제

싱가포르에서는 스마트네이션 구상의 일환으로 국내 병원의 진료 데이터와 처방전에 관한 데이터를 조직의 틀을 넘어서 공유하는 것을 목적으로 데이터 유통을 촉진하고 있다. 2018년 시점에서 공적 기관이 관리하는 병원에 대해서는 데이터를 공유하는 것이 가능하여 다양한 병원의 과거 검진 내용을 누구나 스마트폰으로 볼 수 있다.

한편 공적 기관이 관리하지 않는 병원은 아직 데이터를 외부로 제공하지 않고 있다. 그 배경에는 고객 정보가 누설될 리스크 이상으로 데이터를 공유하는 이점을 이해하지 못했기 때문이라고 생각된다.

고객과 사회 전체의 가치를 생각하면 조직을 넘어 데이터가 공유되는 것은 큰 의의가 있다. 개인의 생활은 물론 사회 전체를 편리하게 한다는 것을 인식하고 적극적으로 데이터를 공개하는 자세가 민간 조직에도 요구된다.

【참고문헌】

1) 일본경제신문 「정부, 행정 서비스를 100% 디지털로　각의 결정」
https://www.nikkei.com/article/DGXMZO31889580Y8A610C1000000/

2) 데이터유통추진협의회 「일반사단법인 데이터유통추진협의회의 소개」
http://www.meti.go.jp/policy/it_policy/privacy/downloadfiles/18datewg05.pdf

3) 일본경제신문 「미쓰비시UFJ신탁이 개인 데이터 은행, 19년 서비스 개시」
https://www.nikkei.com/article/DGXMZO33146160Z10C18A7000000/

4) 총무성 「2018년 예산　정보신탁기능활용촉진사업에 관련된 위탁처 후보의 결정」
http://www.soumu.go.jp/menu_news/s-news/01tsushin01_02000258.html

제
1
장

제
2
장

제
3
장

제
4
장

제
5
장

제
6
장

제
7
장

제
8
장

제
9
장

4

인공지능 프로젝트의
추진 방법과 주의사항

제1장

제2장

제3장

제5장

제6장

제7장

제8장

제9장

인공지능이라는 기술은 매우 큰 가능성을 품고 있으며 사회로부터 높은 기대를 받고 있다. 기업의 광고 전략은 이 기대감을 이용해서 인공지능을 전면에 내세운 광고를 내보내고 있다. 전략 자체가 나쁜 것은 아니지만 상품 가치는 실제로 이용한 사람이 정하는 것이다. 일시적인 붐을 타고 팔렸다고 해도 장기적인 시점에서 보면 그 상품이 제공하는 기능에 가치가 없으면 안 된다. 따라서 단순히 인공지능을 사용하는 것을 목적으로 하는 게 아니라 '고객에게 큰 가치를 제공하는 수단으로서 인공지능을 이용한다'는 생각을 갖는 것이 중요하다.

이번 장에서는 다양한 가치를 제공하는 인공지능 프로젝트를 추진하기 위해 도움이 되는 수법과 프레임워크, 각종 문제를 해결하는 수단에 대해 설명한다.

제4장 인공지능 프로젝트의 추진 방법과 주의사항

4.1 인공지능 프로젝트의 기획

공정 혁신과 제품 혁신

많은 경우 기업은 인공지능을 활용하면 혁신을 달성할 수 있을 것으로 기대하고 있다. 시대에 맞는 조직의 혁신을 통해 업무 효율 개선과 매출 증가로 이어지는 것은 매우 바람직한 일이다. 혁신은 앞으로의 기업에 놓인 사명이기도 하다. 혁신에는 두 종류가 있다. 하나는 공정 혁신, 또 하나는 제품 혁신이다.

공정 혁신은 원재료 등의 구입에서 제조, 판매 등에 이르는 일련의 활동에서 새로운 장치와 툴을 도입하여 업무 효율을 개선하거나 새로운 가치를 제공하는 것이다. 한편 제품 혁신이란 새로운 기술 등을 사용하여 새로운 제품과 서비스를 제공하는 것이다.

둘 모두 매우 중요하지만 어지간한 대기업이 아니고서는 두 이노베이션을 동시 병행하는 것은 어려울 것이다. 우선순위를 생각해서 추진할 필요가 있다.

추가해서 인공지능을 활용하려면 우수한 기술자가 필요하기 때문에 비용은 통상의 소프트웨어 개발에 비해 상대적으로 고가이다. 따라서 혁신을 실현하는 것에 의한 효과와 비용을 계산한 후에 인공지능을 사용해야 할지 말지를 검토할 필요가 있다. 다만 검토하는 데 시간을 끌면 이노베이션은 진행하지 않는 만큼 신속하게 검토를 추진하는 것이 중요하다.

목표 설정과 공유가치 창출

인공지능을 활용하는 데 임해서 명심해야 할 것은 인공지능을 활용하는 것이 목적이 되어서는 안 된다는 점이다. 연구기관과는 달리 기업은 이윤 추구가 가장 중요한 목적이다. 따라서 인공지능을 활용해서 얻을 수 있는 가치를 잘 생각해야 한다.

한편 인공지능을 비롯한 다양한 기술이 급격하게 진화하고 있는 지금, 차분히 전략과 계획을 세워서 사업을 영위하는 기존의 수법은 한계에 달했다. 기업은 지금까지 이상으로 리스크 회피를 하는 데 있어서 더욱 속도가 요구된다.

이러한 배경에서 기업 전략론의 세계에서는 다양한 새로운 수법이 제안되고 있다. 그중 하나가 마이클 포터Michael E. Porter와 마크 크레이머Mark R. Kramer가 〈하버트 비즈니스 리뷰〉지의 논문 'Strategy and Society'에서 소개한 **공유가치 창출**Creating Shared Value(CSV)이라는 프레임워크이다. 이 프레임워크에서는 기업은 경제적인 이익만을 지향하는 게 아니라 사회 과제의 해결을 목표로 해서 정하는 것이 중요하다고 두 사람은 말한다.

이것은 기업의 인공지능 활용에도 적용된다. 우선 기업과 사회가 갖는 과제를 인식하고 이들을 해결하면 어떠한 가치를 제공할 수 있을지를 생각한다. 이어서 기업으로서 이익을 내다볼 수 있는가 어떤가를 인식한 후에 어떠한 기술을 사용하면 어디까지 실현 가능한지를 생각한다. 그 결과 인공지능의 활용으로 이익을 내고 큰 가치를 제공할 수 있다고 판단하면 도전하게 될 것이다.

이에 대해 인공지능을 사용하지 않아도 간단하게 큰 가치를 제공할 수 있다면 굳이 인공지능을 사용할 필요는 없다.

혁신기업의 딜레마

목표를 결정하면 드디어 프로젝트가 시작된다. 프로젝트를 추진하는 데 임해 매우 중요한 것은 신속하게 추진하는 것이다. 많은 경우 인공지능을 사용하는 프로젝트는 지금까지 없는 제품의 개발 등 도전적인 목표를 세우고 있다. 따라서 의지가 넘치는 소수정예 팀이 신속하게 추진하여 과제를 색출하고 필요한 인재를 고용하거나 외부의 힘을 빌리는 등 대책을 조속하게 추진하는 것이 중요하다. 또한 경쟁사에서 유사한 제품과 서비스를 먼저 판매할 가능성도 염두에 두어야 한다.

기업에 따라서 다양한 장애물로 인해 프로젝트가 좀처럼 추진되지 않는 일이 있다. 그 참고가 되는 것이 크레이튼 크리스텐슨Clayton M. Christensen이 1997년에 발표한 경영 이론인 혁신기업의 딜레마innovator's dilemma이다.

이 이론에서 크리스텐슨은 특히 합리적인 개념의 대기업에서는 기존 제품의 가치를 파괴하고 전혀 새로운 가치를 창출하는 파괴적 혁신

은 어렵다고 설명하고 있다. 그 이유로 두 사람은 지금까지 없었던 제
품과 서비스 시장은 여명기에 시장의 규모가 작고 전망이 불투명하기
때문에 주주 등 스테이크홀더의 이해를 얻기 어려운 점을 들고 있다.
이러한 이유에서 대기업에서는 프로젝트를 신속하게 추진하기 위해
아래와 같은 방법으로 대응하고 있다.

- 벤처 기업을 인수한다.
- 벤처 기업과 공동 연구 개발을 한다.
- 프로젝트를 위한 자회사를 설립한다.
- 프로젝트 내에 외부 인물(중심이 되는 인물)을 영입하여 프로젝트 추
  진을 맡긴다.

특히 대기업이 인공지능 벤처 기업에 출자와 매수를 하는 것은 드
문 일이 아니다. 유명한 사례로는 미국 구글이 매수한 영국 딥마인
드DeepMind가 있다. 딥마인드는 바둑에서 세계 랭킹 1위인 중국의 바
둑기사 커제를 이긴 딥젠고DeepZenGo를 개발한 벤처 기업이다. 또
한 미국 테슬라의 최고경영책임자CEO로 유명한 엘론 머스크가 오픈
AIOpenAI라는 인공지능 개발 프로젝트에 출자하고 가동에 참가하면서
화제가 됐다.

인공지능과 지적 재산

인공지능으로 지금까지 없었던 제품과 서비스를 개발하는 경우 모방품을 방지하기 위해 특허 취득을 검토해야 한다. 특허를 취득할 수 있을지, 어떤 내용으로 신청할지 등은 개별 내용을 감안해서 정할 필요가 있기 때문에 전문가에게 상담해야 한다.

일반적으로 특허를 신청하는 경우 정보 관리에 주의가 필요하다. 그 내용이나 체계를 웹사이트나 전시회 등에서 공개한 경우 공지 사실로 간주되어 특허 등록할 수 없는 경우가 있다. 논문으로 발표하는 것도 공지 사실이 될 가능성이 있기 때문에 주의가 필요하다.

4.2 데이터 수집과 관리

인공지능 활용을 위해 수집해야 할 3가지 데이터

인공지능은 여러 가지 데이터(설명변수)에서 목적하는 수치(목적변수)에 대한 관계성을 발견한다. 다만 어느 데이터를 설명변수로 학습시켜야 관계성을 발견할 수 있을지를 정확하게 예측하는 것은 간단하지 않다. 또한 인간이 쉽게 설명변수의 필요·불필요를 판단한다면, 인공지능에 분석시키면 관계성을 발견할 수 있는 데이터를 무의식적으로 삭감하는 결과를 초래한다.

예를 들면 인공지능에 매출 예측을 시키고자 할 때 인공지능에 계산시키면 기온이 매출의 변동에 어떤 영향을 미치는지 관계를 찾을 수 있을지 모른다. 따라서 비용과 지원이 허용되는 범위에서 목적이 되는 수치에 관계할 가능성이 있는 데이터는 모두 수집·관리하고 인공지능에 학습시켜 볼 필요가 있다.

데이터를 수집하는 대상으로 보면 다음 3가지가 있다.

[1] 내부 데이터: 기업 내의 IT 시스템으로 관리되고 있는, 내부에서 관리하고 있는 데이터

[2] 센싱 데이터: 목적을 위해 온도와 빛 같은 물리량을 센서를 이용해서 취득하는 데이터

[3] 외부 데이터: 인터넷 등을 통해서 외부 조직에서 취득 또는 구입하는 데이터

내부 데이터의 수집과 관리

내부 데이터는 기업 내부에서 발생하고 관리하는 매출과 인사, 재무, 상품 관리 등의 데이터이다. 기업의 상품에 관한 매출, 재고 예측, 인원의 배치 계획 입안 등을 수행하는 경우에 인공지능을 활용하려면 이들 데이터가 필요하다.

때문에 업무 시스템으로 적절하게 데이터를 관리하는 것은 필수 조건이며 가능한 한 **결손 데이터**(미스 등으로 일부의 존재하지 않는 데이터)

가 없도록 관리해야 한다.

중요한 것은 외부의 프로그램에서 인공지능으로 계산을 하는 시스템에 데이터를 쉽게 제공할 수 있는 데이터베이스가 구축되어 있어야 한다.

데이터베이스가 특정 시스템 전용으로 구축되어 있으면 데이터의 제공이 어렵다. 구체적으로는 필요 최소한의 인증만으로 모든 프로그램에서 필요한 데이터를 취득할 수 있는 구조가 필요하다. 이러한 구조를 소결합 아키텍처라고 한다.

센싱 데이터의 수집과 관리

센싱 데이터는 온도 센서와 조도 센서, 거리 센서 등을 사용해서 수집하는 데이터이다. 일반적으로 센싱 디바이스라 불리는 기기를 사용해서 센싱한 데이터를 데이터베이스를 가진 서버까지 송신해서 보존한다. 한편 영상을 촬영하는 카메라와 소리를 수집하는 마이크도 센서의 일종이다.

예를 들면 딸기 농사의 경우 딸기를 재배하고 있는 비닐하우스 내의 온도와 습도, 토양의 습도 등을 계측한다. 환경에 관한 각종 정보 수집을 환경 센싱이라고 한다.

공장의 경우 거리 센서를 설치하고 부품이 지나가면 거리의 값이 짧아지기 때문에 그 횟수를 계측해서 부품의 수를 자동으로 카운트한다. 이처럼 이벤트의 발생을 검지하는 것을 이벤트 센싱이라고 한다.

센싱한 데이터를 인공지능으로 취급하는 경우에 중요한 것은 센서 디바이스의 고장 등에 의해서 발생하는 결손치(어느 시간대에만 취득할 수 있는 존재하지 않는 값)와 이상치(고장 등이 원인인 이상 값)를 가능한 한 없애는 것이다. 때문에 센싱 디바이스의 배터리 방전과 고장 발생 시의 대책을 생각할 필요가 있다.

데이터의 취득 간격은 목적에 따라서 나르다. 또한 인공지능으로 실제로 분석해 보지 않으면 어느 정도 간격의 데이터가 필요한지 알 수 없다.

다만 촘촘한 간격으로 데이터를 취득해두면 평균을 내서 대략적인 간격의 데이터를 만들 수 있다. 그러나 반대로, 즉 대략적인 데이터에서 촘촘한 간격의 데이터를 만드는 것은 불가능하다.

외부 데이터의 수집과 관리

외부에서 데이터를 취득하는 데는 무료 데이터를 취득하는 방법과 유료로 데이터를 구입하는 방법이 있다.

인터넷상에서 공개되어 무료로 다운로드 가능한 데이터를 오픈데이터라고 한다. 다만 오픈데이터이기 때문에 '자유롭게 사용해도 된다'는 의미는 아니라는 점에 주의해야 한다.

특히 상용 서비스 등에서 데이터를 이용하는 경우에는 크레딧 표기가 필수인 경우와 허가 및 이용 요금을 지불해야 하는 것도 있다. 개개의 데이터 이용 규약에 대해서는 데이터를 공개하고 있는 조직에 확인하거나 공개한 웹사이트 규약에 따라야 한다.

데이터 공개 형식은 제각각이어서 종이를 그대로 스캔한 PDF 형식도 있는가 하면 CSV 형식(데이터를 텍스트 형식으로 콤마 구분한 형식)이나 엑셀 형식으로 공개한 것도 있다. 이 경우 데이터를 일단 다운로드한 후에 데이터를 프로그램에 읽히기 위한 코드를 개발할 필요가 있다.

향후는 프로그램에서 직접 데이터를 참조하거나 읽어들이는 이용 방법이 상정된다. 이 경우 데이터를 제공하는 측은 **API**라 불리는 웹 인터페이스 형식으로 데이터를 취득할 수 있도록 해야 한다. 예를 들면 특정 URL의 프로그램에 액세스하면 원하는 데이터를 얻을 수 있는 것이다.

일례로 전 세계의 기상 데이터를 제공하는 웹사이트 Open Weather Map(https://openweathermap.org)에서는 https://samples.open-weathermap.org/data/2.5/weather ? q=London,uk & appid=b69 07d289e10d714a6e88b30761fae22라는 어드레스(이 애플리케이션 ID

스크레이핑에 의한 데이터 수집

MEMO

인터넷상에는 여러 웹사이트와 페이지가 존재하지만 모든 웹사이트에서 데이터를 다운로드할 수 있는 형식으로 제공하는 것은 아니다.

그래서 웹 브라우저에서 표시하는 페이지 정보HTML를 해석하고 필요한 정보만을 꺼내는 방법이 있다. 이처럼 웹 정보에서 필요한 정보만을 꺼내는 방법을 스크레이핑(웹 스크레이핑)이라고 한다. 구체적으로는 그 페이지의 어디에 필요한 정보가 있는지 등록해두면 프로그램이 정기적으로 필요한 데이터만을 다운로드해서 보존해준다.

스크레이핑이란 인공지능의 보급으로 주목받고 있는 기술이며 스크레이핑을 쉽게 수행하기 위한 라이브러리와 툴이 많이 출시되어 있다. 다만 스크레이핑을 할 때는 대상 정보와 이용 목적에 맞춰 발신자의 권리를 침해하지 않도록 배려할 필요가 있으므로 주의하기 바란다.

는 샘플)에 액세스하면 런던의 현재 기후를 **JSON**이라는 형식으로 보여준다(그림 4-1).

{"coord":{"lon":-0.13,"lat":51.51},"weather":[{"id":300,"main":"Drizzle","description":"light intensity drizzle","icon":"09d"}],"base":"stations","main": {"temp":280.32,"pressure":1012,"humidity":81,"temp_min":279.15,"temp_max":281.15},"visibility":10000,"wind": {"speed":4.1,"deg":80},"clouds":{"all":90},"dt":1485789600,"sys": {"type":1,"id":5091,"message":0.0103,"country":"GB","sunrise":1485762037,"sunset":1485794875},"id":2643743,"name":"London","cod":200}

그림 4-1●OpenWeatherMap의 데이터 샘플
(출처: 미디어스케치)

4.3 인재 부족 문제의 해결 방법

엔지니어 부족 현황

기업이 인공지능 프로젝트를 추진하려고 할 때 최초에 생각해야 하는 것은 '누가 개발하느냐'이다.

세계 각국에서 인공지능 개발이 가능한 엔지니어는 부족하다. 2012년경에 심층학습(딥러닝)이라는 수법이 등장한 이래 각국의 대기업이 인공지능을 활용하기 위해 일부 우수 엔지니어를 고액의 보수로 빼앗는 상황이 이어지고 있다.

특히 GAFA(거대 IT 기업 4사, 미국 구글, 미국 애플, 미국 페이스북, 미국 아마존)는 일찍부터 인공지능 엔지니어를 고액 보수로 스카웃하거나 우수한 엔지니어가 모인 스타트업 기업의 매수를 추진해왔다. 그중에서 구글은 미국 네스트랩Nest Labs과 영국 딥마인드DeepMind 같은 스타트업 기업을 누구나 놀랄 만한 고액의 가격을 제시해서 매수에 성공했다.

거기에 중국 알리바바Alibaba와 중국 화웨이Huawei Technologies, 대만 홈하이鴻海精密工業 같은 신흥 기업이 참가하여 세계 규모의 획득 경쟁을 하고 있다. 특히 싱가포르와 인도 등 영어가 가능한 지역의 인재 획득 경쟁이 치열하고 졸업생이라도 논문을 발표해서 평가를 받은 학생이라면 엄청난 고액의 연봉을 제시하는 일도 드물지 않다.

한편 일본 기업은 이들 경쟁에 완전하게 뒤처진 감이 있다. 그 원인은 일본 기업은 신입사원에게는 거의 같은 금액의 초임급을 제시하는 제한이 정착해 있어 아무리 우수한 인재라고 해서 갑자기 엄청난 금액을 제시한다고 해도 주위의 이해를 얻는 것이 어려운 점 등을 들 수 있다. 추가해서 중도 채용에 관해서도 연공서열의 관행이 정착해 있어 오래 그 기업에 근무한 사람보다 외부에서 온 사람의 보수가 높은 것은 기존 사원의 큰 반발을 낳을 가능성이 있다.

이러한 배경에서, 예를 들면 일본의 상위 대학에서 인공지능을 배운 우수한 학생이 외자계 기업을 선택하거나 자신들이 벤처 기업을 만드는 현상이 벌어지고 있다.

일본의 대기업이라도 앞으로는 국제 경쟁에 휘말릴 가능성이 높다. 국제 무대에서 경쟁하는 상대는 일본 기업의 습관 등을 고려해주지는 않는다. 세계의 기업이 지금까지 생각지도 않은 수법을 사용해서 다이내믹하게 상식이 변화하는 가운데 환경에 맞춰 원활하게 변화할 수 있는 조직 구축이 필수이다. 연공서열로 평가하는 조직의 모습을 변화시킬 필요가 있을 것이다.

인공지능 교육의 필요성

인공지능 엔지니어를 반드시 외부에서 채용하는 필요는 없다. 이미 있는 사원을 육성해서 인공지능 엔지니어를 배출하는 방법이 있다. 기껏 육성해놨더니 보다 높은 보수를 찾아서 인재가 외부로 유출되는 것을 염려하는 기업의 인사 담당자가 있는데, 그런 생각으로는 아무것도 할 수 없다. 오히려 1년이라도 회사에 공헌해준 것을 긍정적으로 평가해야 한다.

필자의 경험상 일본의 젊은이들 중에서 고액의 보수만을 찾는 사람은 소수이다. 오히려 보람과 자기자신의 실력 향상을 중시하고 있는 젊은이가 많고 정말로 그 기업에 가치가 있으면 일정수는 남아줄 것이다. 반대로 교육에 투자하지 않는 기업에 앞으로의 젊은이들은 아무런 매력도 느끼지 못한다.

교육은 미래에 대한 투자이다. 무리 없는 범위에서 단기적인 성과만을 추구하는 게 아니라 장기적인 시점에서 다양한 교육 프로그램을 받게 해야 한다.

다행히 인공지능 붐이 일어나면서 인공지능을 배울 기회는 많이 있다. 예를 들면 닛케이BP에서도 많은 인공지능 강좌를 열고 있다. 기업이 강사를 초정하는 경우도 있는가 하면 자치단체 등이 강좌를 개최하는 일도 있다. 이들 기회를 적극적으로 활용하여 사원들의 자질을 높이는 기회를 만들면 좋을 것이다. 이때 주의가 필요한 것은 가능한 한 사원의 부담을 줄이는 방법을 선택하되 스스로 공부하기를 크게 기대하지 않아야 한다. 물론 서적은 효과적인 공부 수단이다. 다만 습득하기까지 시간이 걸리거나 전문서를 읽기 전에 기본적인 지식이 필요한 과제도 있다. 책을 읽는 것만으로 충분한 지식과 경험을 습득할 수는 없다. 어느 엔지니어든 평소 본인의 업무를 하면서 시간을 내서 회사의 미래를 책임지고 공부하는 것이므로 기업은 최대한의 지원을 할 것을 권한다.

초기의 프로젝트 체제

인공지능을 이용하는 도전적 프로젝트에서는 초기에는 소수정예로 추진하는 것이 철칙이다. 가능하면 사장과 몇 명의 사원만 참가하여 추진해야 할 것이다. 또한 참가하는 멤버는 실력과 부서, 직책이 아니라 의지가 있는 사람을 선정할 것을 권한다.

왜냐하면 초기 멤버 중에 마지못해 참가하는 멤버가 있으면 무엇을 하려 해도 부정적인 의견을 늘어놓는 일이 많아 프로젝트의 속도가 지연되고 다른 멤버의 기분에도 나쁜 영향을 미치기 때문이다. 프로젝트의 초기 단계는 무엇보다 속도가 중요하다.

미지의 경험에 도전하는 것은 누구에게나 불안한 일이다. 더욱이 새로운 프로젝트는 바로 매출로 연결되지 않아 길어지면 길어질수록 기존의 업무를 우선하게 되어 어느새 인공지능 프로젝트는 형태만 덩그러니 남는다.

따라서 사장 등의 최고 책임자에게 직접 보고하고 그 자리에서 판단케 하는 신속성이 프로젝트에 필요하다. 또한 필요 경비에 관해서도 신속하게 결제할 수 있도록 사전에 자유롭게 사용할 수 있는 금액을 정해두고 복잡한 승인 절차 없이 결제할 수 있도록 하는 등의 장치도 필요할 것이다.

무엇보다 회사의 경영자가 인공지능 프로젝트가 중요하다는 인식을 갖는 것이 중요하다.

외부 힘을 빌린다

교육에는 시간이 걸린다. 따라서 초기 단계에서 조직 외부의 힘을 빌려서 개발을 추진하는 방법도 검토해야 한다. 앞에서 우수한 엔지니어 중에는 외자계 기업에 취직하거나 자신이 벤처 기업을 운영한다는 이야기를 했다. 이들 우수한 엔지니어의 힘을 빌리기 위해 벤처 기업에 개발을 의뢰하는 수단이 있다.

인공지능 엔지니어를 두고 있는 벤처 기업에는 매우 우수한 기술자가 있다. 그들에게 프로젝트의 일원으로서 개발의 일부와 설계를 의뢰하는 것이다. 중요한 것은 벤처 기업과 소통을 하는 창구 역할에는 우수한 사원을 배정하고 그 노하우를 OJT(온 더 잡 트레이닝: 실제의 업무를 통해서 배운다)를 통해서 배우게 하는 것이다. 그렇게 하면 다음부터는 그 담당자가 프로젝트 추진 담당자로 활약할 수 있을 것이다.

주의해야 할 것은 상대가 소규모 벤처라고 해서 터무니없이 저렴한 비용을 제시해서는 안 된다는 점이다. 지금은 인공지능 개발이 가능한 기업은 서로 모셔 가려고 한다. 오히려 기준보다 더 높은 개발비를 지불하고 의뢰해야 한다. 추가해서 벤처 기업은 소수정예로 운영되므로 시간을 낭비하는 작업을 하고 있을 여유는 없다. 계약 등의 사무 절차는 가능한 한 간소화하는 등의 배려가 필요하다.

한편 벤처 기업에게 개발을 맡기는 데는 여러 가지 불안이 따른다. 예를 들면 미처 개발하지도 않았는데도 기업이 해체될 가능성이 없다고는 할 수 없다(개인적 경험으로 말하면 서툰 IT 기업보다 벤처 기업이 성실하게 개발해줄 거라고 생각하지만). 아무래도 불안한 경우는 컨설턴트 등의 전문가에게 의뢰하고 그 벤처 기업이 제대로 업무를 추진하고 있는지를 감사하도록 하면 될 것이다.

파트너를 찾는 방법

필자가 자주 받는 질문 중 하나가 '인재와 파트너 벤처 기업을 어떻게 찾는가' 하는 질문이다. 이 질문에 필자는 평소부터 다양한 방법으로 정보를 탐색해야 한다고 대답한다.

예를 들면 지인이나 엔지니어 사원들과는 평소에 적극적으로 정보를 교환한다. 또한 페이스북 등의 SNS로도 다양한 사람이 모이고 여러 가지 정보가 교환된다. 만약 흥미가 있는 사람이나 기업이라면 적극적으로 소통하도록 하자.

개발이 가능한 벤처 기업을 인터넷에서 찾아서 연락을 취하는 방법도 있지만 모든 벤처 기업이 기업의 개발을 수탁하는 것은 아니다. 또한 기본적으로 벤처 기업은 바쁘므로 우선 정보를 교환하고 싶다는 식의 애매한 메일을 보내도 무시되는 일이 많다. 구체적으로 어떤 일을 생각하고 어떤 협력을 의뢰하고 싶고 어느 정도의 자금을 낼 수 있는지 등을 명확하게 전달하다.

또한 널리 업계에 얼굴이 알려진 사람에게 소개를 의뢰하는 방법도 있을 것이다. 다만 인력이 부족한 상황에서 바로 찾는 것은 쉬운 일이 아니다. 시간이 걸린다는 점을 염두에 두는 것이 좋다. 그것이 어렵다면 돈은 들지만 헤드헌팅 회사에 소개를 의뢰하는 방법도 있다.

5

제   장

머신러닝
~ 지금까지의 인공지능과 역사~

제 1 장

제 2 장

제 3 장

제 4 장

제 6 장

제 7 장

제 8 장

제 9 장

  이 장에서는 인공지능의 발전 역사와 머신러닝의 분석 예, 알고리즘의 종류 등 전체적인 개요에 관한 필수지식에 대해 설명한다.

  인공지능을 이용한 제품 등을 개발하려면 엔지니어가 아니라 기획이나 영업 담당자라도 인공지능의 특징을 제대로 이해해 둘 필요가 있다.

  그렇지 않으면 인공지능 개발에서 문제가 발생했을 때 문제의 본질을 이해하지 못해 고객의 다양한 요구사항과 질문에 적절하게 대응하는 것은 불가능하다.

  가능한 한 어려운 용어를 사용하지 않고 설명했으므로 엔지니어가 아닌 사람도 이 장에서 인공지능의 내용에 대해 이해하기 바란다.

제5장
딥러닝 ~지금까지의 인공지능과 역사~

5.1 인공지능을 배우기 전의 필수지식

지금부터 기술편에 들어간다. 인공지능에 대해 실제 이미지를 떠올리면서 학습할 수 있게끔 기초편 제1장에서 인공지능이란 어떤 것인가에 대해 설명했다. 이 장에서 조금 더 구체적으로 인공지능이 어떤 시스템으로 성립되고 어떤 계산을 하는지를 설명한다.

여기서 필요한 지식을 재확인하자. 지식이라고 해봐야 중학교, 고등학교에서 배우는 수학 수준이다. 대학에서 배우는 어려운 수학은 아니다. 수학이 서툰 사람은 건너뛰어도 문제 없지만 중간에 나오는 수학적인 부분의 설명을 이해하지 못할 가능성이 있다. 그때에는 이 장을 다시 읽기 바란다.

설명변수와 목적변수와 모델

제1장에서도 설명했지만 인공지능은 복수의 설명변수를 입력값으로 해서 계산한다. 그리고 계산 결과를 목적변수로 출력한다. 인공지능은 분석을 통해서 설명변수와 목적변수의 관계성을 예측하고 그것을 정확하게 나타내는 계산식을 만든다.

예를 들면 딸기 재배를 인공지능으로 관리하는 경우 평균 기온, 습도, 토양 수분의 3가지를 설명변수로 하고 이 환경에서 어느 정도의 당도가 될지를 목적변수라고 한다. 기온, 습도, 토양 수분이라는 3가지 수치에서 딸기의 당도를 정확하게 예측할 수 있는 계산식을 학습을 통해서 만든다. 최근의 인공지능에서는 반드시는 아니지만 대부분의 경우에 계산을 하는 알고리즘에 머신러닝이라는 계산 수법을 채용한다.

머신러닝이라는 단어는 정해진 정의는 없지만 일반직으로는 학습 기능을 가진 알고리즘이다. 통상의 프로그램은 계산식은 미리 정해져 있어 고정화되어 있기 때문에 같은 입력에 대해서는 몇 번 계산해도 같은 값을 출력한다. 한편 머신러닝은 같은 입력값이라도 계산할 때마다 다른 결과를 출력한다. 그 이유는 학습을 수행하기 때문이다. 머신러닝에서의 학습이란 출력 결과와 정답의 오차를 보고 그 결과를 토대로 계산식을 바꾸는 것이다.

뒤에서 상세하게 설명하겠지만 머신러닝에는 결정나무와 서포트 벡터 머신SVM, 신경망 등 다양한 알고리즘이 있다. 이들 중에서 적절하다고 생각되는 것을 인간이 선택한다. 또한 각각의 알고리즘은 학습할 때마다 예측 정도가 향상하기 때문에 인간이 프로그램 내에서 지정하는 수치 파라미터가 존재한다. 머신러닝 설계자가 프로그램 내에서 지정하는 이러한 수치 파라미터를 하이퍼 파라미터라고 한다. 특정 목적을 위해 선택된 머신러닝 알고리즘으로 설정한 하이퍼 파라미터를 합쳐서 머신러닝 모델(예측 모델, 모델이라고도 한다)이라고 한다.

인공지능을 개발할 때 최초에 어떠한 모델을 구축할지를 생각한다. 실제로 프로그램을 개발하고 그 모델로 평가한 결과 생각한 정확도가 나오지 않는 경우가 있다. 그러한 경우는 설명변수와 알고리즘, 하이퍼 파라미터를 변경해서 다른 모델을 구축하고 다시 한 번 정확도가 향상하는지의 여부를 시도하는 방법으로 추진한다(그림 5-1).

그림 5-1 ● 모델 예와 머신러닝
(촬영: 미디어스케치)

결과적으로 인공지능에서는 우선 인간이 모델을 설계한다. 다음에 학습이라는 프로세스를 통해서 실제로 열린 딸기의 당도를 정확하게 예측할 수 있는 시산식을 여러 가지로 시도한다. 다시 말해 설명변수와 목적변수의 관계성을 적절하게 나타내는 계산식을 찾아내는 작업을 한다. 정확히는 계산식을 생각한다기보다는 특정의 정해진 식에서 사용할 파라미터를 찾는다. 간단한 예를 보면서 확인하자.

예를 들면 입력을 x, 출력을 y라고 한다. 과거의 데이터에서 $x=2$일 때 $y=6$, $x=3$일 때 $y=9$가 되는 것을 알고 있다고 하자. 이때 식이 $y=a \times x$라고 하면 a가 몇 개가 되면 실제의 x와 y의 관계를 적절하게 실현할 수 있는지를 생각한다. 이 경우 a가 3일 때 식은 $y=3x$가 되고 과거의 데이터(사실로서 존재하는 결과 데이터)와 오차 없이 합치한다. 이때 이미 결과로서 존재하고 학습에 이용하는 설명변수(x)와 목적변수(y)의 데이터를 학습 데이터라고 한다. 이때 인공지능에서는 a의 숫자를 여러 가지로 시도한다.

a=1일 때, x=2이면 y=2가 되어 학습 데이터에 있는 y=6과는 4의 오차가 생긴다.

a=2일 때, x=2이면 y=4가 되어 학습 데이터에 있는 y=6과는 2의 오차가 생긴다.

a=3일 때, x=2이면 y=6이 되어 학습 데이터에 있는 y=6과는 오차가 없다.

이처럼 식의 파라미터를 몇 번이고 바꾸어서 학습 데이터에 대한 오차가 가장 작은 파라미터를 찾는 수법을 **머신러닝**이라고 한다.

물론 실제로는 이렇게 깔끔하고 간단한 예를 인공지능을 사용해서 분석할 일은 없다. 따라서 머신러닝으로 작성한 시산식과 실제 데이터의 오차는 제로가 되지 않지만 모든 학습 데이터에 대해 가능한 한 제로에 가깝도록 파라미터를 찾는 것을 머신러닝으로 수행한다.

인공지능에서는 예측한 결과와 실제로 취득한 과거 데이터와의 거리를 계산한다. 거리가 클수록 예측은 정확하지 않고 짧을수록 예측은 정확하다. 이때 예측한 값이 정답보다 큰지 작은지는 관계없다. 어느 정도 떨어져 있는지를 알고 싶은 것이다. 때문에 정답과 예측값의 차이에 대한 절댓값을 이용해서 거리를 측정한다. 절댓값이라는 것은 수치가 음인 경우에 마이너스 부호를 무시한다. 따라서 x의 절댓값은 x

이고, -x의 절대값도 x이다. 또한 거리가 떨어져 있는지 가까운지를 알 수 있으면 되므로 정답과 예측값의 차이를 제곱해서 계산하는 경우도 있다.

인공지능에서는 미분도 자주 이용한다. 미분은 x와 y로 이루어진 그래프가 있을 때 그 지점에서 x가 증감함에 따라 어느 정도 y가 증감하는지를 나타내는 식이다. 이 지점에서 그래프가 어떻게 변화하는지(감도)를 나타내며 그래프의 그 지점의 접선의 기울기가 어떻게 변화하는지를 나타낸다. 예를 들어 $y=x^a+b$라는 식을 x에 관한 미분을 하는 식은 $y'=ax^{a-1}$이 된다. 따라서 $y=x^2+1$의 x에 관한 미분식은 $y'=2x$가 된다(그림 5-2).

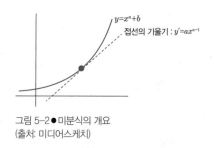

그림 5-2 ● 미분식의 개요
(출처: 미디어스케치)

한편 그래프로는 미분할 수 없는 경우도 있다. 예를 들면 $x=2$라는, y축과 평행해지는 그래프의 접선의 기울기는 무한대이다. 따라서 미분의 계산 결과는 무한대이다. 컴퓨터의 계산 과정에서 무한대가 하나라도 포함되면 결과는 계산 불능이거나 무한대가 되거나 둘 중 하나이다. 어느 것도 인간이 요구하는 대답은 아니다(그림 5-3).

그림 5-3●x=2의 그래프
(출처: 미디어스케치)

또한 그래프에 뾰족한 부분이 있는 경우도 접선을 그을 수 없어 미분하는 것이 불가능하다. 따라서 인공지능에서 미분을 사용할 때는 가능한 한 매끄러운 변화 그래프가 되도록 활성화 함수 등의 방정식을 세운다. 활성화 함수에 대해서는 제6장에서 자세하게 설명한다.

상관관계와 상관계수

인공지능에서는 설명변수와 목적변수 등 데이터끼리의 관계성을 분석한다는 이야기를 했다. 데이터 분석에서 가장 기본적인 관계성은 상관관계이다.

상관이란 어느 데이터와 어느 데이터가 상호 관계가 있는지 없는지를 나타내는 지표이다. 수많이 존재하는 데이터에 관계성이 있는지를 알기 위해 가장 먼저 확인해야 할 매우 중요한 지표이다.

예를 들면 '키가 큰 사람은 앉은 키도 큰가' 하는 문제에 대해서 생각한 경우 일반적으로 앉은 키가 큰 사람은 키가 크다는 경향을 확인할 수 있다면 그 둘은 상관관계가 있다고 할 수 있다. 어느 정도 밀접한 관계에 있는지를 나타내는 지표를 **상관계수**라는 수치로 나타낸다.

상관계수는 −1에서 1까지의 수치로 표현된다.

두 개의 데이터 A와 B에 관한 상관계수에 대해 생각해보자.

두 데이터에 관한 상관계수가 1인 경우는 A가 증가하면 B도 증가한다.

두 데이터에 관한 상관계수가 −1인 경우 A가 증가했을 때 B의 값은 감소한다.

두 데이터에 관한 상관계수가 제로인 경우 A에 관한 값의 증감은 B에 관한 값과는 아무런 관계성도 없다(그림 5-4).

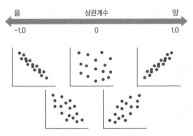

그림 5-4 ● 상관계수와 데이터 분포 변화
(출처: 미디어스케치)

어느 정도의 수치가 되면 관계성이 있는지는 한마디로 말할 수 없지만 통계학의 세계에서는 상관계수의 절대치가 0.2 이상이면 약한 상관관계가 있다고 보는 견해가 일반적이다.

상관계수에는 한 가지 주의해야 할 점이 있다. 상관계수가 제로에 가까운 값이라도 두 데이터에 관계가 없다고는 단언할 수 없다는 점이다. 상관계수는 어디까지나 선형 관계, 즉 한 방향으로 한쪽이 증감하면 거기에 맞춰서 다른 한쪽도 증감하는 관계를 나타낼 뿐이다. 그 외의 관계에 관해서는 상관계수로는 측정할 수 없다.

예를 들면 그림 5-5와 같이 원 모양으로 데이터가 분포하는 경우 x축과 y축으로 이루어진 두 데이터는 관계가 있는 것처럼 보이지만 상관계수는 제로에 가까운 값이 된다.

그림 5-5 ● 상관계수로 측정하는 것이 불가능한 관계의 예
(출처: 미디어스케치)

데이터 간의 인과와 유사상관

상관이 있다는 것은 두 개의 데이터에 관계성이 있다는 얘기다. 단, 인과관계가 있다고는 할 수 없다. 인과관계란 한쪽의 결과에 다른 한쪽의 증감이 직접적인 원인이 되는 관계를 말한다.

예를 들면 지구와 태양의 거리가 가까우면 기온은 올라간다. 즉 두 별의 거리와 기온에는 인과관계가 있다고 할 수 있다. 상관관계와 인과관계의 차이를 아는 것은 데이터의 관계성을 바르게 이해하기 위해

중요하다.

예를 들면 '살고 있는 집의 방 수'와 '소유하고 있는 자동차의 구입 가격'이라는 두 데이터의 관계를 생각해보자.

일반적으로 유복한 층은 큰 집에 살고 고가의 자동차를 구입한다. 따라서 두 데이터에는 양의 상관계수가 있다고 추측할 수 있다. 그러나 방의 수가 많은 원인에 자동차는 직접적인 관계는 없다. 반대로 자동차의 가격도 방의 수와 직접 관계가 없다. 다시 말해 두 데이터에는 인과관계는 없다. 양자의 원인으로 작용하는 것은 유복하다는 점, 즉 수입이 많다는 점이다. 방의 수와 자동차의 구입 가격과 같이 상호 원인이 아니라 인과관계는 없기는 하지만 간접적으로 상관이 인정되는 관계를 유사상관이라고 한다(그림 5-6).

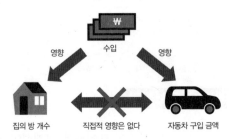

그림 5-6 ● 유사상관관계
(출처: 미디어스케치)

인공지능은 그 시점에서 존재하는 사실에서 관계성을 도출하는 것에 지나지 않는다. 따라서 인공지능은 결코 반드시 인과관계를 도출하는 것은 아니라는 점에 주의하기 바란다.

행렬의 내적

머신러닝에서는 행렬의 계산이 자주 등장한다. 행렬이라는 것은 여러 개의 수치로 이루어지는 집합끼리 계산하는 방법이다. 예를 들면 통상은 인공지능으로 분석하는 경우 설명변수의 집합 X에는 여러 개의 값이 있다.

한편 모델 내에서 입력값에 대해 사용하는 조정 파라미터의 집합 W에도 여러 개의 값이 있다. 입력값 X는 W를 사용한 계산에 의해 출력값이 되는데, 최적 결과를 출력하는 W를 학습을 통해 찾아내는 것이 인공지능 학습이다.

예를 들면 신경망에서는 입력 파라미터라는 여러 개의 수치로 이루어지는 집합과 가중치 파라미터라는 여러 개의 수치로 이루어진 집합의 두 집합의 곱을 구하는 계산이기 때문에, 결과적으로 선형 대수의 내적을 계산한다.

내적이란, 가령 두 개의 행렬 집합 (a_1, a_2)와 $\begin{pmatrix} b_1 \\ b_2 \end{pmatrix}$가 있다고 하자.

이 둘의 내적은 $a_1b_1 + a_2b_2$가 된다.

인공지능에서는 풀컬러의 이미지 데이터와 같이 하나의 화소에 RGB라는 세 개의 차원 데이터가 존재하는 다차원 데이터를 취급하는 경우가 있다. 다차원 데이터를 행렬로 나타내면 복수행과 복수열로 구성되는 집합이 된다. 아울러 파라미터도 다차원이 된다.

예를 들면, 행렬 집합 $\begin{pmatrix} a_1 & a_2 \\ a_3 & a_4 \end{pmatrix}$과 $\begin{pmatrix} b_1 & b_2 \\ b_3 & b_4 \end{pmatrix}$이 있다고 하자.

이 둘의 행렬적의 계산 결과는 $\begin{pmatrix} a_1 & a_2 \\ a_3 & a_4 \end{pmatrix} \cdot \begin{pmatrix} b_1 & b_2 \\ b_3 & b_4 \end{pmatrix} =$

$\begin{pmatrix} a_1b_1+a_2b_3 & a_1b_2+a_2b_4 \\ a_3b_1+a_4b_3 & a_3b_2+a_4b_4 \end{pmatrix}$이 된다(그림 5-7).

$$\begin{pmatrix} \boxed{a_1\ a_2} \\ \boxed{a_3\ a_4} \end{pmatrix} \cdot \begin{pmatrix} \boxed{b_1} & \boxed{b_2} \\ b_3 & b_4 \end{pmatrix}$$

$$= \begin{pmatrix} (a_1\ a_2) \cdot \begin{pmatrix} b_1 \\ b_3 \end{pmatrix} & (a_1\ a_2) \cdot \begin{pmatrix} b_2 \\ b_4 \end{pmatrix} \\ (a_3\ a_4) \cdot \begin{pmatrix} b_1 \\ b_3 \end{pmatrix} & (a_3\ a_4) \cdot \begin{pmatrix} b_2 \\ b_4 \end{pmatrix} \end{pmatrix}$$

$$= \begin{pmatrix} a_1b_1+a_2b_3 & a_1b_2+a_2b_4 \\ a_3b_1+a_4b_3 & a_3b_2+a_4b_4 \end{pmatrix}$$

그림 5-7 ● 행렬적의 계산
(출처: 미디어스케치)

행렬적은 신경망 외에 인공지능으로 화상인식 등을 수행할 때 화상
처리에서도 필수 지식이다. 최소한의 지식으로 기억해두면 도움이 될
것이다.

인공지능은 다양한 확률을 계산한다. 특히 화상인식 등은 이미지가
고양인지 개인지를 판별할 때, 그것이 고양이일 확률과 개일 확률을
계산한다.

확률을 문서 등으로 나타낼 때 일반적으로 0~100%와 같이 퍼센트로 표기한다. 이에 대해 인공지능을 포함한 컴퓨터 프로그램에서는 확률을 0~1의 숫자로 취급한다. 예를 들면 수치가 0.5인 경우는 50%를 나타내고 1인 경우는 100%가 된다. 확률을 0~1까지의 숫자로 취급하는 이유는 계산에 사용하기 쉽기 때문이다.

예를 들면 20% 확률로 당첨되는 복권과 50% 확률로 당첨되는 복권을 각각 1회씩 긁는 경우에 양쪽 모두 당첨될 확률을 계산한다. 20%=0.2, 50%=0.5로 동시에 발생할 확률은 곱셈으로 구할 수 있으므로 0.2×0.5=0.1. 즉 10%의 확률이 된다.

인공지능에서는 분류라 불리는 판별을 하는 경우가 있다. 분류에서는 인간이 정한 모집단 중에서 각각의 데이터가 각 그룹에 속할 확률을 예측한다. 이때 반드시 데이터는 인간이 정한 그룹의 어딘가에 속한다는 전제가 있다.

가령 10만 장의 이미지를 준비하고 개인지 고양이인지를 판정한다고 하자. 개와 고양이 이외의 이미지는 포함되어 있지 않다는 것이 전제이다. 그러면 모든 이미지는 반드시 개 또는 고양이 어딘가에 속한다는 전제이며 인공지능은 예외까지는 판정하지 않는다. 이때 개일 확률이 0.7인 경우 고양이일 확률은 0.3이 된다. 왜냐하면 '반드시 어느쪽이다'라는 전제가 있으므로 각각의 그룹에 속할 확률의 합계는 반드시 1(100%)이 되기 때문이다. 가령 인간이 전제를 무시하고 말의 이미지를 입력해도 인공지능은 개와 고양이 양쪽의 확률을 더하면 1이 되도록 예측한다.

5.2 인공지능의 역사

인공지능의 진화를 배우는 의의

인공지능 연구는 1950년경부터 시작했다고 한다. 컴퓨터가 등장하고 나서 곧 시작했으니 인공지능 연구 역사는 짧지 않다. 그 역사를 풀면 인공지능 연구는 초기의 '연역추론에 의한 인공지능'과 현재의 '귀납추론에 의한 인공지능'으로 크게 나눌 수 있다.

인공지능 진화의 과정을 배우는 것은 현재의 인공지능의 가치를 이해하고 또한 장래에 어떻게 인공지능이 진화할 가능성이 있는지를 이해하는 데 도움이 된다.

초기 연역추론의 인공지능

인공지능의 초기부터 연구되어 온 것이 연역추론에 의한 인공지능이다. 연역추론이란 가령 '새는 하늘을 날 수 있다'는 가설이 있고 그 가설이 바르다고 하면 비둘기는 새이므로 하늘을 날며 까마귀도 새이므로 하늘을 날 수 있다고 추측하는 방법이다.

이 개념에 기초한 인공지능은 인간이 가진 노하우에 기초한 판단을 컴퓨터 알고리즘으로 대체하는 동시에 그 알고리즘에서 미지의 문제에 대한 대답을 예측한다. 예를 들면 의사가 환자의 질병을 판단할 때

혈압 수치와 맥박, 얼굴색 등을 차례로 확인해서 판단한다. 이 판단 기준을 인간의 판단 기준이 바르다는 가정하에 컴퓨터 알고리즘으로 대체하는 것이다.

이러한 특정 목적에서 인간의 판단 기준을 알고리즘으로 대체한 프로그램을 엑스퍼트 시스템이라고 한다. 이때 과거의 데이터와 완전히 같지 않아도 비슷한 데이터를 참고로 어느 정도는 유추에 의해서 대답을 추측한다. 다만 이 단계에서는 많은 경우 인간이 전혀 경험한 적이 없는 미지의 데이터에 대한 응용력은 거의 없다. 왜냐하면 몇 가지 문제점이 있기 때문이다. 우선 질병을 판단하는 인간의 판단은 대부분은 수식으로 나타낼 수 없다. 의사 등의 경험에 기초한 가설이다. 즉 가설이 잘못된 경우는 인공지능이 내는 추론의 정확도는 낮아진다.

또한 인간이 가진 가설은 많은 경우 일반론이며 특수한 사례에 대응

IBM이 개발한 체스 인공지능 '딥블루'

엑스퍼트 시스템으로 유명한 것은 미국 IBM이 개발한 체스 인공지능 **딥블루**이다. 딥블루는 평가함수라 불리는 처리로 다음 수를 어디에 둬야 가장 유리한지를 계산한다. 이 평가함수에는 합계 8150의 파라미터가 존재하지만 자동으로 결정되는 파라미터도 있는가 하면 인간이 수동으로 입력하는 파라미터도 많이 있다. 인간이 수동으로 파라미터를 입력한다는 것은 인간이 생각하는 가설에 기초한 파라미터를 시행착오로 입력한다는 얘기다. 딥블루는 결과적으로 인간 체스 챔피언에 승리하는 위업을 달성하고 인공지능 역사를 논하는 데 빼놓을 수 없는 존재가 됐다. 체스는 장기와 바둑에 비하면 다음 수의 선택지가 적고 전용 하드웨어로 2억 수를 읽는 무차별 검색에 가까운 작업을 수행한다.

이처럼 미지의 수에 자동으로 대응한다기보다 인간이 입력한 파라미터 조정과 먼저 읽은 계산력에 의지하는 부분이 많이 있기 때문에 딥블루는 인공지능이라 부를 수 없다는 의견도 있다.[4][5]

할 수 없는 경우가 많이 있다. 예를 들면 '새는 하늘을 날 수 있다'라는 가설을 세운 사람이 펭귄이라는 하늘을 날 수 없는 새가 존재한다는 사실을 모르고 그 지식을 프로그램으로 대체했을 때 프로그램은 펭귄도 하늘을 날 수 있다고 추측할 것이다.

가령 특수한 사례까지 포함한 판단 기준이 있다고 해도 그 수가 방대해져 컴퓨터 알고리즘이 거대하고 복잡해진다. 따라서 개발과 테스트에 많은 비용과 자원이 필요하다.

이러한 문제로 인해 연역추론은 인공지능에서 가장 중요한 미지의 데이터에 대응하는 데 한계가 있으며 실제로 사회에서 도움되는 분야는 한정된다고 여겼다.

현재로 이어지는 귀납추론의 인공지능

현재 많은 인공지능 프로그램은 귀납추론 개념에 기초하는 알고리즘에 의해서 개발되고 있다.

연역추론에서는 가령 '새는 하늘을 날 수 있다'라는 가설에서 비둘기와 까마귀는 새이므로 하늘을 날 수 있다고 추측했지만 귀납추론은 반대의 개념이다. 귀납추론이란 '비둘기는 하늘을 날 수 있다', '까마귀는 하늘을 날 수 있다', '독수리도 하늘을 날 수 있다'라는 사실에 기초한 결론에서 '이들에 공통되는 조류라는 분류에 속하는 동물은 하늘을 날 수 있을까'라고 추측을 하는 것이다.

이 결론을 인공지능에 학습시킴으로써 하늘을 날 수 없는 것의 판단 기준을 인공지능이 만든다. 이 점에서 인간이 가설에 기초해서 판단 기준을 작성하는 연역추론과는 크게 다르다.

귀납추론의 장점은 예외를 인공지능에 입력했을 때 그 예외를 포함한 판단 기준을 만들어준다는 점이다. 가령 '펭귄은 하늘을 날 수 없다', '타조는 하늘을 날 수 없다'라는 데이터를 인공지능이 학습했을 때 인공지능은 '조류라면 날 수 있다'는 판단 기준을 버리고 '조류라도 특정 특징이 있으면 하늘을 날 수 없다'는 새로운 판단 기준을 만든다. 그 기준은 인간은 알지 못하므로 어쩌면 인간은 판단하지 못하는 미지의 새가 하늘을 날 수 있을지 어떨지를 판단할 수 있을지 모른다.

귀납추론의 한계

귀납추론에 기초한 알고리즘은 결코 새로운 것은 아니며 확실히 언제부터 시작됐다고는 증명하기 어렵지만 이미 1970년대에는 귀납추론에 기초해서 추측하는 프로그램은 존재했다. 다만 사회에 널리 도움이 되는 단계까지 발전하지는 못했다.

그 이유는 인간에 의한 가설을 배제할 수 없기 때문이다. 가령 동물을 고양이인지 개인지 분류하는 인공지능을 만든다고 하자. 이때 개와 고양이의 특징을 인공지능에 가르친다. 가령 '몸의 길이'와 '몸의 크기', '털의 색'을 특징으로 해서 학습시킨다. 그러면 인공지능은 이들 3가지 특징이 어떠면 개이고 어떠면 고양이라고 할 수 있는지에 대한 관계성(판단 기준)을 도출한다.

다만 여기서 문제가 생긴다. 정말로 '몸의 길이', '몸의 크기', '털의 색'을 보고 전 세계의 개와 고양이를 구분할 수 있을까. 이들 3가지 특징은 인간이 본 경우에 개와 고양이를 구별할 수 있을 거라는 가설에 기초한 것이다.

이 가설이 잘못된 경우 아무리 많은 데이터를 학습해도 좋은 결과를

확률적 추론과 인공지능

귀납추론은 어디까지나 추론이기 때문에 절대적인 법칙을 찾아낼 수 있는 것은 아니다. 지금까지의 데이터를 보고 가장 가능성 높은 수치를 회답할 뿐이다. 따라서 이미 판별 방법이 확립됐으며 충분한 정확도가 충족되는 것에 관해서는 인공지능을 이용하는 의미가 없다.

예를 들면 공장의 생산 라인에 빨간 꽃과 파란 꽃을 올리고 어느 쪽이 흘러왔는지에 따라서 오른쪽으로 흘렀는지 왼쪽으로 흘렀는지가 바뀌는 경우. 이 경우는 화상에서 빨강이 많은지 파랑이 많은지를 단순하게 수치로 비교하는 방법으로 충분한 정확도가 나올 것이다.

또한 화상인식의 전형적 샘플로서 자주 사용되는 것이 수작업 숫자의 화상인식이다. 인간은 숫자를 적는다고 해도 반드시 같은 형태의 숫자를 적는다고 할 수 없다. 가령 '4'를 적는 경우 중에는 삐뚤빼뚤하지만 일단은 4로 보이는 숫자를 적을 가능성이 있다. 이러한 숫자라도 인간이 봐서 4라고 생각할 수 있는 것은 '4'라고 인식한 것이다.

이때 인공지능은 이미지를 분석해서 그 이미지가 0을 적었을 확률, 1을 적었을 확률, …9를 적었을 확률과 같이 0~9 각각의 숫자일 확률을 계산한다. 이렇게 해서 가장 확률이 높은 숫자가 인공지능이 낸 결론이 된다.

여기서 인식해야 할 것은 인공지능은 그 시점에서 그때까지 학습한 데이터에서 추측했을 때 가장 가능성이 높은 대답을 제시했다는 점이다. 따라서 100%의 확신이 있어 대답을 제시한 것은 아니다. 인공지능에 오류가 있는 것을 신경쓰는 사람이 있지만 인공지능이 틀리는 것도 당연하다. 왜냐하면 인공지능은 일정한 법칙에 적용되지 않는 문제에 대해 가장 가능성이 높은 대답을 추측해서 대답하고 있기 때문이다(원래 100%의 확률이라는 것은 실세계에는 존재하지 않는다).

이 점을 이해한 후에 어느 정도의 정답률과 오차라면 실무에서 허용 범위로 받아들일 수 있는지를 정하는 것이 중요하다.

MEMO

얻지 못한다. 결국 인공지능에게 학습시키는 데이터로는 무엇을 선택하는가, 자릿수를 어떻게 할 것인가, 절댓값으로 할지, 편찻값으로 할지 등 데이터의 전처리가 잘못된 경우 인공지능은 도움이 되지 않는다.

추가해서 또 한 가지 문제가 있다. 개와 고양이의 몸의 크기와 털의 색 등을 데이터화하기 위해 대량의 계측 작업을 수행할 필요가 있다는 점이다. 당연히 이 작업은 매우 번거롭다. 때문에 특정 문제를 해결하는 용도로만 이용되고 있다.

발견하는 현재의 인공지능

앞에서 설명한 문제가 있어 인공지능은 특정 문제에만 대응할 수 있다는 한계가 있음을 알았다. 이후 인공지능 개발은 한풀 꺾였다. 이렇게 해서 1980년대 후반부터 2000년대 전반까지 '인공지능의 겨울'이라 불리는 시대가 도래한다. 그 한편으로 컴퓨터의 처리 능력이 비약적으로 향상하고 인터넷의 보급으로 세상에 정보가 넘치게 됐다. 앞으로 대량의 정보=빅데이터를 인간의 손을 가하지 않고 그대로 인공지능에 분석시키려는 개념이 생겼다.

인공지능이 부활한 계기가 된 것이 2006년에 미국 토론토 대학의 제프리 힌턴Geoffrey Everest Hinton 교수가 발표한 오토인코더(자기부호화기)에 관한 논문이다. 이 논문을 비롯한 다양한 발명에 의해 딥러닝이라 불리는 수법(정확하게는 심층 신경망에 관한 학습 방법. 상세한 것은 제6장에서 설명)이 등장했다.

딥러닝의 특징은 인간이 손을 가하지 않은 방대한 데이터에서 어느 데이터가 결과에 영향을 미치고 어느 데이터가 결과에 영향을 미치지 않는지도 포함해서 관계성을 발견한다는 점에 있다.

발견이라는 단어를 사용하는 데는 이유가 있다. 예를 들면 개와 고양이를 구별하는 경우 딥러닝은 모든 방대한 특징을 분석하기 때문에 어쩌면 인간은 전혀 예상하지 못한 특징을 보고 판단하고 있을지 모르기 때문이다. 즉 새로운 특징 자체를 인공지능이 발견한다는 점에 딥러닝은 큰 가치가 있다.

컴퓨터 비전

딥러닝이 등장하면서 방대한 데이터에서 분류라고 불리는 분석을 정확하게 처리할 수 있게 됐다. 분류란 데이터를 몇 개의 그룹으로 나누어 어느 그룹에 속하는지를 추측하는 분석을 말한다. 동물에 관한 데이터를 개인지 고양인지 판별하는 것도 분류의 하나이다.

그러면 방대한 데이터에 적합한 것은 무엇일까. 가능한 한 인간의 가설이 들어가지 않은 방대한 정보량을 갖는 데이터로 이용되고 있는 것이 이미지이다. 개인지 고양이인지를 분류할 때 개의 이미지와 고양이의 이미지를 사용하여 딥러닝에 의해서 분석을 하는 것이 인간이 생각한 털의 색과 크기보다 보다 광범위하고 다양한 종류의 개와 고양이를 판별할 수 있다.

예를 들면 고양이 이미지 한 장만 해도 인간은 의식하지 못하고 있을 뿐 매우 많은 정보가 포함되어 있다. 눈의 크기와 색, 털의 굵기와 색, 얼굴의 윤곽과 크기, 눈과 코의 위치 관계 등등. 이러한 다양한 정보를 조합해서 도대체 어떤 조건이 갖춰지면 개라고 할 수 있는지를 현재의 인공지능은 도출한다.

이미지와 동영상의 분석을 통해 의미가 있는 정보를 추출하는 기술을 컴퓨터 비전이라고 부른다. 인공지능의 세계에서는 컴퓨터 비전을 효율적으로 정확하게 수행하기 위해 다양한 연구가 시도되고 있다. 연구 결과는 자율주행차와 얼굴인식, 세포 화상에 의한 질병 진단 등 다양한 업계에 새로운 가치를 제공하고 있다.

영상뿐 아니라 음성인식과 자연어 처리에서도 방대한 데이터를 인간이 손을 가하지 않고 그대로 딥러닝으로 해석하는 시도가 이루어지고 있다. 이렇게 해서 인간은 알지 못하는 관계성을 발견함으로써 미지의 데이터에도 높은 정확도로 대응하고자 하는 개념이 현재의 인공지능 해석의 경향이다.

5.3 머신러닝이 가능한 것

제1장에서 '인공지능이 가능한 것'에 대해 회귀와 분류를 설명했다. 이것은 인공지능에서 핵심을 담당하고 있는 머신러닝이 가능하다는 것과 거의 같다. 여기서는 조금 더 구체적으로 분석 예를 보면서 순서대로 이해하자.

단순회귀분석

회귀란 상황을 나타내는 수치에 대해 모델(데이터의 변화량 등 경향을 나타내는 수식)을 적용하고 목적하는 수치가 어느 정도가 될지를 추정하는 것이다. 회귀라는 단어는 매우 폭넓은 분야에서 사용되는 단어이지만 여기서 말하는 회귀란 통계학에서 사용하는 회귀와 같은 의미이다. 이외에도 천문학과 물리, 수학, 철학 등의 분야에서 회귀라는 단어가 사용되지만 여기서 말하는 회귀와는 의미가 다르다.

예를 들면 그림 5-8은 보스턴의 주택 가격에 관한 데이터세트에 있는 데이터를 산포도로 나타낸 것이다. 가로 축은 보스턴이라는 도시의 지구별 주택의 평균 방 개수이다. 세로 축은 마찬가지로 지구별 평균 주택 가격(10만 달러 단위)이다. 이 지도만을 보면 전체적으로 방의 개수가 많은 지역에서는 가격도 상승한 것처럼 보인다. 즉 상관관계가 있는 것처럼 보인다.

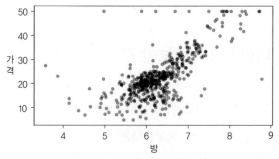

그림 5-8 ● 보스턴의 지구별 평균 방 개수와 평균 주택 가격의 산포도
(출처: 미디어스케치)

그러면 지금 있는 데이터에서 이들 두 데이터의 관계성을 직선으로 나타내면 어떻게 될지 하는 문제를 선형회귀라는 방법으로 푼 결과를 그림으로 나타내보자(그림 5-9).

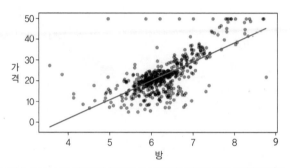

그림 5-9 ● 보스턴 데이터의 평균 방 개수와 평균 가격에 대한 선형회귀 결과
(출처: 미디어스케치)

데이터 전체의 정중앙을 통과하는 선이 선형으로 그려졌다. 이것이 회귀분석으로 구한 방 개수와 주택 가격의 관계성을 나타내는 모델이 된다. 실은 선형회귀라는 것은 머신러닝이 아니라 단순한 수식에 의해서 도출하는 수법이다. 선형이라는 것은 직선(숫자로 말하는 1차 방정식)으로 나타낼 수 있는 모양이라는 의미이다.

이 방법에는 문제가 있다. 세상의 대부분의 데이터는 직선으로 나타낼 수 있는 깨끗한 관계성은 아니므로, 이 예를 봐도 방 개수가 3이 되면 가격이 마이너스가 된다. 한편 방 개수가 4 이하인 부분에서 실제 데이터를 살펴보면 방 개수가 줄면 가격이 올라간다.

이처럼 비선형 관계성을 나타내는 복잡한 데이터에서 모델을 도출하는 데 머신러닝이 사용된다.

실제로 신경망(상세한 것은 제6장에서 설명)을 사용해서 같은 데이터를 회귀분석한 결과를 그림으로 나타냈다(그림 5-10).

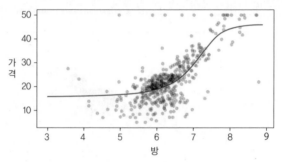

그림 5-10 ● 보스턴의 평균 방 개수와 평균 가격에 대한 신경망의 회귀 결과
(출처: 미디어스케치)

그러면 빨간색 선과 같은 곡선을 도출할 수 있다. 이것은 신경망이 여러 가지 곡선을 200회 시도한 결과 오차(빨간색 선과 각 데이터를 나타내는 점과의 거리)가 최소가 되는 곡선을 도출한 것이다.

이처럼 그림에 빨간색 선으로 나타내고 있는 모델을 알면, 예를 들면 방 개수가 3과 같은 지금까지의 데이터에는 없는 미지의 상황에서도 대략 어느 정도의 가격이 될지를 수치로 예측할 수 있다.

여기까지 회귀분석을 설명했지만 실은 지금까지의 예는 정확하게는 **단순회귀분석**이라 불리는 것이다. 단순회귀란 하나의 목적변수에 대해 하나의 설명변수와의 관계성을 분석하는 것이다. 그러나 실제로 대부분은 하나의 목적변수에 대해 관계성이 있는 설명변수는 하나만 있는 것은 아니다. 실제로 예에서 나타낸 보스턴의 데이터에서도 방의 개수에 관한 데이터만으로 예측하기보다 그 지역의 범죄율과 교사의 수 같은 다양한 데이터를 포함해서 예상을 하는 쪽이 예측 정확도가 높아진다.

다중회귀분석

하나의 목적변수와 하나의 설명변수와의 관계성을 분석하는 것이 단순회귀분석이다. 이에 대해 하나의 목적변수와 복수의 설명변수의 관계성을 분석하는 것을 다중회귀분석이라고 한다. 설명변수의 수는 2개 이상이면 몇 개라도 문제 없다.

실제로 인공지능을 사용한 회귀분석을 하는 경우 그 수가 30이나 50이 돼도 이상하지 않다. 유감스럽게 다중회귀분석의 분석 결과를 그림으로 나타내는 것은 곤란하다. 왜냐하면 단순회귀에서는 설명변수가 한 개이므로 목적변수와 합쳐서 2차원 그래프로 도시할 수 있지만 다중회귀에서는 설명변수가 3개, 4개, 5개, …, 10개, … 로 증가해서 다차원이 되므로 분석 결과를 그림으로 나타내는 것이 어렵기 때문이다.

설명변수가 늘면 경향을 그림으로 나타낼 수 없어 인간이 하기에는 점점 분석이 어렵고 분석 결과를 이해하는 것도 어려울 거라는 것은 쉽게 이해가 될 것이다.

보스턴의 데이터에 대해 생각해보자. 평균 방의 개수와 지역의 연간 범죄 수, 상업 지구의 비율, 질소산화물의 농도, 지역의 학생에 대한 교사 수의 비율 등 5가지 설명변수에서 각각 어떤 관계성이 있는지를 분석하고 그 지역의 평균 주택 가격을 예측하는 식을 만드는 분석은 인간이 수행하기에는 시간이 너무 걸려서 언제 끝날지 알 수 없다(그림 5-11).

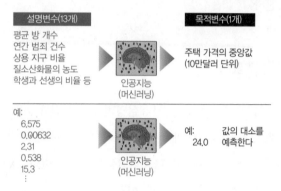

그림 5-11 ● 보스턴의 지역 데이터에 관한 다중회귀분석의 개념도
(출처: 미디어스케치)

설명변수의 수는 많은 것이 좋을까

인공지능 강좌를 하다 보면 인공지능에 입력하는 데이터의 종류(설명변수의 수)가 많은 것이 좋냐는 질문을 자주 듣는다.

일반적으로는 많을수록 좋다. 관계성이 있는 데이터가 많이 있을수록 회귀분석 등의 정확도는 높아진다. 만약 관계성이 전혀 없는 데이터가 있다고 해도 관계성이 없다는 것을 알 수 있으므로 특히 문제는 없다. 다만 뭐든 그렇지만 사물에는 한도라는 것이 있다. 누가 봐도 전혀 관계가 없는 것을 데이터로 입력해도 정확도가 높아지기까지는 시간이 길어지는데다 컴퓨터 등의 리소스가 아깝다.

다만 인간에게는 언뜻 관계가 없을 것처럼 생각되는 것이라도 실은 관계가 있는 것도 있다. 따라서 취사 선택에는 충분히 주의하자. 개인적으로는 리소스를 봐가면서 여러 가지 설명변수를 시도해봐도 좋다. 다만 설명변수를 시도할지 말지에 상관없이 갑자기 모든 데이터를 분석해서 실제의 업무에 사용하는 방식은 권하지 않는다. 우선은 작은 사이즈의 데이터로 여러 가지 설명변수를 시도하면서 어느 정도의 속도로 학습할 수 있을지 예측하고 그런 다음 높은 정확도가 나올 것 같은 반응이 있으면 시간을 들여 분석하는 방법을 취하면 좋다.

MEMO

그리고 그 관계성을 나타내는 식은 아마 매우 복잡하고 길 거라고 생각한다. 이것을 머신러닝 등을 사용해서 도출하는 것이 다중회귀분석이다. 회귀분석에서는 예에서 나타냈듯이 설명변수에 대해 목적변수의 값이 어떻게 증감하는지를 나타내는 식을 만든다. 결과적으로 목적변수의 값은 길이나 가격 등 어느 특징의 대소를 나타내는 수치가 되고 이를 예측한다.

한편 뒤에서 상세하게 설명하는 대로 분류에서는 어느 데이터가 어느 그룹에 속하는지를 나타내는 확률을 나타내는 계산식을 만들기 때문에 목적변수의 값은 각 그룹에 속하는 확률인 0~1의 수치가 된다.

분류

머신러닝이 수행하는 분류는 복수의 데이터를 설명변수에서 어느 그룹에 속하는지를 예측하는 것이다. 실제로 예를 보면서 확인하자.

예를 들면 신장과 체중, 체지방률에서 그 생물이 개, 고양이, 코끼리, 인간 중 어느 것인지를 알아맞히는 인공지능을 만든다고 하자. 이때 설명변수는 신장, 체중, 체지방률 3가지이다. 목적변수는 그 생물이 개일 확률, 고양이일 확률, 코끼리일 확률, 인간일 확률의 4개이다.

즉 분류에서 목적변수는 그 데이터가 속할 가능성이 있는 그룹의 각각에 속하는 확률이 된다(그림 5-12).

확률이므로 모든 목적변수의 출력 결과를 더한 값은 1이 되도록 조정된다. 조정하기 위해 소프트맥스 함수 등을 이용하지만 구체적인 내

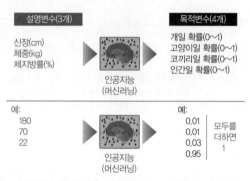

그림 5-12 ● 분류에서 인공지능의 설명변수와 목적변수 예
(출처: 미디어스케치)

용에 대해서는 제6장의 신경망에서 설명한다.

이처럼 목적변수가 확률치가 되는 것이 분류이다. 한편 목적변수의 범위가 결정되지 않고 어느 값의 대소가 되는 것이 회귀이다.

클러스터링

클러스터링이란 데이터의 집합에 대해 그룹을 찾아내는 분석을 말한다. 데이터를 그룹으로 나눈다는 점에서 분류와 혼동하기 쉽지만 다르므로 주의하자. 분류는 사전에 정한 그룹의 어느 쪽에 속하는지를 예측한다. 클러스터링은 어떤 그룹이 있는지를 찾아내므로 분석 전에 어떠한 그룹이 존재하는지는 정해져 있지 않다.

즉, 클러스터링에서는 인간이 생각하는 그룹 분류와는 다른 전혀 별도의 그룹을 만든 후에 어느 데이터가 어느 그룹에 속하는지를 결정한다.

예를 보면서 확인하자. 예를 들면 어느 가게에 1만 명의 고객 데이터가 있다고 하자.

회귀분석으로 수행하는 분류

회귀분석으로 그룹을 분류하는 일이 있다. 분류와 혼동될 것 같지만 회귀에서 수행하는 그룹 분류는 어디까지나 목적변수의 값(머신러닝의 출력값)은 값의 대소이며 확률은 아니다.

예를 들면 그림 5–A는 2점(x, y)=(1, 1)과 (x, y)=(-1, -1)을 중심으로 하는 두 개의 데이터 집단을 2분할하는 직선을 로지스틱 회귀로 도출한 것이다.

빨간색 점과 검은색 점이 섞여 있는 개소가 있으므로 완전하게 나눌 수는 없지만 어느 정도 깨끗하게 나누는 직선이 도출됐다.

이처럼 회귀분석에서는 어느 직선에서 위 또는 아래에 있는 데이터가 어느 쪽 집단에 속하는지로 미지의 데이터가 어느 쪽 그룹에 속하는지를 예측한다. 그림 5–A의 경우 (x, y)=(-3, 2)의 지점의 데이터는 직선 아래에 있으므로 빨간색 데이터의 집단에 속한다고 예상된다.

각 데이터가 어느 쪽에 속할지를 예측하는 분류와는 달리 어디까지나 그룹끼리의 경계선이 어떻게 될지를 예측하고 있다. 이 차이에 주의하자.

MEMO

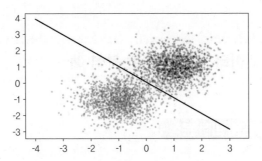

그림 5–A ● 두 데이터 집단(빨간색과 검은색의 점 집합)을
둘로 나누는 직선을 회귀분석으로 도출한 결과
(출처: 미디어스케치)

이 데이터를 구입한 물건, 방문 횟수, 구입 금액 등의 특징에서 5개 그룹으로 나눈다. 모든 데이터가 반드시 5개 중 어딘가의 그룹에 속해야 한다. 이때 인간이 봤을 때 각각의 그룹이 어떠한 특징을 갖고 있는지에 대해 인공지능은 전혀 의식하지 않고 데이터의 특징만으로 그룹 분류를 수행한다. 1만 명을 2000명씩 5개 그룹으로 나눈 경우 그룹별로 향후 어떤 다이렉트 메일을 발송할지를 결정한다. 결과적으로 5개 그룹에 어떤 공통점과 의미가 있는지는 분석 후에 인간이 멋대로 결정하는 것이다. 이 경우 아마 인간이 의식하는 성별과 연령 같은 특징이 아닌, 예를 들면 취미기호와 비슷한 특징에 의한 그룹을 인공지능이 발견하는 것일 것이다.

클러스터링은 마케팅 등에 자주 사용되며 고객을 몇 개의 그룹으로 나누어 각각에 별도의 영업 방법을 시도해서 효과를 측정한다. 클러스터링의 구체적인 알고리즘에 대해서는 제5장 5.6에서 k평균법을 소개한다.

5.4 데이터 세트에 의한 분석 예

데이터 세트에 의한 분석

본래라면 머신러닝을 이해하려면 통계학을 공부하고 나서 머신러닝의 이론과 구조를 배우는 절차가 이상적이다. 다만 그렇게 하기에는 시간이 걸리는 데다 수학이 서툰 사람은 동기를 유지하는 것이 어려울지 모른다.

데이터 세트는 어디에서 입수하는가

데이터 세트를 입수하는 방법에는 다음 2가지가 있다.

(1) 머신러닝 라이브러리에서 로드한다.

(2) 데이터 세트 공개 웹사이트에서 다운로드한다.

우선 (1)의 머신러닝 라이브러리에서 로드하는 방법이다. 예를 들면 파이썬의 경우 사이킷런(scikit-learn)이나 케라스(Keras) 같은 머신러닝 라이브러리에 몇 개의 데이터 세트를 호출하는 API가 사전에 준비되어 있다. 예를 들면 후술하는 생물학자인 로널드 피셔의 아이리스 데이터를 로드하려면 파이썬 언어에서 사이킷런을 사용해서 아래와 같은 코드를 기술한다.

```
import sklearn.datasets
iris = sklearn.datasets.load_iris()
```

단 2행의 코드로 iris라는 변수에 아이리스 데이터가 읽힌다.

이어서 (2)의 데이터 세트 공개 웹사이트에서 다운로드하는 방법은 인터넷상에 데이터 세트를 공개한 웹사이트에서 데이터 세트를 다운로드한다. 필자가 가장 잘 이용하는 웹사이트는 University of California, Irvine(UCI: 캘리포니아 대학 아바인교)가 제공하는 UCI Machine Learning Repository(https://archive.ics.uci.edu/ml/datasets.html)이다(그림 5-B).

여기서는 463개의 데이터 세트가 제공되며 다운로드가 가능하다(2018년 12월 시점).

이 책에서 소개하는 것 외에도 통계에 관한 다양한 논문에서 사용된 데이터 세트를 이용할 수 있다. 흥미가 있는 분야나 활용해보고 싶은 이미지에 가까운 데이터 세트를 실제로 머신러닝으로 분석하면서 배우는 것은 매우 좋은 학습 방법이다.

그림 5-B ● UCI Machine Learning Repository
(출처: https://archive.ics.uci.edu/ml/datasets.html)

필자가 추천하는 것은 우선 여러 분석을 해보고 감각적으로 머신러닝을 이해하고 나서 배우는 방법이다. 우선은 흥미를 갖고 감각적으로 머신러닝을 이해한다. 그리고 그 후에 전문적 지식을 보완하면 된다. 그러나 우선 여러 분석을 해본다고 해도 분석 대상 데이터를 수집하는 것은 매우 큰일이다.

때문에 인터넷상에는 머신러닝 훈련용으로 다양한 데이터 세트라 불리는 분석용 데이터가 있다. 데이터 세트의 대부분은 실제로 지금까지 통계학 등의 논문에서 실제로 이용된 것을 공개하고 있다. 지금부터는 데이터 세트를 사용한 분석 예를 소개하면서 머신러닝에서 어떠한 분석을 할지를 감각적으로 이해하도록 한다.

아이리스 데이터

가장 먼저 소개하는 데이터 세트는 식물 붓꽃에 관한 데이터 세트(통칭 아이리스Iris 데이터)이다. 이 데이터는 생물학자인 로널드 피셔가 1936년에 발표한 논문에서 이용한 데이터이다. 파이썬의 머신러닝 라이브러리 사이킷런에서 로드가 가능하다.

사이킷런을 사용해서 아래와 같은 코드를 실행하면 데이터를 로드할 수 있다.

```
from sklearn.datasets import load_iris
iris = load_iris()
```

또한 UCI 웹사이트(https://archive.ics.uci.edu/ml/datasets/iris)에서도 다운로드할 수 있다. 이 데이터 세트는 분류 해석을 수행하기 위해 준비된 것이다. 붓꽃에는 세토사setosa, 버시컬러versicolor, 버지니카 virginica의 3가지 품종이 있다. 일반적인 분석 목적은 꽃의 특징을 보고 어느 품종인지를 추측하는 것이다. 품종을 예측하는 경우 설명변수에 해당하는 데이터(인공지능에의 입력값)는 꽃잎의 너비petal width, 꽃잎의 길이petal height, 꽃받침의 너비sepal width, 꽃받침의 길이sepal height의 4 가지 수치이다(표 5-1, 그림 5-13).

표 5—1●아이리스 데이터 항목 일람
통상은 품종이 목적변수가 된다.
(출처: 미디어스케치)

꽃받침의 길이(cm)
꽃받침의 너비(cm)
꽃잎의 길이(cm)
꽃잎의 너비(cm)
품종(세토사, 버시컬러, 버지니카)

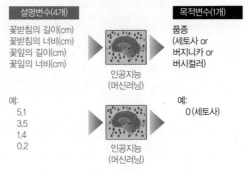

그림 5-13●아이리스 데이터의 분석에 관한 개념도
(출처: 미디어스케치)

　다시 말해 이들 4가지 특징에서 품종을 정확하게 구분하는 인공지능을 어떻게 만들 수 있는가 하는 것이 이 데이터를 사용한 분석 예이다.

　그림 5-14는 실제로 읽어들인 아이리스 데이터의 일부를 표시한 것이다. '.target'이라는 항목명은 데이터 세트에서 자주 사용되는 항목명으로 목적변수를 말한다. 이 데이터의 목적변수는 붓꽃의 품종을 나타내는 숫자이므로 0이 세토사, 1이 버시컬러, 2가 버지니카가 된다. 전부 150의 데이터가 있으므로 이것을 학습한다. 150이라고 하면 인공지능의 학습 데이터로는 매우 적은 수이지만 아이리스 데이터의 판별은 특징이 확실해서 간단하기 때문에 이 수로도 90% 이상의 정확률을 낼 수 있다.

	.target	sepal length (cm)	sepal width (cm)	petal length (cm)	petal width (cm)
0	0	5.1	3.5	1.4	0.2
1	0	4.9	3.0	1.4	0.2
2	0	4.7	3.2	1.3	0.2
3	0	4.6	3.1	1.5	0.2
4	0	5.0	3.6	1.4	0.2
5	0	5.4	3.9	1.7	0.4
6	0	4.6	3.4	1.4	0.3
7	0	5.0	3.4	1.5	0.2
8	0	4.4	2.9	1.4	0.2
9	0	4.9	3.1	1.5	0.1
10	0	5.4	3.7	1.5	0.2

그림 5-14 ● 아이리스 데이터의 일부를 표시한 것
(출처: 미디어스케치)

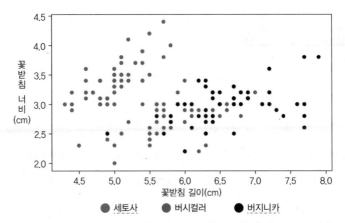

그림 5-15 ● 아이리스 데이터의 꽃받침 너비(sepal width)와 꽃받침 길이(sepal height)에
따른 품종의 산포도
(출처: 미디어스케치)

    그림 5-15는 꽃받침의 너비sepal width와 꽃받침의 길이sepal height를
품종별로 산포도로 표시한 것이다.

    산포도를 보면 세토사setosa와 다른 2가지를 구별하려면 꽃받침
의 너비와 길이만으로 충분하다. 그러나 버지니카virginica와 버시컬러
versicolor는 섞여 있으며 이 2개의 데이터로는 구별되지 않는다.

    이것을 결정나무와 SVM(서포트 벡터 머신), 신경망을 이용해서 분별
하면 버지니카와 버시컬러를 구별하는 룰을 머신러닝으로 도출할 수
있다.

와인 품질 데이터

와인의 다양한 성분과 특징을 토대로 품질을 예측하기 위한 데이터 세트이다. UCI의 웹사이트((https://archive.ics.uci.edu/ml/datasets/wine+ quality)에서 CSV 형식으로 다운로드하는 것이 가능하다.

레드와인의 데이터 1599건(winequality-red.csv)과 화이트와인의 데이터 4898건(winequality-white.csv)이 있다(표 5-2).

표 5-2 ● 와인 품질 데이터 항목
보통은 품질이 목적변수가 된다.
(출처: 미디어스케치)

| 고정 산도 |
| 휘발성 산도 |
| 구연산 |
| 잔당 |
| 염화물 |
| 유리 이산화유황 |
| 총이산화유황 |
| 밀도 |
| pH |
| 유산염 |
| 알코올 |
| 품질(와인 전문가의 3회 이상 평가 중앙값) |

농업과 식품 분야에서 품질을 예측하는 데 참고가 된다. 일반적으로 회귀분석을 함으로써 특정 성분을 갖는 와인이 어느 정도의 품질이 될지를 예측한다. 여기서 목적변수에 해당하는 품질은 0부터 10까지의 평갓값이 된다. 데이터 세트의 설명에 의하면 이 평갓값은 와인 전문

가의 3회 이상 평가 중앙값이다.

　이처럼 식품의 경우는 맛있는가 어떤가에 대해 명확한 정의가 없기 때문에 특정 사람들이 주관적으로 평가한 값에 따라서 판단하다. 이때 누구의 평가를 목적변수로 할지는 인간이 수행하는 매우 중요한 판단이 된다. 이 데이터 세트의 경우 정확히는 '고객이 맛있다고 생각하는가'가 아니라 '와인 전문가가 어떻게 평가하는가'를 예측하게 된다(그림 5-16).

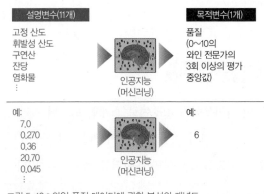

그림 5-16 ● 와인 품질 데이터에 관한 분석의 개념도
(출처: 미디어스케치)

　그림 5-17은 레드와인의 일부이다.

	fixed acidity	volatile acidity	citric acid	residual sugar	chlorides	free sulfur dioxide	total sulfur dioxide	density	pH	sulphates	alcohol	quality
0	7.0	0.270	0.36	20.70	0.045	45.0	170.0	1.00100	3.00	0.45	8.800000	6
1	6.3	0.300	0.34	1.60	0.049	14.0	132.0	0.99400	3.30	0.49	9.500000	6
2	8.1	0.280	0.40	6.90	0.050	30.0	97.0	0.99510	3.26	0.44	10.100000	6
3	7.2	0.230	0.32	8.50	0.058	47.0	186.0	0.99560	3.19	0.40	9.900000	6
4	7.2	0.230	0.32	8.50	0.058	47.0	186.0	0.99560	3.19	0.40	9.900000	6
5	8.1	0.280	0.40	6.90	0.050	30.0	97.0	0.99510	3.26	0.44	10.100000	6
6	6.2	0.320	0.16	7.00	0.045	30.0	136.0	0.99490	3.18	0.47	9.600000	6
7	7.0	0.270	0.36	20.70	0.045	45.0	170.0	1.00100	3.00	0.45	8.800000	6
8	6.3	0.300	0.34	1.60	0.049	14.0	132.0	0.99400	3.30	0.49	9.500000	6
9	8.1	0.220	0.43	1.50	0.044	28.0	129.0	0.99380	3.22	0.45	11.000000	6
10	8.1	0.270	0.41	1.45	0.033	11.0	63.0	0.99080	2.99	0.56	12.000000	5
11	8.6	0.230	0.40	4.20	0.035	17.0	109.0	0.99470	3.14	0.53	9.700000	5

그림 5–17 ● 레드와인 데이터의 일부
(출처: 미디어스케치)

보스턴의 하우징 데이터

앞 장의 회귀분석에서도 예로 소개한 보스턴 지역의 주택에 관한 데이터이다. 파이썬의 머신러닝 라이브러리인 사이킷런을 사용하여 아래와 같은 코드를 실행하면 데이터를 로드할 수 있다.

```
from sklearn.datasets import load_boston
boston = load_boston()
```

또한 UCI의 웹사이트(https://archive.ics.uci.edu/ml/machine-learning databases/housing)에서도 다운로드가 가능하다.

이 데이터 세트에는 미국의 보스턴 시내에 506개 지구별로 표 5–3의 항목에 관한 데이터가 등록되어 있다.

주요 분석 예는 회귀분석을 통해서 그 지역의 주택 가격의 중앙값이 어느 정도 될지를 예측하는 것이다. 생활에 관련된 데이터를 마찬가지 방법으로 분석하면 장래적으로 스마트시티의 실현에 도움이 될 것이다.

표 5—3● 보스턴의 하우징 데이터 항목
보통은 주택 가격의 중앙값이 목적변수가 된다.
(출처: 미디어스케치)

10만 명당 연간 범죄 건수
분할 금지 지역의 비율
상용 지구의 비율
찰스강이 흐르는지 어떤지
질소산화물의 농도
주택의 평균 방 개수
1940년 이전에 지어진 방의 개수 평균
회사까지 거리에 관한 가중평균
고속도로 접근 용이성
1만 달러당 고정자산세
학생과 선생의 비율
흑인의 비율을 x로 했을 때의 $1000(x-0.63)^2$
고등학교를 졸업하지 않은 층의 비율
주택 가격의 중앙값(10만 달러 단위)

예를 들면 이 데이터의 목적변수를 '10만 명당 연간 범죄 건수'로 하면 어느 지구에서 범죄가 일어날지를 예측할 수 있다. 지역별 다양한 데이터 항목은 시간의 경과와 함께 변화하므로 변화한 항목을 학습한 인공지능에 입력하면 범죄가 어느 정도 발생할지를 예측할 수 있다. 실제로 로스앤젤레스시 경찰은 인공지능을 사용한 범죄 예측 시스템을 도입하여 사전에 범죄가 일어날 만한 지역을 중점적으로 경비해서 범죄 발생률을 낮추는 데 성공했다.

이외에도 회귀분석을 이용하여 거리의 혼잡 예상 등을 인공지능으로 분석하는 서비스가 진행하고 있다.

수작업 숫자 데이터

인공지능에서는 이미지와 음성, 진동 등 다양한 패턴을 인식함으로써 자율주행과 문자 등을 인식하고 있다. 이 중 자주 사용되는 것이 화상인식이다. 그중에서도 인공지능 초기 단계부터 연구 대상이 되고 있는 것이 문자 인식이다.

문자 인식의 데이터 세트 중 기본이라고 할 수 있는 것이 **MNIST** Mixed National Institute of Standard and Technology database이다. 이것은 고교생과 미국국세조사국의 종업원이 적은 숫자 이미지가 훈련용으로 6만 매, 테스트 평가용으로 1만 매의 총 7만 매 준비된 데이터 세트이다. 공식 웹사이트(http://yann.lecun.com/exdb/minst/)에서 다운로드할 수 있는 외에 파이썬으로 케라스(Keras)라는 라이브러리를 사용해서 실제 이미지 데이터를 다운로드해서 분석에 이용할 수 있다.

```
from keras.datasets import mnist
(x_train, y_train), (x_test, y_test) = mnist.
load_data()
```

그림 5-18의 그림은 실제 이미지 중 한 장이다. 이 이미지의 정답(적은 사람이 무엇을 적었는가)은 '5'이다.

그러면 실제로 이 데이터 세트를 어떻게 해석할지에 대해 설명하자. 우선 화상인식의 경우 이 이미지가 어느 그룹에 소속하는지 분류에 관한 분석을 하게 된다. 분류의 경우 목적변수는 데이터가 소속할 가능성이 있는 모든 그룹에 대한 각각에 소속할 확률이다.

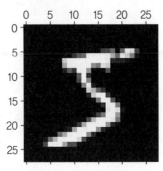

그림 5–18 ● MNIST 데이터의 이미지
정답은 '5'
(출처: 미디어스케치)

즉 이번에는 숫자의 인식이므로 0~9의 어느 숫자일지를 맞히게 된다. 따라서 목적변수는 화상이 0일 확률, 1일 확률, 2일 확률, 3일 확률, 4일 확률, 5일 확률, 6일 확률, 7일 확률, 8일 확률, 9일 확률의 총 10개가 된다.

한편 설명변수(인공지능의 입력 데이터)는 이미지 데이터가 된다. MNIST 데이터의 이미지는 가로세로 28이므로 합계 $28 \times 28 = 784$픽셀의 데이터가 설명변수가 된다. 즉 설명변수가 784개 존재한다.

지금까지와는 달리 설명변수의 수가 많아지는 것에 놀랄지 모른다. 그러나 일반적으로 화상인식의 세계에서는 픽셀별 데이터가 어떤 모양인지를 분석하게 되므로 변수가 이 정도의 수가 되는 것은 드물지 않다(그림 5–19).

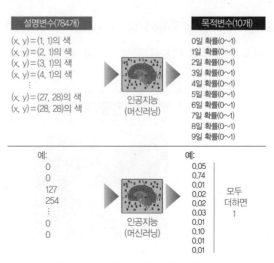

그림 5-19●손으로 쓴 숫자 이미지 데이터에 관한 분석의 개념도
(출처: 미디어스케치)

MNIST 데이터의 경우는 흑백 이미지이므로 각 데이터는 흑에서 백

까지 255단계로 수치화되어 있다(그림 5-20).

그림 5-20●이미지 데이터의 값을 텍스트 표시한 것
(출처: 미디어스케치)

결국 이 경우 이미지의 어디가 검고 어디가 희면 0이 적혀 있다고 할 수 있는지를 분석하고 있다. 단 실제로는 인간과는 달리 선의 수와 형태 등 명확한 특징을 찾는 게 아니라 '여기와 여기가 까만 경우는…' 과 같은 매우 많은 복잡한 조건을 인공지능이 발견하게 될 것이다.

또한 인공지능의 경우 이상하게 기울거나 일그러진 문자도 숫자로 학습시킨 경우는 이들과 비슷한 숫자도 제대로 식별할 수 있다. 따라서 예를 들어 위아래를 반대 방향으로 스캔한 문자 등을 바르게 인식시키고자 하는 경우는 위아래가 반대인 숫자 화상을 학습시키지 않으면 안 된다.

지금은 여러 가지 회계장부 앱과 회계 서비스로 영수증의 사진을 보고 금액과 상품명을 자동 인식하는 기술이 보편화되어 있다. 영수증은 계산대의 종류 등에 따라서 숫자의 형태 등이 다르지만 여러 가지 계산대에서 인쇄된 영수증을 학습시키면 예측 정확도가 올라간다. 또한 잉크가 옅은 영수증 등도 같은 종류의 영수증을 학습시키면 대응이 가능하다.

인공지능을 사용한 화상인식은 타 화상이라도 대체로 같은 장치로 이루어진다.

Cifar-10(화상인식 연습용 데이터 세트)

Cifar-10은 화상인식을 수행하는 인공지능을 학습시키고 그 성능을 계측하기 위해 알렉스 크리제프스키Alex Krizhevsky와 비노드 나이어

Vinod Nair, 제프리 힌턴Geoffrey Hinton에 의해서 수집한 이미지 데이터 세트이다.

이 데이터는 인공지능에 관한 서적과 논문 등에서도 자주 이용되며 미국 토론토 대학의 공식 웹사이트(www.cs.toronto.edu/~kriz/cifar. html)에서 다운로드 가능하다. 또한 케라스 등의 인공지능용 라이브러리에서는 공식 웹사이트에서 다운로드한 후 프로그램으로 읽어들인 명령이 준비되어 있으며 손쉽게 이용할 수 있다.

Cifar-10에는 6만 매의 이미지가 포함되어 있다. 각각의 이미지가 비행기, 자동차, 새, 고양이, 사슴, 개, 개구리, 말, 배, 트럭으로 이루어진 10개 그룹 중 어느 하나에 속한다(그림 5-21)

Cifar-10의 이미지는 가로세로 32픽셀의 풀컬러 이미지이다. 이미지는 매우 작지만 그래도 단순한 3층 정도의 신경망으로 각각의 이미지가 어느 그룹에 속하는지를 정확하게 예측하는 것은 곤란하다. 때문

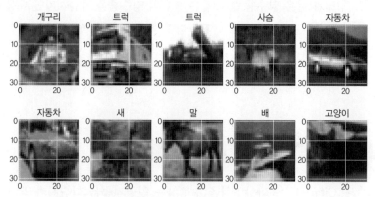

그림 5-21●Cifar-10에 포함되는 이미지의 일부를 표시한 것
(출처: www.cs.toronto.edu/~kriz/cifar.html)

에 다층 신경망 등의 딥러닝 수법을 사용해서 분석할 필요가 있다. 자세한 분석 수법에 대해서는 제6장을 참조하기 바란다.

이외에 같은 공식 페이지에 Cifar-100이라 불리는 데이터 세트도 배포되어 있다. 이것도 화상은 6만 매이지만 그룹의 수가 100개 있다. 때문에 하나의 그룹에 속하는 이미지의 수는 600개이다. 마찬가지로 연습용으로 이용할 수 있지만 Cifar-10에 비하면 난이도는 상당히 높다.

20Newsgroups에 의한 문서 데이터 해석

인공지능에서는 자연어 처리 연구도 활발하다. 자연어란 한국어와 영어 등 인간이 평소 대화에 이용하는 언어를 말한다. 자연어는 뉴스와 SNS(소셜 네트워킹 서비스), 차트, 문의 등 다양한 곳에서 이용되고 있다.

자연어의 데이터는 수치는 아니다. 때문에 데이터원으로서 간주되지 않는 경향이 있지만 실은 자연어의 데이터에는 귀중한 정보가 포함되어 있는 것으로 여겨진다.

예를 들면 재해 발생 시에는 센싱 데이터와 아울러 SNS에 투고한 현지 사람의 정보를 분석함으로써 어느 지역이 어느 정도의 긴급 상황인지를 파악하는 방안이 시도되고 있다.

또한 문서와 문의에서 그 내용이 긍정적인지 부정적인지를 자동 판정하는 감정 분석도 가능하다. 감정 분석은 상품과 기업에 대한 평판 등을 데이터화하기 위해 이용된다.

이러한 자연어의 연습으로서 이용 가능한 것이 20Newsgroups 데이터 세트이다. 이 데이터 세트는 인터넷 뉴스(뉴스 사이트가 아니라 일찍이 유행한 NNTP라는 프로토콜로 누구나 특정 토픽을 투고할 수 있는 뉴스 전송 장치. 메일링 리스트와 같은 것)에서 20개 카테고리로 나누어 논의된 문서의 내용이 1만 8,846건 등록되어 있다. 데이터는 공식 웹사이트(http://qwone.com/~jason/20Newsgroups/)에서 다운로드할 수 있다. 또한 파이썬 라이브러리인 사이킷런을 사용하여 프로그램으로 데이터를 다운로드해서 읽어들일 수도 있다.

```
from sklearn.datasets import fetch_20newsgroups
twenty_train = fetch_20newsgroups(subset='train')
twenty_test = fetch_20newsgroups(subset='test')
```

이 데이터 세트의 전형적 분석 예는 문서의 내용을 토대로 어느 카테고리에 속하는지를 인공지능에게 예측시키는 분류이다. 실제로 다양한 문서를 카테고리로 자동 분류할 때는 같은 방법으로 실시할 수 있다. 목적변수는 분류 카테고리가 20개 있으므로 20개가 되고 각각의 카테고리에 속하는 확률이 된다(표 5-4).

표 5-4 ● 20Newsgroups 카테고리(공식 웹사이트에서 발췌)
(출처: http://qwone.com/~jason/20Newsgroups/)

comp.graphics comp.os.ms-windows.misc comp.sys.ibm.pc.hardware comp.sys.mac.hardware comp.windows.x	rec.autos rec.motorcycles rec.sport.baseball rec.sport.hockey	sci.crypt sci.electronics sci.med sci.space
misc.forsale	talk.politics.misc talk.politics.guns talk.politics.mideast	talk.religion.misc alt.atheism soc.religion.christian

한편 설명변수는 자연어의 분석에서는 데이터가 되는 문서를 어떤 방법으로든 정량적인 수치로 변환해야 한다. 문서를 특정 룰로 수치화하는 처리를 토크나이저Tokenizer라고 한다. 문서를 어떠한 기준으로 어떻게 수치화할지는 매우 중요하고 어려운 문제이다.

실제로 다양한 방법이 시도되고 있으며 어떤 알고리즘과 방법으로 하느냐에 따라서 설명변수의 개수와 내용이 달라진다. 여기서는 토크나이저를 사용한 방법을 소개한다. 파이썬용 인공지능 라이브러리인 케라스에 준비되어 있는 토크나이저는 매우 심플하고 특정 언어가 문서 내에 몇 회 등장할지를 수치화한다.

예를 들면 아래와 같은 문서가 있다고 하자.

This is a pen. This is Hana's belongings.

이때 등장한 단어에 대해 등장 순서대로 0부터 ID 번호를 부여한다.

This : 0　is : 1　a : 2　pen : 3　Hana's : 4　belongings : 5

최종적으로 ID 번호 순서대로 문장 내에 각각의 단어의 등장한 횟수를 헤아려 설명변수로 한다.

한국어의 해석과 전처리

영어의 경우 자구 해석은 매우 간단하다. 자구 해석에서는 최초로 문서에서 단어별로 나누어 해석하지만 영어의 경우는 단어별로 공간으로 구분되어 있으므로 특히 아무것도 생각하지 않고 공간별로 문자를 구분하면 단어를 꺼낼 수 있기 때문이다.

한국어 문서를 단어별로 나누는 툴로 유명한 것에 MeCab(메카브)가 있다(http://taku910.github.io/mecab/).

MeCab는 오픈 소스 소프트웨어로 공개되어 있다. 때문에 누구나 다운로드해서 라이선스하에 이용할 수 있다.

MeCab는 C언어에서 이용할 수 있는 외에 파이썬 등에서도 간단하게 MeCab와 연계 가능한 라이브러리가 나와 있다.

실제로 MeCab에 한국어를 해석시키면 아래와 같이 표시된다(Windows로 실행).

```
>>> import MeCab
>>> m = Mecab, Tagger( )
>>> out = m.parse("안녕하세요 오랜만입니다.")
>>> print(out)
```

실행한 결과는 아래와 같다.

안녕　　고유 명사, 행위, T, 안녕, *, *, *
하　　　동사 파생 접미사, *, F, 하, *, *, *
세요　　선어말 어미+종결 어미, *, F, 세요, Inflect, 선어말 어미, 종결 어미,
　　　　시/선어말 어미/*+어요/종결 어미/*
오랜만　일반명사, *, T, 오랜만, Compound, *, *, 오랜/일반명사/*+만/일반명사/*
입니다　긍정 지정사+종결 어미, *, F, 입니다, Inflect, 긍정 지정사, 종결 어미,
　　　　이/긍정 지 정사/*+ㅂ니다/종결 어미/*

마침표. * . * . * . * . *

이처럼 MeCab은 한국어 문서를 단어별로 나눈 후에 각각이 어떠한 품사인지도 판별해주는 한국어 처리에는 빼놓을 수 없는 소프트웨어이다. 고유명사도 판별하지만 디폴트로는 등록되어 있는 단어가 한정되어 있으며 등록되어 있지 않은 경우는 고유명사로서 판별할 수 없다. 이 경우는 자신이 사전에 단어를 등록하는 것이 가능하다.

다시 말해 이 경우 This(ID 번호)의 등장 횟수는 2회이므로 최초의 숫자는 2, 다음의 is(ID 번호 1)도 등장 횟수는 2회이므로 다음의 숫자는 2, 다음의 a(ID 번호 2)의 등장 횟수는 1회이므로 다음의 숫자는 1이 된다. 최종적으로 이 경우의 설명변수는 [2, 2, 1, 1, 1, 1]이 된다.

이처럼 문서를 설병변수에 해당하는 복수의 수치 집합으로 변경하는 것을 벡터화(벡터 수치화)라고 한다(그림 5-22).

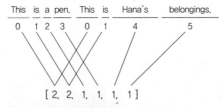

그림 5-22 ● 토크나이저에 의한 문서의 벡터 수치화
(출처: 미디어스케치)

다시 20Newsgroups 데이터 세트로 돌아간다. 데이터 세트에는 1만 1,314개의 문서 데이터가 있다. 이들 문서 데이터의 모두에 등장하는 단어는 종류는 10만 5,373개가 된다. 즉 이 데이터 세트를 사용한 분석에서는 설명변수의 개수가 10만 5,373개이고 각각의 숫자는 각 ID에 할당된 단어의 문서 내에 등록된 횟수이다. 이것을 분석해서 어느

단어와 어느 단어가 어느 정도의 수만큼 등장했는지를 조사해서 문서의 종류를 예측한다. 예를 들면 야구에 관한 문서인가 컴퓨터 그래픽스에 관한 화제인지를 식별하는 것이다(그림 5-23).

케라스의 토크나이저는 수치화 룰이 매우 단순한 만큼 많은 데이터가 필요하다. 그러나 인간이 생각하는 쓸데없는 전처리가 필요하지 않은 만큼 높은 정확도로 예측이 가능하다. 이와 같이 자연어 처리에서는 어떻게 수치화하는지가 정확도로 직결되는 핵심이고 수치화 이후는 다른 분석과 마찬가지 방법으로 분석이 가능하다.

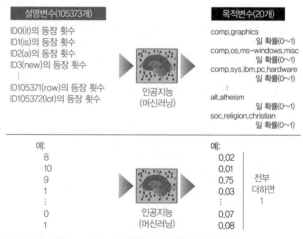

그림 5-23 ● 20Newsgroups에 의한 문서 데이터 해석의 개념도
(출처: 미디어스케치)

5.5 학습

학습의 의의

현재의 인공지능과 인공지능이 아닌 소프트웨어의 차이가 무엇인가 하면 학습이라는 기능이 있는가 없는가이다. 인공지능이 아닌 소프트웨어는 특정 계산식이 소프트웨어에 내장되어 있으므로 같은 입력 데이터에 대해서는 몇 회 실행해도 같은 계산 결과를 출력한다.

이에 대해 인공지능은 학습이라는 기능이 있다. 인공지능이란 설명변수와 목적변수의 관계성을 이끌어낸다고 설명했다. 학습이라는 것은 설명변수와 목적변수에 관한 과거의 사실 데이터에서 새로운 관계성을 재계산하는 것이다. 다시 말해 보다 많은 데이터를 학습하면 할수록 여러 가지 패턴을 근거로 관계성을 만들 수 있으며, 그 결과 미지의 데이터에 대해서도 매우 정확도 높은 예측이 가능한 가치 높은 인공지능이 완성된다.

머신러닝

현재의 인공지능에서 핵심을 담당하는 '학습'이라 불리는 부분을 실현하는 알고리즘(프로그램의 실현 방법)에는 몇 가지 종류가 있다.

예를 들면 유명한 것으로는 결정나무와 SVM(서포트 벡터 머신), 유전적 프로그래밍, 신경망 등을 들 수 있다. 이들 학습을 수행하는 알고리즘을 묶어서 머신러닝Machine Learning이라고 부른다.

그중에서도 신경망은 경험에 기초해서 정보의 전달이 변화하는, 인간의 뇌에서 발생하는 사상을 컴퓨터로 재현하도록 설계되어 있으며 계산 지능이라는 새로운 개념에 기초한다(신경망에 관해서는 제6장에서 상세하게 설명한다).

학습 데이터와 지도학습

인공지능은 아무것도 학습하지 않은 초기 데이터에서는 적당한 결과를 출력한다(방법에 따라 다르지만 실제 랜덤으로 정한 파라미터에 의한 계산 결과를 출력한다). 그대로는 도움이 되지 않으므로 학습이라는 프로세스를 통해서 인공지능을 '현명하게 교육할' 필요가 있다. 가장 단시간에 효율적으로 학습시키는 방법에 학습 데이터를 준비해서 학습시키는 방법이 있다. 이러한 학습 방법을 지도학습이라고 한다.

학습 데이터에는 설명변수와 목적변수의 데이터가 등록되어 있으며 이들을 학습해서 정확도를 높인다. 이때 학습 데이터는 어떤 방법으로든 작성할 필요가 있다. 학습 데이터를 만드는 수고가 든다는 것이 지도 학습의 단점이다.

비지도학습

한편으로 학습 데이터로 학습을 하지 않고 분석 대상의 데이터만으로 학습하는 방법을 비지도학습이라고 한다. 비지도학습에서 자주 이용되는 수법이 클러스터링이다. 비지도학습의 이섬은 사전에 데이터(학습 데이터)를 준비할 필요가 없다는 점이다. 다만 일반적으로 정확도를 높이려면 지도학습보다 많은 데이터와 시간이 필요하다.

강화학습

비지도학습과 마찬가지로 학습 데이터가 필요 없는 학습 방법에 강화학습이 있다. 강화학습은 인공지능이 낸 출력이 결과를 자동으로 채점할 수 있는 경우에만 이용할 수 있으며 채점 결과를 학습해서 정확도를 높인다.

강화학습을 사용하는 전형적인 예로는 인공지능에 의한 게임 플레이가 있다. 게임은 행동 결과가 그대로 점수에 반영되기 때문에 점수를 참고로 계산에 사용하는 파라미터를 수정한다. 수만 회, 수백만 회로 플레이를 거듭하면 인공지능이 매우 효율적으로 높은 점수를 낸다. 이외에도 가령 강화학습을 사용해서 2족 보행 로봇에게 빠르게 이동하기 위한 균형 잡는 방법을 기억시키는 경우 등에 이용할 수 있다.

강화학습으로 학습시킬 수 있으면 인공지능이 자동으로 현명해지기 때문에 덜 수고롭다는 이점이 있다. 다만 일반적으로 지도학습에 비하면 현명해지까지 시간이 걸린다. 추가해서 실행 결과의 좋고 나쁨을 인공지능이 명확하게 수치로 판정할 수 있는 경우에 한정되므로 용도는 한정된다.

학습 방법의 선택

여기까지 학습 방법으로 지도학습과 비지도학습, 강화학습을 소개했다. 이들 학습 방법은 선택한다기보다 상황에 맞춰 결정한다고 말하는 것이 적절하다. 각각의 방법에는 장점과 단점이 있다. 고성능의 학습용 컴퓨터를 준비할 수 있는 자금이 있는 경우는 강화학습을 선택하는 것이 좋을 것이다. 인간이 수고하지 않고 방대한 데이터를 학습하고 정확도를 높일 수 있기 때문이다.

다만 앞서 말한 바와 같이 강화학습의 경우는 예측 결과를 사이버 공간에서 정량적으로 평가할 수 있어야 한다. 인공지능에 게임을 조작시키는 경우는 바로 결과를 점수로 취득할 수 있지만 업무에서 인공지능을 사용할 때 결과를 자동으로 피드백해서 학습하는 장치를 준비할 수 있을지 어떨지는 알 수 없다.

때문에 강화학습이 어려운 경우는 지도학습을 선택하게 될 것이다. 주의해야 할 것은 '이 알고리즘'은 '이 학습 방법'이라고 반드시 정해져 있는 것은 아니라는 점이다. 가령 신경망(딥러닝)은 지도학습에도 강화학습에도 이용할 수 있다. 영국 딥마인드DeepMidn가 개발한 바둑 인공지능 알파고AlphaGo는 신경망을 사용해서 학습하지만 초기에는 프로 대국의 과거 기보를 지도학습으로 학습한 후에 인공지능끼리 대전을 하는 강화학습을 실시했다. 결과적으로 어떤 학습을 할지는 인공지능을 설계하는 엔지니어가 다양한 상황을 감안하면서 여러 가지로 시도하고 고민하며 생각할 문제이다. 한마디로 '이건 이렇다'라고 정하지 못하는 것이 현실이다.

5.6 머신러닝의 알고리즘

학습 방법과 마찬가지로 인공지능 엔지니어가 설계 단계에서 생각하고 선택하는 사항에 머신러닝의 알고리즘이 있다. 이것도 그 데이터의 특성과 분석의 목적 등을 통해서 적절하게 선택할 필요가 있다.

여기서는 유명한 머신러닝 알고리즘의 개요에 대해 설명한다.

결정나무

결정나무는 분류 문제를 푸는 경우에 사용할 수 있는 방법이다. 분류 문제를 결정나무로 분석할 때는 학습 데이터를 읽어들여 설명변수가 어떠한 조건을 충족하면 목적변수의 값이 바뀌는지 분석한다.

이 분석에서는 모든 학습 데이터를 분류할 수 있는 복수의 조건으로 구성되는 결정나무라 부르는 조건 분기 트리를 만들어간다. 예를 들면

그림 5-24는 제5장 5.4에서 소개한 로널드 피셔의 아이리스 데이터를 결정나무로 분석해서 작성한 결정나무를 CG로 출력한 결과이다. 최초의 조건 분기는 '꽃잎의 폭petal width'이 0.8 이하인지 어떤지를 확인하고 있다. 이 데이터 세트에 있는 데이터에서는 꽃잎의 폭이 0.8 이하이면 모두가 세토사Setosa라는 품종이기 때문에 그렇게 판단할 수 있다. 그 이외의 경우는 버시컬러versicolor인지 버지니카virginica인지를 판단

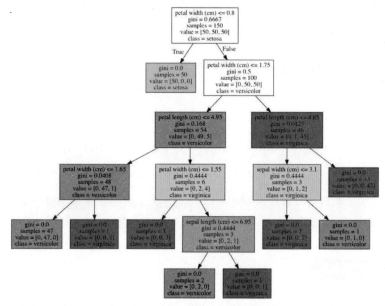

그림 5-24 ● 로널드 피셔의 아이리스 데이터를 분석하여 작성한 결정나무
(출처: 미디어스케치)

이처럼 결정나무에서는 나중에 어떤 조건에 기초해서 판단했는지를 확인할 수 있기 때문에 인간이라도 안에서 무엇이 일어났는지를 유일하게 알 수 있는 머신러닝 알고리즘이라고 한다.

SVM(서포트 벡터 머신)

SVM은 서포트 벡터 머신의 약자로 딥러닝 수법이 확립하기까지는 화상인식 등에서 자주 이용되던 유명한 수법이다. SVM은 분류와 회귀 모두에서 이용할 수 있다.

라이브러리와 기술 자료에서는 SVM을 사용해서 분류에 관한 분석을 수행하는 것을 Support Vector Classification의 머리글자를 취해 **SVC**라고 부른다. 또한 SVM을 사용해서 회귀에 관한 분석을 하는 것을 Support Vector Regression의 머리글자를 취해 **SVR**이라고 부른다.

우선 SVC의 분류에 관한 이용 예를 들어 설명하자. 여기에서 그림 5-25와 같이 기온과 습도의 변화에서 인간이 쾌적하다고 느끼는지 불쾌하다고 느끼는지에 대해 실제로 설문조사를 실시해서 라벨을 붙인 학습 데이터가 있다고 하자.

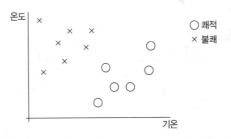

그림 5-25 ● 기온과 습도의 변화에 따라 인간이 느끼는 방법에 관한 데이터 예
(출처: 미디어스케치)

이 학습 데이터에서 인간이 쾌적하다고 느끼는지 아닌지에 관한 경계가 되는 직선을 추측한다. 즉, 그림에서 O과 ×를 깨끗하게 둘로 나

누는 직선을 찾게 된다. 이때 그룹을 나누는 직선을 **초평면**이라고 한다(왜 평면이라고 부르는지를 간단하게 설명하면 실제로는 2차원의 평면을 직선으로 나누는 것은 드물며 3차원 이상의 공간을 하나 아래의 차원으로 나누는 일이 많기 때문이다. 후술하는 커널 기법을 참조).

둘로 나누는 직선으로 돌아가면 그림 5-26의 경우 O과 ×를 나누는 직선은 많이 존재한다. 그중에서 가장 좋은 것을 초평면으로 선정한다. 그러면 가장 좋은 직선이란 무엇일까. SVM에서는 각 그룹에 소속하는 점 중에서 가장 직선에 가까운 점과의 거리를 계산한다.

이 거리를 마진이라고 부른다. 또한 이때 계산에 사용한 각 그룹에 소속하는 점 중에서 직선에 가장 가까운 점을 **서포트 벡터**라고 한다.

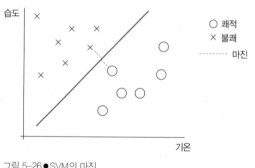

그림 5-26 ● SVM의 마진
(출처: 미디어스케치)

SVM에서는 마진이 가장 큰 직선을 초평면으로 채용한다. 왜냐하면 마진이 클수록 점의 위치가 다소 어긋나도 향후 취득하는 데이터의 오판정으로 이어지기 어렵기 때문이다. 반대로 마진이 작은 직선은 위치가 조금 어긋나기만 해도 판정이 바뀌게 된다. 즉 마진이 큰 직선으로 그룹을 분류하는 것이 가장 무난하게 나누는 방법이다(구체적인 수식에 대해서는 설명이 매우 복잡해지기 때문에 생략한다. 수식에 관한 내용은 머신러닝을 다룬 전문서를 참조하기 바란다).

여기까지 설명을 위해 매우 알기 쉬운 예를 들었지만 실제로는 이 정도로 간단하지는 않다.

또한 커널 기법Kernel Trick이라는 수법을 사용해서 비선형(직선이 아니다)의 선으로 분류를 하는 방법도 있다. 커널 기법이란 예를 들면 그림 5-27에 나타낸 (1)과 같은 데이터가 있는 경우 직선으로는 어떤 선도 둘로 나눌 수 없다. 이때 x, y 이외에 x와 y를 어느 함수를 사용해서 계산한 z라는 축을 추가해서 3차원 데이터로 생각한다.

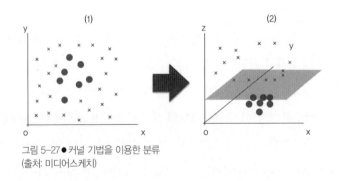

그림 5-27 ● 커널 기법을 이용한 분류
(출처: 미디어스케치)

예를 들면 z가 (1)의 ●그룹의 중심에서의 거리를 나타내는 축이라고 하면 x, y, z의 그래프는 (2)와 같이 되고 (2)에서는 평면을 나타내는 식별 함수로 그룹을 나눌 수 있다.

이때 x, y의 값에서 z를 계산하는 식을 커널 함수라고 한다.

커널 함수에는 예에서 나타낸 단순한 다항식을 사용하는 것은 드물며 실제로는 방사 기저 함수RBF(Radial Basis Function)와 시그모이드 함수 같은 매우 복잡한 함수를 이용한다.

이처럼 x, y의 값에 커널 함수로 계산한 특징을 추가해서 나누는 수법이 커널 기법이다. 이때의 식별 함수는 선형이 아니라 비선형(즉 곡선)이 된다. 다만 아무리 초평면을 찾아도 모든 점에 관해 초평면으로 나눌 수는 없다. 그런 경우는 오판정한 점에 관해 손실함수를 사용해서 페널티로서 계산한 다음 가능한 한 페널티가 적은 초평면을 찾는다. SVM에서는 오차에서 페널티를 계산하는 손실함수에 힌지함수를 이용한다.

마지막으로 SVM을 사용한 회귀분석인 SVR에 대해 설명한다. SVR에서는 SVM의 수법을 응용하여 각 데이터와의 거리가 가장 짧아지는 초평면을 찾는다. 이때 초평면과 각 데이터의 거리를 오차로 계산한다. 오차의 계산에는 입실론 무감도 손실함수를 이용하는 것이 SVR의 특징이다. 입실론 무감도 손실함수란 다소의 오차는 0으로 간주하는 함수를 말한다. 어느 정도의 오차를 0이라고 간주하는가에 대해서는 프로그램 내의 소스코드로 계수 입실론을 사람이 지정한다(파이썬 라이브러리 사이킷런에서는 디폴트값이 0.1이다). 이로써 회귀곡선 가까이는 불감 지대가 되고 여기에 포함되는 데이터는 모두 오차 0이 된다(그림 5-28).

이러한 수법을 사용해서 다소의 오차에 의한 차이는 무시하고 전체적인 경향을 보이는 회귀곡선을 찾아냄으로써 결과적으로 노이즈에 강한 회귀곡선을 만들 수 있다.

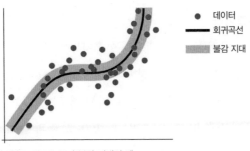

그림 5-28 ● SVR과 불감 지대의 예
(출처: 미디어스케치)

여기까지 SVM에 관해서 설명했는데 SVM은 수학적으로 복잡한 개념을 토대로 한 수법이기 때문에 수학 지식 없이 모든 것을 이해하는 것은 어려울지 모른다.

한편 SVM은 딥러닝이 등장하기까지는 빈번하게 이용되어 온 중요한 수법이기도 하다. 여기서는 '데이터를 각 그룹으로 나누는 초평면을 찾는 수법이다'라는 점을 확실히 이해하기 바란다. 더 상세한 설명에 대해서는 수학적인 지식을 익힌 후에 SVM 관련 논문과 전문서를 읽을 것을 추천한다.

유전적 알고리즘

유전적 알고리즘은 생물의 유전 구조를 개념으로 도입한 진화적 알고리즘의 하나이다. 유명한 알고리즘으로 자주 이용되고 있다.

진화적 알고리즘은 최초에는 랜덤의 파라미터를 강화학습을 통해서 몇 번이고 반복해서 수정함으로써 보다 좋은 파라미터로 발전시키는 알고리즘이다.

예를 들면 벽돌 깨기 게임을 인공지능에 플레이시킨 경우 최초에는 행동의 순서를 난수로 결정한다. 아무것도 하지 않는 경우는 0, 왼쪽으로 가는 경우는 1, 오른쪽으로 가는 경우는 2이고 가령 10회 행동하는 경우는 가령 [0, 1, 0, 2, 1, 1, 0, 0, 2, 0]과 같이 10개의 파라미터 군이 생긴다. 이처럼 평가에 필요한 복수의 파라미터로 이루어진 수치의 집합을 유전적 알고리즘에서는 개체라고 한다.

다음으로 이러한 개체를 100개 작성한다. 복수의 개체로 이루어진 집단을 개체군이라고 한다. 처음에 랜덤의 파라미터로 적당하게 만든 개체군을 제1세대라고 한다. 준비가 되면 모든 개체군을 평가함수로 평가해서 점수를 매긴다. 평가함수에서는 결과를 나타내는 센서값 등과 비교해서 오차를 계산하거나 실제로 게임을 하거나 물리 시뮬레이션을 해서 그 스코어를 이용하는 등의 계산을 한다. 모든 개체군에 스코어가 매겨지면 엘리트주의의 개념에 기초해서 일정 비율로 스코어가 높은 상위 개체군만을 다음 세대로 남긴다. 이것을 선택이라고 한다.

다음 세대로 이행할 때 선택 이외에도 교차(또는 교배)나 돌연변이 같은 점수가 높은 개체군을 일정량 수정해서 새로운 개체군을 작성한다. 교차(또는 교배)는 우수한 스코어의 개체군에서 2개를 선택하고 이들 2개의 파라미터를 일정 수씩 혼합시키는 것이다. 돌연변이는 일정량의 파라미터를 난수로 수정하는 것이다. 어느 정도의 양을 수정할지는 프로그램 내에서 수정 비율을 설정한다. 선택한 개체군에 교차나 돌연변이를 해서 작성한 개체군을 합쳐 제2세대가 되고 다시 스코어를 매긴

후, 다시 다음 세대를 작성한다. 이것을 반복해서 몇백 세대째가 되면 매우 우수한 파라미터를 가진 개체군이 완성된다. 이것이 유전적 알고리즘이다(그림 5-29).

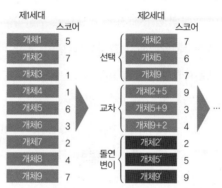

그림 5-29 ● 유전적 알고리즘의 세대 교대
(출처: 미디어스케치)

k평균법(k-means법)

k평균법은 영어로는 k-means clustering이라고 하고 비지도학습에 의한 클러스터링을 실시하는 알고리즘의 하나이다(클러스터링의 상세는 제5장 5.3을 참조). k평균법은 데이터의 집단을 특징에 기초해서 그룹으로 나누는 방법이다. 비지도학습에 의해서 이루어지기 때문에 그룹 구분을 위한 정보를 인간이 주지는 않는다.

그 특징에서 가장 균형이 좋은 각 그룹의 중심을 찾음으로써 그룹 구분을 수행한다. 어떤 방법으로 균형적인 중심을 찾는가에 대해서는 순서대로 설명하다.

① 데이터에서 소수의 데이터를 랜덤으로 꺼내서 중심점을 결정한다.

② 각 데이터에 있어 가장 가까운 중심점을 선정해서 그룹을 나눈다.

③ 그 시점의 그룹별로 중심점을 계산으로 구한다.

④ ②와 ③을 반복 실행해서 그룹의 균형이 보다 더 좋아지는 위치로 중심을 이동시킨다(그림 5-30).

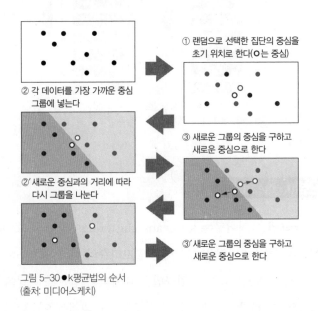

그림 5-30 ● k평균법의 순서
(출처: 미디어스케치)

그림 5-31은 실제로 어느 데이터의 집단을 k평균법에 의해서 3개 그룹으로 나눈 결과이다.

이 예에서는 데이터의 특징으로서 x축의 값과 y축의 값으로 단순히

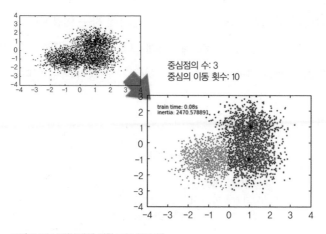

그림 5-31 ● k평균법에 의한 그룹 구분 예
(출처: 미디어스케치)

그룹을 나누었지만 실제로는 각 축은 온도와 습도 등의 설명변수가 된다. 또한 이번에는 이해하기 쉽도록 2축(설명변수가 2개)으로 설명했지만 실제로는 좀 더 다차원(설명변수가 다수)이 된다. 그래서 다차원인 경우에 어떤 그룹으로 나눌 수 있는지를 분석한다.

예를 들면 제5장 5.4에서 소개한 로널드 피셔의 아이리스 데이터의 경우 설명변수가 4개(꽃받침의 너비와 길이, 꽃잎의 너비와 길이) 있기 때문에 4차원 공간에서 어떤 중심이 되는지를 분석하고 그룹을 구분한다.

k평균법으로 나눈 그룹이 현실 세계에서 인간의 시점으로 본 경우 어떤 공통점과 특징을 갖는지는 실제로 분석한 후에 인간이 생각한다. 따라서 k평균법은 지금까지 사람이 수행하던 그룹이 아니라 데이터에서 특징지을 수 있는 새로운 그룹 구분을 발견하는 것에 이용된다.

예를 들면 고객의 구매 이력 등의 데이터를 10개 그룹으로 나누고 각각의 그룹별로 프로모션을 하는 분석에 자주 이용된다. 또한 지역을 인구와 범죄율 등의 특징에서 5개 그룹으로 나눈 후에 그룹별로 어떤 범죄 대책을 세울지 전략을 입안하는 것도 생각할 수 있다.

어느 알고리즘을 선택해야 하는가

결정나무는 매우 단순한 분류를 단시간에 계산할 수 있는 방법이지만 복잡한 데이터의 분류와 노이즈의 영향을 받기 쉬운 데이터의 분류에는 적합하지 않다. SVM이나 신경망이 복잡한 데이터를 분석하는 데 더 적합하다. 그러나 SVM도 신경망도 데이터양이 많은 경우는 학습에 시간이 걸리는 데다가 계산에 사용하는 함수의 파라미터를 잘 조절하지 않으면 학습에 의한 정확도 향상을 기대할 수 없다.

이처럼 일반론으로서 알고리즘의 선택 기준은 그다지 명확하지 않다. 실제로 어느 알고리즘을 선정하면 좋을지에 대해서는 인공지능의 결과를 무엇에 어떻게 사용할지를 고려한 후에 선택해야 한다. 어느 의미에서 직인적 경험이 필요하다고 할 수 있다. 각 알고리즘의 특징을 파악한 후에 가장 좋을 것 같은 알고리즘을 선정하는 것이 중요하다.

다만 컴퓨터 처리 능력의 향상과 딥러닝에 관한 우수한 라이브러리와 문헌이 증가함에 따라 우선 딥러닝(또는 신경망)으로 분석하는 경향을 볼 수 있다. 개인적으로는 학습의 초기 단계에서는 결코 나쁘지는 않다고 생각한다. 다만 장래적으로는 다른 고전적 알고리즘도 익히는 편이 좋을 것이다. 덧붙이면 어디까지나 일반론이지만 어느 알고리즘을 선택할지를 나타내는, 차트 시트라 불리는 것이 몇 가지 공개되어 있다. 데이터양과 목적에 따라서 선택하면 좋다고 생각되는 알고리즘을 기술했다. 참고하기 바란다.

파이썬 머신러닝 라이브러리 scikit-learn의 치트 시트
https://scikit-learn.ogr/stable/tutorial/machine_learning_map

마이크로소프트가 제공하는 Azure Machine Learning Studio의 머신러닝 알고리즘 치트 시트
https://docs.microsoft.com/ja-jp/azure/machine-learning/studio/algorithm-cheat-sheet

【기술편】

6

제   장

딥러닝 ~현재의 인공지능~

이번 장에서는 가장 주목받고 있는 딥러닝에 대해 설명한다. 개요를 이해하기 전에 우선은 신경망과 학습 구조에 대해 이해해야 한다.

딥러닝은 심층학습으로 번역된다. 즉 딥러닝은 신경망이 깊은 층을 구성할 수 있도록 한 다양한 기술의 총칭이며 깊은 층으로 구성된 신경망인 것이다.

따라서 이번 장에서는 먼저 신경망과 학습의 구조부터 배우자. 신경망의 구조를 이해할 수 있으면 인공지능의 동향을 쉽게 이해할 수 있을 것이다. 그 후 딥러닝을 실현하기 위한 다양한 기술에 대해 설명한다.

제6장 딥러닝 ~현재의 인공지능~

6.1 신경망

우선 신경망Neural Network의 기본적인 구조에 대해 설명한다. 실은 초기의 신경망(전결합형 신경망)은 그 정도로 어려운 처리를 한 것은 아니다. 단순한 연산을 처리했을 뿐이다. 그러나 연산량이 방대하기 때문에 복잡해 보인다.

이번 항에서는 실제로 하고 있는 처리를 하나씩 순서대로 확인하면서 확실히 이해하자.

신경망의 시작

역사적으로 천재라 불리는 과학자와 기술자가 많이 등장했다. 그들의 위대한 발명에는 자연에서 배운 것이 많이 있다. 예를 들면 로봇이 균형을 잡는 방법이나 힘을 분산하는 방법 등은 곤충이나 동물을 참고했다. 많은 것을 배울 수 있다는 점은 그 만큼 생물의 구조가 우수하다는 얘기이다. 특히 고도의 지능을 가진 인간의 뇌는 우수하다고 할 수 있다. 그러나 인간의 뇌 구조는 대단히 신비하며 아직까지 알려지지 않은 것이 많다.

실은 딥러닝 탄생의 어머니라 불리는 미국 토론토 대학의 제프리 힌턴Geoffrey Everest Hinton은 컴퓨터 과학자이자 인지심리학자이기도 하다. 또한 미국 구글이 매수한 바둑 인공지능 알파고를 개발한 영국 딥마인드DeepMind의 창업자인 데미스 하사비스Demis Hassabis는 컴퓨터 게임 디자이너이자 인지신경과학 연구자이기도 하다. 즉 뇌과학자가 인공지능을 개발하고 있다. 현재의 인공지능(특히 딥러닝)은 인간의 뇌를 모델로 개발했다고 해도 과언이 아니다.

역사의 시작이라 불리는 것이 캐나다 출신의 미국 신경생리학자인 데이비드 허블David Hunter Hubel과 스웨덴의 신경과학자인 토르스튼 위즐Torsten Nils Wiesel이 1959년에 발표한 논문이다. [1] 그들은 동물의 뇌(대뇌피질) 신호에 일정한 법칙이 있는 것은 아닐까 생각하고 마취를 한 고양이에게 다양한 명암 패턴을 보이는 동시에 시각야 뉴런의 발화 응답에 대해 조사했다(뉴런의 발화에 대해서는 논리회로의 항에서 설명). 결과 고양이에게 보인 패턴에서 뇌의 신호에 일정한 법칙이 있다는 것을 발견하고 그 논문으로 노벨 생리학·의학상을 수상했다(그림 6-1).

뇌의 활동에 법칙이 있다고 하면 그것을 컴퓨터상에서 시뮬레이트

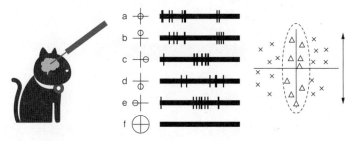

그림 6-1 ● 고양이가 보는 빛의 위치와 뉴런의 전위 변화 패턴
(출처: 미디어스케치)

하는 것에 성공하면 인공의 뇌를 만들 수 있을지도 모른다.

이렇게 생각해서 인간의 뇌를 시뮬레이션하는 인공지능의 역사가 시작했다.

뇌의 정보 전달 체계

신경망 이야기로 들어가기 전에 인간의 뇌가 어떠한 활동을 하는가에 대해 간단하게 짚고 넘어가자. 이것을 이해하면 신경망의 구조를 쉽게 파악할 수 있다. 인간의 뇌는 다수의 뉴런(신경세포)이 연결되어 구성되어 있다(그림 6-2).

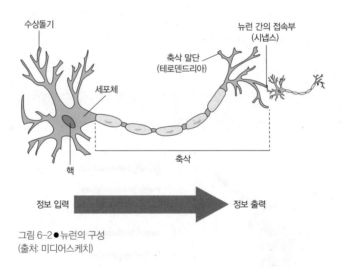

그림 6-2 ● 뉴런의 구성
(출처: 미디어스케치)

뉴런은 우선 외부 또는 다른 뉴런의 정보를 수상돌기로 받아들인다. 그 정보를 축삭과 접합부(시냅스)를 경유해서 다음의 뉴런으로 전달한다. 신호의 입구가 되는 수상돌기가 접속하는 여러 개 있는 점과 출구가 되는 축삭 말단이 여러 개 있는 점을 기억하기 바란다. 신경망은 이것과 같은 네트워크를 구성한다.

여기서 말하는 뉴런에서 전달되는 정보란 무엇일까. 뇌의 정보란 전기적 자극을 말한다. 그러나 전기회로와는 달리 어디에서인가 전류가 흘러오는 것은 아니다.

우선 뉴런은 보통 특수한 상태에 있다. 뉴런은 안쪽에 칼륨 이온이 많고 바깥쪽에는 나트륨 이온과 염소 이온이 많다. 뉴런의 안쪽과 바깥쪽은 60~70mV 정도의 전위차(전압 차)가 있다. 이것을 정지전위라고 한다. 뇌는 정지전위를 유지하기 위해 항상 뉴런의 안쪽과 바깥쪽을 이온이 이동하고 있으며 이를 위해 에너지를 계속 소비하고 있다(그림 6-3).

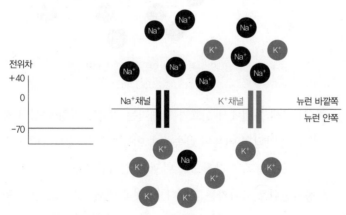

그림 6-4 ● 정지전위 상태인 뉴런 안팎의 이온 상태와 전위차
(출처: 미디어스케치)

수상 돌기가 외부에서 물리적·화학적인 자극을 받으면 뉴런의 바깥에서 급속히 나트륨이 유입하는 동시에 칼륨이 유출한다. 이에 의해 안팎의 전위차가 역전한다. 세포의 안쪽 전위가 최대 수십mV 정도 순간적(1mm초 정도)으로 바깥쪽보다 높아진다.

이것을 활동전위라고 한다(그림 6-4).

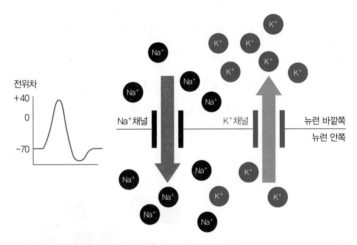

전위차
+40
0
−70

Na⁺채널

K⁺채널

뉴런 바깥쪽
뉴런 안쪽

그림 6-4 ● 활동전위 상태인 뉴런 안팎의 이온 상태와 전위차
(출처: 미디어스케치)

다시 말해 뉴런에서 신호가 전해지는 원리는 일정 이상의 자극을 받으면 뉴런 안팎의 이온이 급속하게 이동하고 그 결과 전위가 정지전위에서 활동전위로 순간적으로 바뀌어 전기신호를 발생시키고 또한 바로 정지전위로 돌아가는 것이다. 이것을 발화發火라고 한다. 또한 이때 발화 조건이 되는 자극의 강도를 임계값이라고 한다. 발화는 신경망에서 자주 등장하는 용어이므로 기억해두기 바란다. 발화가 발생한 경우

그 자극이 축삭 말단으로 이어지는 다른 뉴런에 자극이 전해진다.

발화에는 아래와 같은 특징이 있다.

- 일정 이상의 자극에 의해 급격하게 발생하는 것으로 어중간한 발화는 일어나지 않는다
- 발화에 의해서 발생하는 전위의 변화 크기는 몇 개의 뉴런을 전해져도 변하지 않는다
- 발화에 의한 전기신호는 순방향(수상 돌기에서 축삭 말단)으로만 전해진다. 역방향으로는 전해지는 일은 없다.

뇌의 학습

생물의 뇌는 항상 변화한다. 뉴런은 인간의 성장과 함께 증가하고 뉴런끼리 접속된다. 과거 뉴런은 성인이 되면 증가하지 않는다고 알려졌지만 현재는 성인이 돼도 뉴런은 자극에 의해 계속 증가한다는 설이 유력하다.

또한 뉴런끼리의 신호 전달도 다양한 요인에 의해서 변화한다. 원리는 아직 해명되지 않았지만 뇌의 학습에 가장 영향을 미치는 것으로 거론되는 것이 뉴런 간 접속부에 있는 시냅스이다. 시냅스는 정보를 다음 뉴런으로 전하는 역할을 하며 정보가 전해질 때마다 정보 전달 용이성(시냅스 강도)이 변화한다. 시냅스 강도가 최적이 되는 것에 의해서 인간은 학습하고, 다시 말해 정보를 기억하거나 거꾸로 오르기 등

의 운동을 할 수 있다고 한다.

천재의 뇌는 크고 뉴런의 수가 많다는 것은 진짜?

옛날 아인슈타인의 뇌는 일반인보다 컸는데, 그 때문에 천재적인 연구가 가능했다는 이야기가 그럴 듯하게 전해졌다. 그러나 지금은 그것은 틀린 얘기로 밝혀졌다. 해파리와 곤충과 같은 원시적 생물은 뉴런의 수가 수천 개로 적은 데 반해 인간은 1,000억 개 정도로 추정된다. 때문에 뉴런의 수로 현명함이 결정된다고 생각하면 같은 인간이라도 뇌가 보다 큰 사람이 천재라고 생각할지도 모른다.

그러나 생물의 종에 따라서는 뉴런의 수와 현명함은 관계가 있을 것 같지만 인간끼리 비교한 경우 뉴런의 수에 그렇게 차이는 없다고 한다. 즉 같은 인간이라면 뇌의 크기에 따른 현명함에 차이는 없고 실제로 아인슈타인의 뇌도 딱히 크지 않았다고 한다.

이외에도 코끼리는 인간보다 뉴런의 수가 3배 정도 많다고 한다. 코끼리는 동물 중에서는 현명한 편이지만 유감스럽게도 인간보다 현명하다고는 할 수 없다. 학습이라는 것이 '시냅스 강도의 최적화에 있다'라는 것을 이해하면 인간은 아무것도 하지 않아도 현명해지는 게 아니라 학습을 통해서 다양한 자극을 뇌에 전달하고 여러 차례 반복함으로써 현명해진다는 것을 이해할 수 있다.

자극에는 눈과 귀에서 받는 것도 있지만 피부에서 받는 자극도 포함되므로 스포츠를 하는 것으로도 뇌에 자극이 전해진다. 이것을 근거로 하면 '학문과 무예를 동시에 갈고 닦는다'는 문무양도는 매우 효율적인 개념일지도 모른다.

어쩌면 시냅스 강도의 변화량이 유전적인 것에 영향을 받을 가능성이 있을지도 모른다. 이해하거나 기억하는 속도는 기본적으로 반복 학습하거나 국어와 수학뿐 아니라 스포츠와 예술 등 여러 분야를 학습해서 다양한 자극을 받음으로써 빨라진다.

여러 경험을 통해서 인간은 본질적으로 현명해진다고 생각한다. 덧붙이면 여기서 말하는 현명함이란 시험 성적이 좋은 것만을 의미하는 것은 아니다. 상상력이 풍부하고 표현력이 뛰어나며 논리적 사고력을 갖고 있고 응용력이 우수한 등 사람으로서의 본질적인 현명함을 말한다.

즉 인간이 학습한다는 것은 눈과 귀, 손 등에서 자극을 반복해서 뇌에 전달함으로써 100조 개 이상 있다고 하는 시냅스의 강도가 여러 번 변화하면서 최적화된다고 생각된다. 이 개념은 신경망의 원리에도 도입되어 있으므로 기억하기 바란다.

논리회로

여기까지 인간의 뇌에 대해 설명했다. 이것을 컴퓨터상에서 시뮬레이션한다.

우선 뉴런이 전기신호를 받고 일정 조건하에서 출력할지 말지를 결정한다. 출력하는 경우는 다음의 뉴런에 신호가 전해진다. 이것을 소프트웨어상에서 실현할 때 사용되는 것이 논리회로이다. 논리회로란 복수의 입력 신호에 대해 특정 조건에서 출력을 수행하는 논리연산을 실행하는 전자회로이다.

예를 들면 AND 게이트는 모든 입력이 '1'인 경우에만 '1'을 출력하고 그 외는 '0'을 출력한다. OR 게이트는 하나라도 '1'이 입력되면 '1'을 출력하고 모든 입력이 '0'인 경우 '0'을 출력한다(그림 6-5).

이러한 논리회로를 여러 개 앞뒤로 맞대어 연결함으로써 보다 복잡한 조건에 의해서 출력되는 논리회로가 생긴다(그림 6-6).

이처럼 복잡한 회로를 구성할 수 있으면 결과적으로 여러 가지 입력값에 대해 회로에서 목적하는 출력값을 얻는 계산이 가능해진다. 이 개념을 베이스로 해서 신경망이 고안되어 있다.

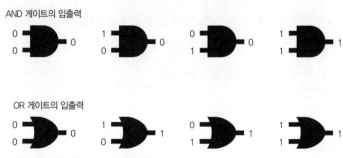

AND 게이트의 입출력

OR 게이트의 입출력

그림 6-5 ● AND 게이트와 OR 게이트의 입출력
(출처: 미디어스케치)

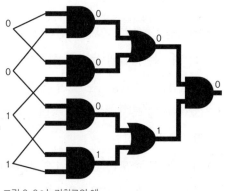

그림 6-6 ● 논리회로의 예
(출처: 미디어스케치)

신경망의 구성

신경망은 뇌의 뉴런에 해당하는 유닛이라 불리는 처리를 다수 맞대

어 이어서 구성된다(유닛을 뉴런이라고 표현하는 문헌도 있다).

이해하기 쉽도록 신경망의 구성 예를 그림으로 살펴보자(그림 6-7).

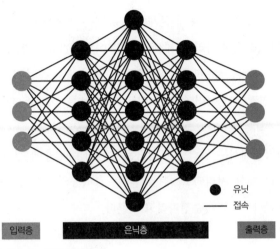

유닛

——— 접속

입력층　　　　은닉층　　　　출력층

그림 6-7●신경망의 구성 예
(출처: 미디어스케치)

　이 구성 예는 신경망 중에서도 가장 기본적인 계층형 신경망의 구성
이다. 그림에서 보는 것처럼 여러 층으로 구성되어 있다. 각 층에는 여
러 개의 유닛이 배치되어 있으며 유닛은 각각 앞의 층과 다음 층에 배
치되어 있는 유닛과 접속되어 있다.

　층은 입력층과 은닉층(중간층), 출력층으로 나눌 수 있다. 입력층은
입력값(설명변수의 값)을 입력한다. 출력층은 출력값(목적변수의 값)을
출력한다.

　은닉층은 중간층이라고 표현하기도 하지만 영어로는 은닉층hidden
layer이라고 부른다. 어느 쪽을 사용해도 같은 의미이므로 문제없지만
이 책에서는 은닉층이라고 한다.

　은닉층은 여러 개의 층으로 구성되어 있으며 각 층에는 여러 개의

유닛이 있다. 은닉층에 존재하는 유닛은 퍼셉트론perceptron이라 불리는 알고리즘에 따라서 계산 처리가 이루어진다(퍼셉트론에 대해서는 나중에 자세하게 설명한다). 퍼셉트론에 의한 처리를 수행하는 이러한 유닛이 연결되어 여러 층의 구성으로 계산되는 모델을 다층 퍼셉트론이라고 한다.

신경망에서는 입력층에 입력된 수치가 은닉층에 전해져 각 층의 유닛에서 계산 처리되고 계산 결과는 출력층의 방향을 향해서 각 층을 전파한다. 이것을 순전파라고 부른다.

인공지능 프로그램을 개발할 때 실제로 은닉층을 몇 층으로 할지 각층에 몇 개의 퍼셉트론을 배치할지는 사람이 결정한다. 그런 다음 파라미터로서 프로그램 내에서 정의한다. 이처럼 자동적으로 결정되는게 아니라 사람이 설정값을 결정하지 않으면 안 되는 파라미터를 인공지능의 세계에서는 하이퍼 파라미터라고 한다. 각 유닛은 앞 층에서 복수의 수치를 받은 다음 계산을 하고 그 결과를 다음 층으로 전달하는, 그야말로 사람의 뇌의 뉴런과 같은 처리를 한다.

퍼셉트론에 의한 계산 처리

다음에 각 유닛에서 어떤 처리를 하는지를 확인하자. 유닛에서 수행하는 처리는 앞서 말한 단순한 처리 회로로는 인공지능으로 수행하는 복잡한 계산과 학습은 불가능하다. 그래서 신경망에서는 유닛의 처리에 미국의 심리학자인 프랭크 로젠블래트가 1958년에 고안해서 발표한

퍼셉트론이라는 알고리즘의 개념이 채용되어 있다. [2]

퍼셉트론 이론에 기초한 유닛 내 처리에 대해 확인하자. 우선 유닛이 입력하는 수치의 개수는 앞 층과 어느 정도 접속하는가에 따라 결정된다.

예를 들면 앞 층이 1000개의 유닛과 접속되어 있으면 1000개의 수치를 받아 처리한다. 더 깊이 이해하기 위해 간단한 예를 설명한다. 입력되는 수치의 개수를 2개라고 생각한다.

유닛에 입력된 2개의 수치를 X_1, X_2라고 하자.

유닛 내에서는 입력된 수치를 단순하게 덧셈한다.

다만 X_1과 X_2는 그 값 그대로 유닛에 도달하지 않는다.

모든 유닛끼리의 접속에는 가중치 계수가 있다. 가중치 계수는 값의 전달 용이성을 나타낸다(뇌에서 말하는 시냅스 강도에 해당).

가중치 계수는 일반적으로 'W'로 표현되므로 X_1의 입력값에 대한 접속의 가중치 계수를 W_1, X_2의 가중치 계수를 W_2라고 한다.

가중치 계수는 앞 층에서 도달한 각 값에 곱셈한다. 이 시점의 유닛 내 계산은

$$X_1 \times W_1 + X_2 \times W_2$$

가 된다.

곱셈이기 때문에 $W_1=1$인 경우는 X_1의 값은 그대로 전해지고 $W_1=0.5$

인 경우는 X₁의 절반의 값이 전해지고 W₁=0인 경우는 X₁이 어떤 값이라도 0이 전해진다(그림 6-8).

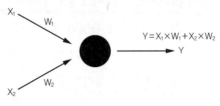

그림 6-8 ● 입력값과 가중치 계수의 계산
(출처: 미디어스케치)

인간의 뇌가 학습하면 각 뉴런과의 접속부에 있는 시냅스 강도가 변화하는 동시에 이 유닛 간의 접속에 있는 가중치 계수도 학습할 때마다 변화한다. 몇 번 학습해서 가중치를 수정해가면 입력층에 어떤 값이와도 최적의 수치를 출력층에서 출력할 수 있다. 이것이 인공지능이 현명해지는 원리이다(학습 원리의 상세한 내용은 제6장 6.2에서 설명한다).

덧붙이면 인간의 뇌는 뉴런의 수가 1000억 개로 추정되는 반면 시냅스의 수는 150조 개나 된다고 한다. 마찬가지로 신경망의 접속 수(가중치 계수의 개수)도 그림 6-7의 구성 예를 보면 알 수 있듯이 많은 개수가 존재하는 것을 기억하기 바란다.

또 하나 유닛 내에서 수행하는 계산이 있다. 입력값에 가중치 계수를 곱한 후 **바이어스**가 가산된다(그림 6-9).

바이어스는 유닛별로 설정되어 있는 수치이다. 가중치 계수 이외에 유닛 자체에 대해 계산 결과가 커질지 작아질지를 결정하는 수치로 일반적으로 'b'라고 표현한다. 결과적으로 X₁과 X₂ 2개의 입력값에 대한 유닛 내 계산은 다음과 같다.

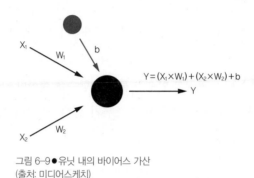

그림 6–9 ● 유닛 내의 바이어스 가산
(출처: 미디어스케치)

$$X_1 \times W_1 + X_2 \times W_2 + b$$

(X: 입력값, W: 가중치, b: 바이어스)

바이어스도 가중치와 마찬가지로 학습을 통해 값이 변화하고 반복 학습을 통해 가장 적합한 답이 되도록 최적화된다.

여기까지는 알기 쉽도록 입력값이 2개인 경우를 설명했지만 실제로 더 많은 입력값이 있다. 가령 입력값의 값이 N개 있는 경우 유닛의 계산은 아래와 같다.

$$X_1 \times W_1 + X_2 \times W_2 + X_3 \times W_3 + \cdots X_{(N-1)} \times W_{(N-1)} + X_N \times W_N + b$$

이것을 줄여서 WX+b(X: 입력값의 집합, W: 가중치의 집합, b: 바이어스)로 나타내는 경우도 있다.

활성화 함수

    유닛 내의 처리에서 입력값에 대해 가중치 계수와 바이어스를 사용해서 계산 처리하는 것을 설명했다. 최종적으로 계산 결과는 그대로 출력되는 게 아니라 활성화 함수라 불리는 함수로 형성한 다음 출력된다.

    활성화 함수에는 여러 가지 종류가 있다. 각각의 특징에 관해서는 이후에 차례대로 설명한다(그림 6-10).

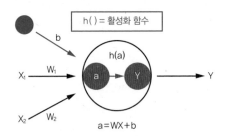

그림 6-10 ● 활성화 함수를 포함한 유닛 내 처리
(출처: 미디어스케치)

초기 상태의 인공지능

    그런데 아무것도 학습하지 않은 상태일 때 가중치와 바이어스 등의 파라미터는 어떻게 될까. 일반적으로 초기에는 가중치 계수와 바이어스는 난수에 의해서 적당한 숫자가 들어 있다. 따라서 최초에 인공지능에 계산시키면 적당한 답을 낸다. 이것이 학습이라는 프로세스를 통해서 수정되고 최종적으로는 최적화된다. 따라서 인공지능 개발에서는 프로그램을 개발했다고 해서 도움 되지는 않고 학습이라는 프로세스를 통해서 현명하게 길러야 비로소 사용할 수 있게 되는 것이다.

    한편 초깃값이 난수일 때는 신경망 전체의 파라미터가 최적화되어 출력값의 정확도가 충분히 높아지기까지 시간이 걸린다. 때문에 최근에는 사전에 조금이라도 최적에 가까울 거라고 예측되는 수치를 초기 단계에서 입력해두는 방법이 연구되고 있다.

MEMO

성형하는 이유는 여러 가지이고 채용한 활성화 함수에 따라서 차이가 있다. 따라서 인공지능을 개발할 때 어떤 데이터를 취급하고 최종적으로 어떤 값을 출력시킬지 특징을 파악한 후에 인간이 어느 활성화 함수를 각 층에서 이용할지를 정할 필요가 있다.

예를 들면 이후에 설명하는 시그모이드 함수의 경우 어떤 값이라도 0~1의 값으로 출력된다. 따라서 입력값의 자릿수가 커져도 결과에는 큰 영향을 미치지 않아 오차가 생기지 않는다는 효과를 기대할 수 있다. 그러나 이것도 일반론이며 어떤 데이터를 취급하는가에 따라서 변한다.

일반적으로 활성화 함수는 유닛에 입력된 값에 대해 출력이 과도하게 커지지 않도록 조정하거나 특정 범위의 값(주로 마이너스값)이 출력값에 영향을 미치지 않도록 할 목적으로 적용한다. 그렇다고 해도 인공지능의 경험과 지식이 얕은 단계에서 활성화 함수의 특성까지 이해하면서 개발하는 것은 어려울지 모른다. 그 경우는 실시하고자 하는 분석과 마찬가지 분석을 한 샘플을 참조해서 모델을 만들어보면 좋을 것이다.

예를 들면 화상인식에서는 활성화 함수에 렐루ReLU 함수를 사용하는 사례가 많으므로 그것을 따라 해보는 것이 첫걸음이다. 그 후 몇 가지의 활성화 함수를 시도한 후에 정확도의 변화를 보면 공부가 될 거라 생각한다.

활성화 함수(스텝 함수, 시그모이드 함수)

스텝 함수란 입력된 수치 a(여기에서 입력값이란 활성화 함수에 입력한 값 W×X+b의 계산 결과이며 유닛에 입력한 값은 아니라는 점에 주의)에 대해 0 또는 1을 돌려주는 함수이다. 입력값이 0 이하인 경우 출력값은 0이 된다. 또한 입력값이 0보다 큰 경우 출력값은 1이 된다(그림 6-11).

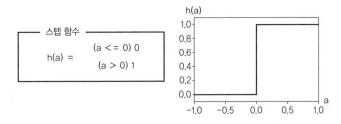

그림 6-11●스텝 함수식과 그래프
(출처: 미디어스케치)

스텝 함수를 사용하면 입력값이 어떤 값이라도 0 또는 1이 되어 다음 층으로 전해진다. 따라서 특정 입력값이 극단으로 큰 값이라도 그 영향은 제한적이다.

다만 스텝 함수를 그대로 이용하는 것은 문제 있다. 학습 과정에서 활성화 함수를 미분할 필요가 있지만 이 함수는 a=0일 때 미분 결과가 무한대가 된다. 계산 결과가 무한대가 되면 그 이후의 계산은 모두 무한대가 되기 때문에 바르게 학습할 수 없다. 따라서 조금 더 완만하게 변화하는 함수로서 시그모이드 함수가 고안됐다.

시그모이드 함수는 그리스 문자인 σ(시그마)와 비슷한 곡선의 함수이다. 특징은 입력값이 마이너스 방향으로 진행할수록 0에 한없이 가까운 수치가 된다는 점이다. 다만 아무리 작은 값이라도 0이 되지는 않는다. 반대로 플러스 방향으로 진행할수록 1에 한없이 가까운 수치가 된다. 다만 아무리 큰 값이라도 1이 되지는 않는다. 입력값이 0인 경우는 출력값은 0.5가 된다. 또한 그림 6-12의 그래프를 보면 알 수 있듯이 전체적으로는 입력값에 대해 출력값은 완만한 커브를 그린다.

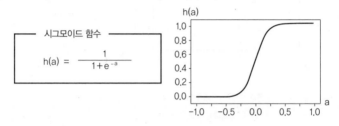

그림 6-12 ● 시그모이드 함수식과 그래프
(출처: 미디어스케치)

시그모이드 함수는 우수한 활성화 함수로서 옛날부터 자주 이용되어 왔다. 그러나 현재는 조금 각도가 있는 쪽이 좋다는 이유에서 **tanh** 함수(하이퍼볼릭 탄젠트 함수)와 소프트사인 함수 등도 고안되어 있다. (그림 6-13, 14)[3), 4)]

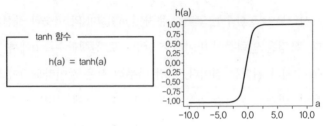

그림 6-13●tanh 함수식과 그래프
(출처: 미디어스케치)

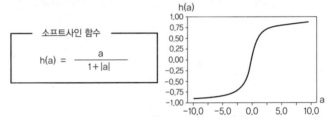

그림 6-14●소프트사인 함수식과 그래프
(출처: 미디어스케치)

활성화 함수(렐루 함수)

앞에서도 설명했지만 시그모이드 함수는 신경망이 탄생한 이래 자주 이용되어 왔다. 그런데 시그모이드 함수에는 문제가 있다. 예를 들면 화상인식 등에서 복합한 형태를 인식하고자 하는 경우는 신경망에서 은닉층의 수를 늘릴 필요가 있다. 그러나 시그모이드 함수에서는 수치의 대소가 결과에 영향을 미치기 어렵기 때문에 은닉층의 수가 늘면 학습 효율이 떨어져서 정확도가 올라가지 않는다고 한다. 이 문제를 기울기 소실 문제라고 한다(상세한 내용은 제6장 6.3에서 설명).

그래서 세이비어 글로럿Xavier Glorot 등이 2011년에 발표한 것이 렐루ReLU 함수이다. [5]

렐루는 Rectified Linear Unit, Rectifier의 약자로 일반적으로는 램프Ramp 함수라고 불린다. 통계학에서는 램프 함수라고 불리는 일이 많으며 렐루 함수라는 명칭은 신경망의 세계에서 자주 사용되는 독특한 단어이다. 렐루 함수는 입력값이 0 이하인 경우에는 0을 출력하고 0보다 큰 경우는 입력값을 그대로 출력한다(그림 6-15).

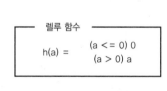

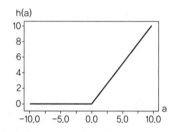

그림 6-15 ● 렐루 함수식과 그래프
(출처: 미디어스케치)

렐루 함수는 화상인식 등의 패턴 인식 영역에서 자주 이용되고 있다. 다만 렐루 함수의 개념을 베이스로 보다 높은 정확도를 낼 수 있고 학습 효율을 높이는 활성화 함수가 여러 가지로 고안되어 있다.

활성화 함수(기타 함수)

리키 렐루Leaky ReLU 함수는 렐루 함수를 보완한 것이다. 렐루의 경우는 입력값이 음일 때 출력 결과가 0이 되고 그 미분도 0이 되어 학습이 진행하지 않을 가능성이 있다. 때문에 리키 렐루는 음일 때 출력값을 αa로 개량한 함수이다. α의 값은 인간이 결정하는 하이퍼 파라미터이며 일반적으로 0.01 등 미소한 값으로 한다(그림 6-16).

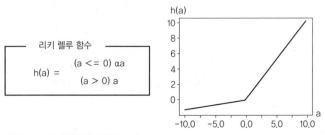

그림 6-16●리키 렐루 함수식과 그래프
(출처: 미디어스케치)

소프트플러스 함수는 렐루 함수의 입력값 0 부근의 출력값을 완만하게 한 것이다. 이것도 리키 렐루와 마찬가지로 입력값이 0 이하인 경우에도 0이 되지 않아 미분 가능하다(그림 6-17).

엘루ELU 함수는 소프트플러스 함수와 아주 비슷하지만 입력값이 0일 때 출력값이 0에 가까워지는 게 아니라 $-\alpha$에 가까워지도록 되어 있다. 화상인식을 수행할 때 등에 노이즈에 강한 활성화 함수로서 고안됐다(그림 6-18).

출력 함수

계산 결과는 은닉층에서 순전파되어 최종적으로는 출력층에 도달한다. 출력층에도 가중치와 바이어스의 계산을 한다. 그러나 활성화 함

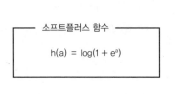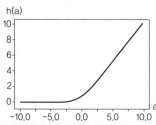

그림 6-17 ● 소프트플러스 함수식과 그래프
(출처: 미디어스케치)

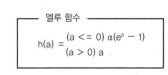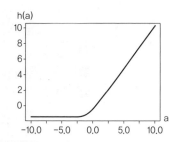

그림 6-18 ● 엘루 함수식과 그래프
(출처: 미디어스케치)

수에 관해서는 은닉층과는 다른 것을 사용하는 것이 일반적이다.

우선 회귀분석의 경우 출력값으로서 수치의 대소를 구하기 위해 계산 결과에 기본적으로 아무것도 하지 않고 그대로 출력한다. 입력값 그대로 출력하는 함수를 항등함수 또는 선형함수라고 부르기도 한다. 이들 단어가 나오면 아무것도 하지 않고 그대로 출력된다는 얘기이다.

한편 분류의 경우 일반적으로 출력 전에 소프트맥스 함수라는 함수로 성형해서 출력한다. 소프트맥스 함수는 조금 특수한 함수로 같은 층의 총합에 대한 상대적 비율을 출력한다. 때문에 분류의 경우는 소프트맥스 함수를 출력층에서 사용해서 출력값의 총합의 상대적인 비

율을 나타내듯이 출력값을 0~1의 값(그 그룹에 속할 확률)으로 성형한
다. 출력값은 각 그룹에 속하는 값의 확률이므로 합계하면 반드시 1이
된다(그림 6-19).

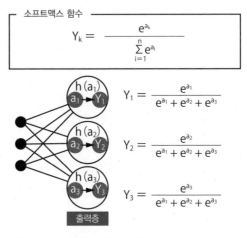

그림 6-19 ● 소프트맥스 함수식과 계산 예
(출처: 미디어스케치)

여기서 계산식을 확인하자. 출력층의 최초의 유닛에 주목해보자. 출
력층의 계산 결과 a_1은 출력 전에 소프트맥스 함수로 형성된다. 위 그
림에서 나타낸 소프트맥스 함수의 계산식을 보면 이때의 분자는 e(자
연대수의 밑, 2.71828…)의 a_1승이 된다. 분모는 각 출력층 유닛의 계산
결과 a_1~a_3가 있을 때 e의 a_1승+e의 a_2승+e의 a_3승이 된다.

구체적인 예로 확인해보자. 출력층에 3개의 유닛이 있고 각각의 계
산 결과가 $[a_1, a_2, a_3]=[1, 2, 3]$일 때 각각의 소프트맥스가 계산한 결
과는 $[Y_1, Y_2, Y_3]=[0.09003057, 0.24472847, 0.66524096]$이 된다.

이때 $Y_1+Y_2+Y_3=1$이 된다.

순전파의 정리

여기서 신경망의 입력층에 수치가 입력되고 나서 최종적으로 출력층에서 출력값이 출력되기까지의 과정에 대해 한 번 더 확인해 보자.

우선 입력층에서 은닉층의 제1층에 수치가 전파된다. 은닉층의 각 유닛은 접속되어 있는 앞층의 유닛 값에 가중치 계수를 곱한 값을 받는다. 입력된 수치는 모두 더한 후에 유닛별로 설정되어 있는 바이어스 값을 더한다(WX+b).

각 유닛에서 출력할 때는 설정된 활성화 함수로 성형한 다음 출력한다. 활성화 함수에 무엇을 사용할지에 대해서는 어떤 데이터를 취급하고 무엇을 출력할지를 감안한 후에 사람이 정한다. 이렇게 해서 차례대로 제1층, 제2층…으로 은닉층의 층을 출력층을 향해서 계산 결과가 전파되고 최종적으로 출력층에 도착한다(그림 6-20).

출력층에서는 가중치와 바이어스의 계산을 한 후에, 회귀의 경우는 그대로 출력한다. 분류의 경우는 소프트맥스 함수로 성형한 후에 그룹에 속할 확률을 나타내는 값을 출력한다. 이것이 순전파의 동작이다. 인공지능에 수치가 입력된 때에 이러한 계산 결과가 출력층에서 출력된다.

그 후 이번에는 반대로 출력값과 정답의 오차를 출력층에서 입력층을 향해서 전파시킨다. 반대 방향의 전파에 의해서 학습이 이루어진다.

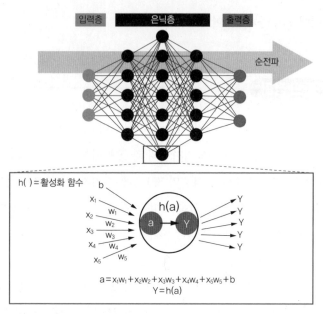

그림 6-20 ● 순전파의 개요
(출처: 미디어스케치)

6.2 오차역전파법(백프로퍼케이션)

아무것도 학습되어 있지 않은 상태에서는 출력값은 적당한 값이 출력된다. 여기부터 학습이라는 프로세스를 통해서 목적에 맞는 적절한 출력을 얻을 수 있도록 인공지능을 완성시켜야 한다. 여기서는 신경망의 학습 원리로 채용되고 있는 오차역전파법에 대해 설명한다.

학습 원리

우선 신경망에서 현명해진다는 것은 어떤 것일까. 지도학습의 예로 생각하면 이해하기 쉬우므로 제5장 5.4에서 소개한 보스턴의 하우징 데이터를 사용한 예로 생각해보자.

다양한 지역 데이터를 인공지능에 입력하고 지역의 주택 평균 가격을 예상한다. 아무것도 학습하지 않은 상태인 지역(지역 A)의 가격을 인공지능에 예측시키니 10만 달러라는 예측 결과가 나왔다. 학습 데이터에 있는 지역 A의 평균 가격을 보면 45만 달러였다. 유감스럽게 이 시점에서는 예측 결과와 실제 가격(학습 데이터의 정답) 사이에 45만−10만=35만 달러의 오차가 있다. 실제로는 단순한 뺄셈이 아니라 손실함수라는 함수로 오차를 계산한다. 손실함수에 관해서는 나중에 자세하게 설명한다.

이미 설명한 바와 같이 아무것도 학습하지 않은 상태에서 인공지능은 적당한 파라미터를 사용하여 적당한 계산을 해서 10만 달러라는 예측 결과를 냈다. 그러면 계산에 사용한 파라미터(가중치와 바이어스)를 어떻게 변경하면 계산 결과가 45만 달러에 가까워져서 정답과의 오차가 0이 될까. 바로 이것을 신경망에서는 생각한다.

그러면 신경망의 가중치와 바이어스를 변경하여 지역 A에 관한 예측과 정답의 오차가 작아지도록 하자. 이 시점에서 지역 A의 예측에 최적화된 계산식이 생겼다. 다음으로 지역 B에 대해 예측하면 또한 오차가 나온다. 이에 대해 다시 파라미터를 바꾸어서 오차가 작아지도록 한다. 지역 C, 지역 D, 지역 E로 여러 지역에 대해 오차가 작아지도록 파라미터를 바꾸어간다.

최종적으로 506개의 모든 지역에 대해 오차가 작아지도록 파라미터를 수정했다. 이것으로 1회째의 학습(1epoch)이 종료한다. 다만 이 시점에서는 여러 지역의 오차가 작아지도록 파라미터에 다양한 수정을 했기 때문에 최초의 지역 A에 대한 오차가 커질지 모른다. 그래서 다시 한 번 같은 데이터에 대해 파라미터를 수정한다. 몇 번이고 학습을 하면 마침내 어떤 지역의 데이터에 대해서도 정확도가 높은 가격 예측이 가능해진다. 이것이 학습 과정이다.

다시 말해 학습이란 신경망상에 많이 있는 가중치와 바이어스의 값을 바꿈으로써 어떤 설명변수의 값을 입력해도 적절한 목적변수의 값을 구할 수 있는 거대한 수식을 찾는 것이다.

파라미터를 바꾼다고 해도 갑자기 오차가 0이 되도록 바꾸면 특정 데이터밖에 최적화되어 있지 않은 인공지능이 완성된다. 따라서 기본적으로 파라미터는 방침에 따라서 조금씩 바꾸어간다. 파라미터의 개념을 정하는 방침에는 여러 가지가 있으며 이를 최적화 알고리즘이라 한다.

그러면 지금부터는 학습의 각 처리에 대해 상세하게 설명한다.

손실함수(로스 함수)

인공지능이 계산한 결과와 정답을 비교하여 어느 정도의 오차가 있는지를 계산하는 함수를 손실함수라고 한다.

손실함수로 자주 채용되는 함수에 평균 제곱 오차와 교차 엔트로피(크로스엔트로피)가 있다.

우선 평균 제곱 오차는 출력층의 결과와 학습 데이터의 정답과의 차이의 제곱의 평균을 계산하는 것이다.

수식으로 나타내면 그림 6–21과 같다.

평균 제곱 오차

$$E = \frac{1}{n} \sum_{k=1}^{n} (y_k - t_k)^2$$

y_k : 출력층의 결과(k개째)　　t_k : 학습 데이터(k개째)

그림 6–21 ● 평균 제곱 오차식
(출처: 미디어스케치)

제곱하는 이유는 인공지능의 예측 결과와 정답 데이터에 거리가 있는지 어떤지를 확인하고 싶을 뿐 플러스인지 마이너스인지는 관계 없기 때문이다.

구체적인 예를 들어 살펴보자. 출력층의 결과가 y=[0.1, 0.1, 0.8]이고 학습 데이터의 정답이 t=[0, 0, 1]일 때 우선 y와 t 각각의 차이를 2승한다. 이것을 평균으로 내기 위해 전부 더해서 개수(3)로 나눈다. 오차를 E로 하면 다음과 같은 계산식이 된다.

$$E = \frac{(0.1-0)^2 + (0.1-0)^2 + (0.8-1)^2}{3}$$

$$= \frac{(0.01 + 0.01 + 0.04)}{3}$$

$$= 0.02$$

따라서 오차는 0.02가 된다.

다음으로 y=[0.8, 0.1, 0.1], t=[0, 0, 1]일 때는 다음과 같다.

$$E = \frac{(0.8-0)^2 + (0.1-0)^2 + (0.1-1)^2}{3}$$

$$= \frac{(0.64 + 0.01 + 0.81)}{3}$$

$$= 0.48666666\cdots$$

다시 말해 정답 데이터인 [0, 0, 1]은 인공지능의 출력 결과가 [0.8, 0.1, 0.1]일 때보다 [0.1, 0.1, 0.8]일 때가 오차가 적다.

평균 제곱 오차는 매우 알기 쉽고 심플한 수식이지만 현재는 손실 함수에 교차 엔트로피를 주로 사용한다. 특히 화상인식을 수행하는 경우는 교차 엔트로피를 사용한다. 교차 엔트로피의 경우 기본적인 개념은 평균 제곱 오차와 같으며 계산식이 다를 뿐이다. 교차 엔트로피의 수식은 그림 6-22와 같다.

┌── 교차 엔트로피 오차 ────────────────────────
│
│ $$E = -\sum_{k=1}^{n} t_k \log y_k$$
│
│ y_k : 출력층의 결과(k개째) t_k : 학습 데이터(k개째)
└───────────────────────────────────────

그림 6-22 ● 교차 엔트로피식
(출처: 미디어스케치)

예를 들면 y=[0.1, 0.1, 0.8], t=[0, 0, 1]일 때 오차 E의 계산은 다음과 같다.

$$E = -(0 \times \log 0.1 + 0 \times \log 0.1 + 1 \times \log 0.8)$$
$$= -(0 + 0 + \log 0.8)$$
$$= 0.096910013$$

이처럼 신경망에서는 어느 정도 오차가 있는지를 손실함수를 사용해서 계산한다.

편미분에 의한 영향력의 계산

오차를 알았으면 이어서 오차가 생긴 원인이 어디인지를 조사하고 다음에 같은 입력이 있은 경우에 오차를 작게 하는 학습 절차에 들어간다.

우선 오차가 생기는 원인이 되는 가중치와 바이어스가 어디에 있는지를 찾는 작업이 된다. 그것을 조사하기 위해 **편미분**을 사용한다. 여기부터 편미분에 대해 설명하는데 이해가 되지 않는 경우는 '편미분이 라는 계산을 사용해서 어느 파라미터가 오차의 원인인지를 찾는다'는 정도만이라도 이해하기 바란다.

우선 미분이란 $y=x^2+x+1$ 등의 식이 있는 경우에 x가 바뀜에 따라 어느 정도 y가 변화하는지 변화량을 나타낸다. 이에 대해 편미분은 식에 변화하는 변수가 여러 개 있을 때 각 변수의 변화가 어느 정도 계산 결과에 영향을 미치는지 영향도를 나타낸다. 때문에 편미분에서는 어느 변수에 관해 편미분할 때 기타 변수를 상수로 간주해서 미분함으로써 변수의 영향도를 계산한다.

예를 보면서 확인하자. 예를 들면 $f(x_0, x_1)=x_0^2+2_{x0}+x_1^2$이라는 수식이 있다고 하자. 여기에는 x_0과 x_1이라는 2개의 변수가 있다. 우선 이 식을 x_0에 대해 미분한다. 이때 x_1을 상수로 간주한다. 이것을 $f(x_0, x_1)$을 x_0으로 편미분한다고 하고 $\frac{\partial f}{\partial x_0}$ 라고 적는다. x_1은 상수 취급하므로 x_1^2는 미분하면 0이 된다(상수는 아무리 커도 미분하면 0). 그러면 아래와 같이 된다.

$$\frac{\partial f}{\partial x_0}=\frac{\partial}{\partial x_0}(x_0^2+2x_0)+\frac{\partial}{\partial x_0}(x_1^2)=(2x_0+2)+0=2x_0+2$$

(보충: x^2+2x의 x에 관한 미분은 $2x+2$)

다음으로 x_0을 상수로서 x_1에만 대해 미분하고자 생각한다. $x_0^2+2x_0$은 상수가 되고 x_1^2의 미분이 되므로 다음과 같다.

$$\frac{\partial f}{\partial x_1} = \frac{\partial}{\partial x_1}(x_0{}^2 + 2x_0) + \frac{\partial}{\partial x_1}(x_1{}^2) = 0 + 2x_1 = 2x_1$$

(보충: x^2의 x에 관한 미분은 $2x$)

이처럼 특정 변수 이외를 상수로 간주해서 미분하는 것이 편미분이다.

편미분의 구체적 예

신경망 이야기로 돌아가자. 신경망에서는 네트워크 내에서 많은 가중치와 바이어스를 사용해서 계산하지만 도대체 어느 파라미터가 계산 결과에 영향력을 미쳐 오차가 생기는지를 알아내야 한다. 그러기 위해 계산식을 편미분함으로써 각 파라미터의 영향력을 밝혀낸다.

우선은 어떻게 하는지를 이해하기 위해 간단한 예로 설명한다. 신경망 내의 어느 유닛에 x_0과 x_1이라는 2개의 값이 입력된다고 하자. 이때 $\frac{\partial f}{\partial x_0}$ 은 x_0의 계산 결과에 미치는 영향도, $\frac{\partial f}{\partial x_1}$ 은 x_1의 계산 결과에 미치는 영향도라고 간주할 수 있다.

신경망에서는 출력층에서 입력층을 향해서 계산식에 편미분을 하고 오차를 곱해서 영향도를 계산한다. 그렇게 하면 네트워크 전체의 가중치와 바이어스의 영향도가 밝혀진다.

이 처리를 역전파라고 한다. 또한 역전파를 실시해서 오차가 작아지도록 영향도에 기초해서 파라미터를 바꾸어 학습하는 수법을 오차역전파법(백프로퍼게이션)이라고 한다(그림 6-23).

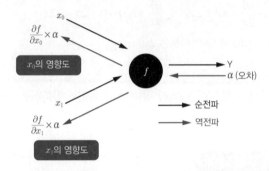

그림 6-23 ● 순전파와 역전파의 값의 전달 방법
(출처: 미디어스케치)

이때 각 입력에 대한 편미분의 결과(각 입력의 영향도)를 벡터로 표현한 것을 **기울기**라고 한다. $\frac{\partial f}{\partial x_0}$이 -20, $\frac{\partial f}{\partial x_1}$이 -10일 때 기울기는 $[-20, -10]$이라고 적는다. 기울기란 어느 쪽의 파라미터가 각각 어느 정도 변화하면 오차가 적어지는지를 나타낸다고 생각하면 된다. 그림으로 나타내면 아래와 같다.

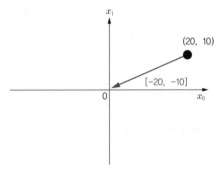

그림 6-24 ● 기울기의 이미지
(출처: 미디어스케치)

$(x_0, x_1)=(20, 10)$에서 원점$(0, 0)$을 가리킬 때 어느 쪽 방향으로 이동하면 최단으로 원점에 도달하는가 하면 $[-20, -10]$의 방향이 된다. 이 방향으로 x_0과 x_1을 바꾸면 최단에 원점에 가까워진다.

이처럼 오차를 최단으로 작게 하기 위한 방향을 나타내는 벡터가 기울기이다.

그러면 실제로 오차를 역전파시키는 구체적인 예를 보면서 확인하자. 우선 유닛 내에서의 계산식은 활성화 함수 등이 있어 복잡하지만 우선은 편미분에 의한 역전파 과정을 이해하기 위해 간단한 계산식으로 생각해보자.

가령 유닛의 계산식이 $f(x_0, x_1)=x_0 \times x_1$(2개의 입력의 곱셈)으로 한다.

x_0에 대해 편미분하면 x_1은 상수 취급한다. $2x$의 x에 관한 미분은 2, ax의 x에 관한 미분은 a가 되므로 $x_0 \times x_1$의 x_0에 관한 미분은 x_1이 된다. 마찬가지로 $x_0 \times x_1$의 x_1에 관한 미분은 x_0이 된다(x_0은 상수로 간주

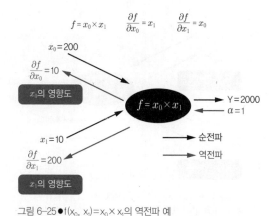

그림 6-25 ● $f(x_0, x_1)=x_0 \times x_1$의 역전파 예
(출처: 미디어스케치)

하기 때문이다). 따라서 $\dfrac{\partial f}{\partial x_0} = x_1$, $\dfrac{\partial f}{\partial x_1} = x_0$이 된다(그림 6-25).

즉 이 경우는 입력값 x_0의 영향도는 x_1, 입력값 x_1의 영향도는 x_0이 된다. $x_0 = 200$, $x_1 = 10$일 때 출력값의 계산 결과는 $200 \times 10 = 2000$이 된다.

알기 쉽도록 이때의 오차 α가 1이라고 하고 이것을 반대로 전파시 키면 $\dfrac{\partial f}{\partial x_0} = 10$, $\dfrac{\partial f}{\partial x_1} = 200$이 된다. x_0보다 x_1의 값이 Y에 크게 영향 을 미치는 것을 알 수 있다.

실제로 x_0에 1을 더해서 201로 했을 때 Y의 값은 2010이 된다. x_1에 1을 더해서 11로 했을 때 Y의 값은 2100이 된다. 따라서 x_1의 변화가 x_0의 변화보다 Y에 크게 영향을 미치는 것을 확인할 수 있다.

다음으로 유닛의 계산식이 $f(x_0, x_1) = x_0 + x_1$일 때를 살펴보자. $\dfrac{\partial f}{\partial x_0} = 1$, $\dfrac{\partial f}{\partial x_1} = 1$이 되기 때문에 모두 영향력이 같다(그림 6-26).

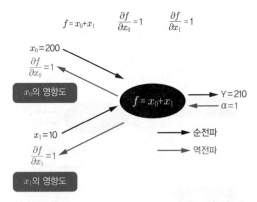

그림 6-26 ● f(x_0, x_1)=x_0 + x_1의 역전파 예
(출처: 미디어스케치)

실제로 x_0에 1을 더해도 x_1에 1을 더해도 Y는 211이 되어 결과는 같다. 여기까지 유닛의 계산식이 $f(x_0, x_1)=x_0\times x_1$과 $f(x_0, x_1)=x_0+x_1$이라고 하고 역전파 예를 설명했다. 그러나 실제의 유닛의 계산은 좀 더 복잡하다. 예를 들면 활성화 함수가 시그모이드 함수인 경우는

$$f = \frac{1}{1+e^{-(x_0\times w_0 + x_1\times w_1 + \ldots + x_n\times w_n + b)}}$$

(x_k는 k개째의 입력, w_k는 x_k의 가중치, b는 바이어스)

가 되고 이 편미분을 구하게 된다. 상세한 계산 내용에 대해서는 참고문헌 6) 등을 참조하기 바란다.

이렇게 해서 영향력을 구한 후에 여럿 있는 파라미터를 적절하게 변경하여 오차가 작아지도록 한다. 그러면 적절하게 변경한다는 것은 어떤 것일까. 구체적으로 어느 파라미터를 어느 정도 바꿀지를 정하는 것이 최적화 알고리즘이다.

최적화 알고리즘(SGD)

이미 설명했지만 기울기를 구해서 파라미터를 수정할 때 1회의 수정으로 갑자기 오차를 없애는 것이 아니라 서서히 오차가 없어지도록 수정해 간다.

구체적으로 어디를 어느 정도 수정할지를 정하는 방침이 **최적화 알고리즘**(옵티마이저)이라 부르는 알고리즘이다. 자주 이용하는 최적화 알

고리즘에는 확률적 경사 하강법SGD과 아다그라드AdaGrad, **RMSProp**, **AdaDelta**, **Adam**이 있다.

우선 가장 기본적인 SGD에 대해 개요를 설명한다. SGD의 경우 아래의 계산으로 새로운 가중치를 갱신한다.

새로운 가중치=현재의 가중치-학습계수×기울기

기울기는 방금전의 역전파로 계산한 것이다. 기울기를 이동하는 방향이라고 하면 학습계수는 어느 정도 이동하는지를 정하는 하이퍼 파라미터가 된다. 인간이 프로그램상에서 학습계수를 정하는데, 기본적인 작은 값을 지정해서 조금씩 가중치를 바꿀 필요가 있다. 그 이유를 6-27을 보면서 설명하자.

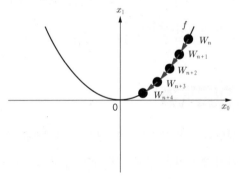

그림 6-27 ● 학습계수가 작은 경우의 최적화 이동
(출처: 미디어스케치)

예를 들면 입력 x_0과 x_1이 있고 각각의 입력에 의해서 오차가 함수 f

와 같이 변화한다고 하자.

현재의 지점이 W_n일 때 오차는 원점과 W_n의 거리가 된다. W_n과 원점의 거리를 축소하기 위해서는 원점의 방향(기울기)을 향해서 일정량(학습계수) 이동하게 된다. 학습할 때마다 W_n에서 W_{n+1}, W_{n+2}, W_{n+3}… 으로 이동한다. 학습계수가 작은 경우는 조금씩 x_0과 x_1이 변화하도록 가중치 파라미터를 갱신하므로 학습할 때마다 확실하게 원점에 가까워지고 오차는 작아진다.

극단적으로 말하면 학습계수가 매우 큰 값인 경우 원점을 지나버려 오히려 원점에서 멀어질 가능성이 높다. 즉 이때는 몇 회 학습해도 일정 이상의 오차가 줄어들지 않는다(그림 6-28).

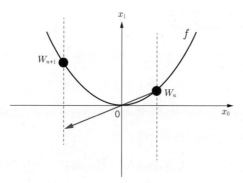

그림 6-28 ● 학습계수가 큰 경우의 최적화 이동
(출처: 미디어스케치)

학습계수가 너무 크면 오차가 일정값에서 작아지지 않는다. 반대로 학습계수가 너무 작으면 오차가 충분히 작아지기 때문에 필요한 학습 횟수가 증가한다. 딱 좋은 크기의 학습계수를 인간이 지정해야 한다는 점이 SGD의 어려운 부분이다.

덧붙이면 인기 높은 딥러닝 라이브러리인 케라스(상세한 내용은 제7장 7.5 인공지능 관련 라이브러리에서 설명)에서는 SGD 학습계수의 디폴트값은 0.1이다.

SGD는 역사가 오래된 기본적인 알고리즘이며 많은 사례에서 이용되어 왔다. 그러나 현재는 효율적인 최적화 알고리즘이라고는 할 수 없다. 보다 효율이 좋은 방법이 고안되어 있다. 수학 내용이 어려우므로 각 알고리즘의 특징을 설명하는 것에 그치기로 한다. 상세한 내용에 흥미가 있는 사람은 참고문헌 등을 참조하기 바란다.

기타 최적화 알고리즘

SGD 이외의 최적화 알고리즘에 대해서도 개요만 간단하게 소개한다. 아다그라드AdaGrad는 2011년에 미국 스탠포드 대학 통계전기공학 조교수 존 두치John Duchi와 엘라드 하잔Elad Hazan, 요람 싱어Yoram Singer에 의해서 고안된 수법이다.[7]

이미 설명한 대로 SGD에서는 학습계수가 커도 작아도 문제가 있다. 그래서 아다그라드라는 수법이 고안됐다. 아다그라드에서는 학습계수를 학습할 때마다 작게 한다. 이로써 학습계수가 어느 정도 커도 최종적으로 파라미터의 과도한 수정이 발생할 가능성이 낮다.

최적화 알고리즘에 아다그라드를 사용하면 학습계수 외에 학습 감쇠율을 지정할 수 있다. 이 파라미터에 의해 학습할 때마다 학습계수가 작아진다. 다만 이 방법에는 아직 문제가 있다.

반복 학습해도 좀처럼 오차가 줄지 않을 때 학습계수가 0이 될 가능성이 있다. 학습계수가 0이 돼 버리면 반복 학습해도 오차가 줄어들지 않는 상태에 빠진다.

그래서 **RMSProp**라는 수법이 고안됐다.[8] RMSProp는 2012년에 제프리 힌턴이 고안한 최적화 알고리즘으로 아다그라드를 보완한 것이다. 아다그라드의 학습계수가 0이 되는 원인은 과거의 기울기를 모두 기억한 후에 학습계수를 작게 하기 때문이다.

그래서 과거의 기울기를 모두 기억하는 게 아니라 일정 이상 학습하면 과거의 기울기를 기억에서 배제해서 학습계수가 극단으로 작아지는 것을 방지하는 방법으로 고안된 것이 RMSProp라는 최적화 알고리즘이다.

RMSProp를 개선한 최적화 알고리즘으로 2012년에 매튜 자일러 Matthew D. Zeiler가 제안한 수법이 AdaDelta이다.[9] 또한 **AdaDelta**를 개선한 수법이 2014년에 디데릭 킹마Diederik Kingma, 지미 바Jimmy Ba가 제안한 Adam이다.[10]

상세한 내용에 대해서는 생략하지만 어느 수법이든 얼마나 효율적으로 또한 확실하게 오차가 작아지는지를 보면서 보완하고 있다.

최적화 알고리즘에 대해서는 향후에도 개선된 수법이 제안될 것으로 생각한다. 그러나 반드시 최신 수법이 좋은 것만은 아니다.

Adam은 매우 인기 있는 최적화 수법이지만 수행하는 분석과 데이터의 성질에 따라서는 Adam보다 다른 수법이 효율적인 학습이 가능한 경우도 있다. 최종적으로는 몇 가지 최적화 수법을 시도해보고 평가할 필요가 있다. 각각의 계산식과 특징의 상세에 대해서는 참고문헌을 참조하기 바란다.

미니배치 학습

보통은 하나의 데이터별로 순전파를 수행한 후에 오차를 역전파시켜 파라미터를 갱신한다(전수 학습). 따라서 1,000만 개의 학습 데이터가 존재하는 경우는 1회의 학습에서 1,000만 회의 순전파와 1,000만 회의 역전파를 실시하고 1,000만 회의 파라미터를 갱신한다. 그러나 이렇게 하면 1회의 학습에 시간이 많이 걸린다.

그래서 미니배치 학습(배치 학습)이라는 학습 방법이 고안됐다. 미니배치 학습이란 복수의 데이터를 통합해서 학습하는 것으로 학습에 걸리는 시간을 단축하는 것이다. 가령 1,000만 개의 데이터를 100개씩 그룹으로 통합해서 미니배치 학습을 수행한다. 100개의 데이터는 전 데이터 중에서 랜덤으로 선택한다. 타 그룹과 데이터가 중복되지 않도록 선택하므로 합계 10만 개의 그룹이 작성된다.

미니배치 학습의 경우 순전파는 1개의 데이터별로 수행하지만 역전파는 1그룹별로 수행한다. 따라서 데이터 100개 분의 오차가 통합해서 역전파되고, 이로 인해 파라미터가 갱신된다(그림 6-29).

이처럼 미니배치 학습은 복수의 데이터에 관한 오차를 통합해서 역전파시킴으로써 단시간에 효율적인 학습을 노리는 수법이다.

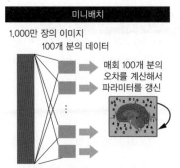

그림 6-29 ● 전수 학습과 미니배치의 비교
(출처: 미디어스케치)

　한편 개개의 데이터를 학습하는 전수 학습과 비교하면 일반적으로 같은 학습 횟수에서 정확도는 떨어진다. 데이터가 적고 개개의 데이터가 다양한 개성적 특징을 갖는 경우 미니배치 학습은 정확도가 떨어질 가능성이 있지만 어느 정도의 데이터가 있다면 큰 문제는 되지 않는다.

　따라서 대규모 데이터를 학습시킬 때는 우선은 미니배치 학습을 시도해보는 것이 일반적이다. 이로써 학습 시간과 정확도 변화를 확인하고 최종적으로 미니배치의 배치 개수를 결정하자.

역전파와 학습의 정리

마지막으로 여기까지 설명한 역전파와 학습 절차에 대해 다시 한 번 확인하자.

(1) 최초에 신경망이 순전파로 계산한 결과에 대해 정답과 오차를 계산한다. 오차를 계산하는 수법으로는 몇 가지 손실함수가 제안되고 있으며 평균 제곱 오차와 교차 엔트로피가 있다.

(2) 오차를 출력층에서 입력층을 향해서 역전파시킨다. 역전파하는 목적은 어디의 파라미터가 오차를 만드는 원인이 될 가능성이 높은지를 조사한다. 각 파라미터가 오차에 어느 정도 영향을 미치는지를 나타내는 벡터(숫자의 집합)를 기울기라고 한다. 기울기를 구하기 위해서는 각 유닛의 시산식을 편미분하고 그 결과 구해진 식을 사용해서 역전파시킨다.

(3) 기울기를 계산할 수 있으면 다음으로 어느 정도의 크기로 파라미터를 갱신할지를 정한다. 갱신량을 정하는 방침으로는 몇 개의 최적화 알고리즘이 있다. 유명한 최적화 알고리즘에는 SGD와 아다그라드, RMSProp, AdaDelta, Adam이 있다.

(1)~(3)까지의 처리가 하나의 데이터에 관한 1회의 학습이 된다. 시간과 비용에 여유가 있는 경우는 모든 데이터에 대해 각각 학습을 수행한다(그림 6-30).

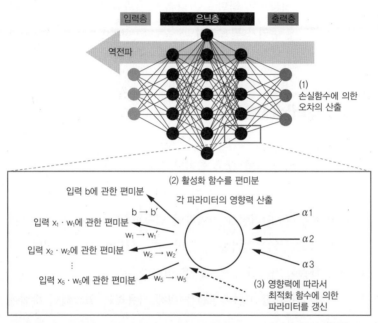

그림 6-30 ● 학습의 오차 산출에서 파라미터 갱신까지의 처리
(출처: 미디어스케치)

다만 이러한 전수 학습을 수행하는 경우 학습에 시간이 많이 걸리기 때문에 미니배치 학습을 실시하고 복수 데이터에 관한 오차를 통합해서 역전파시켜 학습 횟수를 줄이는 경우가 있다.

이런 절차로 학습할 때마다 신경망 내에 있는 가중치 등의 파라미터가 갱신된다. 이렇게 반복 학습함으로써 최종적으로 어떠한 입력값이

입력돼도 최적 해에 한없이 가까운(오차가 적은) 출력값을 내는 모델이
완성된다. 다만 특정 데이터와 치우친 데이터에 대해 지나치게 학습한
경우는 특정 특징에만 반응하는 모델이 완성되고, 반대로 미지의 데이
터에 대한 정확도가 극단으로 나빠지는 과적합 상태에 빠질 가능성이
있기 때문에 주의가 필요하다.

6.3 딥러닝(심층학습)

이미 설명한 바와 같이 딥러닝이라는 단어에 명확한 정의는 없다.
일반적으로 은닉층이 다수 합성곱되고 층이 깊은 신경망을 딥러닝이
라고 부른다. 딥러닝을 번역하면 심층학습이다. 다시 말해 딥러닝은
특정 알고리즘을 의미하는 게 아니라 신경망에서 심층이라도 효율적
으로 학습이 가능한 수법 전반을 말한다.

이제부터는 딥러닝의 실현을 위해 사용하는 일반적인 수법에 대해
차례로 설명한다.

특징 추출이란

심층학습의 구체적인 내용을 설명하기 전에 왜 심층으로 할 필요가
있는가에 대해 설명하자. 이것을 이해하지 못하면 딥러닝의 내용을 이
해하는 것이 곤란하다.

예를 들면 인공지능에 이미지를 분석시켜 그것이 고양이인지 개인지를 판단시킨다고 하자. 인간은 이미지를 보면 고양이인지 개인지를 판단할 수 있지만 그것은 인간의 뇌에 고양이 혹은 개라고 판단하는 특징이 있기 때문이다. 인공지능의 화상인식에서도 학습을 통해 고양이라면 고양이, 개라면 개의 모든 이미지에 공통되는 특징을 찾아낸다. 이것을 특징 추출이라고 한다. 알기 쉽도록 화상인식을 예로 들어 설명했지만 센싱한 온도 등의 분석에서도 마찬가지이다.

예를 들면 어떤 온도와 습도 환경에서 술을 만들면 맛있는지 분석할 때도 맛에 영향을 미치는 환경 변화의 특징을 추출한다. 즉 인공지능은 특징을 추출하는 분석기이다.

심층의 이점

인간은 그다지 의식하지 않지만 이미지 데이터는 단순한 숫자 데이터와 텍스트 데이터에 비해 정보량이 매우 크다. 예를 들면 그림 6-31의 이미지에는 어느 정도의 정보가 감춰져 있을까.

우선 고양이가 있다. 고양이는 역에 있다. 고양이는 앉아 있다. 역에는 점자 블록이 있다. 고양이는 아스팔트 위에 서 있다. 고양이의 귀는 서 있다…. 하나의 이미지에서 취득할 수 있는 정보가 너무 많아서 다 열거할 수 없다. 다양한 특징을 파악하기 위해 화상인식에서는 모든 화소 정보를 입력값으로 한다.

가령 기온과 습도라는 데이터를 분석하는 경우는 불과 2가지 숫자

그림 6–31 ● 입력 이미지 예
(출처: 미디어스케치)

이므로 신경망의 입력층 수는 2개이다.

이에 대해 이미지의 경우 풀컬러(RGB 3색)에 64×64화소라면 입력
층의 수는 1만 2,288개(3×64×64)가 된다. 신경망에서는 층이 깊어질
수록 많은 활성화 함수를 사용해서 다양한 각도에서 분석이 가능하다.
최종적으로는 출력층에 가까울수록 계산식이 복잡해지고 고양이라고
판단하기 위한 다양한 특징을 발견하기 쉬워진다.

이미지 데이터와 같이 방대한 정보가 포함된 데이터에서 고양이라
는 복잡한 형태를 대상으로 전 세계의 다양한 고양이에 공통되는 특징
을 추출한다. 이것은 아무리 파라미터를 조정해도 3층 정도의 단순한
신경망에서는 단순한 수식밖에 구축하지 못해 불가능하다. 따라서 화
상인식과 같이 큰 정보량을 가진 데이터에서 복잡한 특징을 추출하는
경우는 은닉층을 깊이 할 필요가 있다. 화상인식뿐 아니라 방대한 데
이터에서 복잡한 특징을 추출하는 분석에서는 심층 모델이 필요하다.

인공지능의 시선

그러면 고양이인지 개인지를 판별하는 경우 전 세계에 존재하는 다양한 고양이 이미지에 공통되는 특징이란 무엇일까. 고양이든 개든 눈은 2개 있고 귀도 2개 있다. 아마 인간이 개인지 고양이인지를 판단하는 경우는 머리의 형태와 크기, 털의 색 등을 보고 생각하지만 판단 재료가 확실한 것은 아니다. '눈의 크기가 2.5cm 이하라면 고양이다'와 같은 명확한 기준으로 판단하는 사람은 일단 없다. 막연히 전체의 분위기로 판단한다. 실은 그것이 인간의 뇌와 최근의 인공지능이 공통으로 가진 범용 능력이다.

이것이 인공지능을 사용하지 않는 기존의 소프트웨어라면 눈의 크기가 2.5cm 이하라면 고양이다와 같은 명확한 기준이 프로그램 내에 정의되어 있다. 이 조건에 맞지 않는 미지의 고양이 이미지가 입력된 경우 그 특징만을 갖고 개라고 판단할지 모른다. 이렇게 되면 범용 능력이 있다고 말할 수 없다.

그러면 인공지능이 추출하는 특징이란 어떤 것일까. 그것은 실제로 인공지능에 분석시켜 보지 않으면 알 수 없다.

사람이라면 눈코의 위치 등을 본다고 생각하기 쉽지만 인공지능에는 전제조건과 생각이 없고 주어진 데이터에 대해 공통점을 찾아낼 뿐이다. 때문에 인공지능은 인간이 생각지도 못한 새로운 특징을 발견할 가능성이 있다. 따라서 인공지능이 보는 특징은 귀의 형태일 수도 있고 털의 색일 수도 있다. 덧붙이면 특정 조건만을 판단 재료로 하는 것은 드물므로 결과적으로 인공지능은 매우 많은 특징을 보고 있다. 그것을 최종적으로 점수로 매겨서 판단한다.

따라서 인공지능이 무엇을 보고 고양이라고 판단하는지는 매우 어렵다고 할 수 있다. 그러나 그 시점에서 인공지능이 갖고 있는 막연한 고양이 모양을 시각화하는 것은 가능하다. 여기에 대해서는 제6장 6.4에서 설명한다. 또한 판단 기준은 학습을 거듭할 때마다 점점 업데이트되어 바뀐다는 것을 기억하기 바란다.

심층에서 생기는 다양한 문제

실은 여기까지 설명한 단순한 신경망에서는 은닉층이 10층이 되는 심층 모델을 구축한 경우 바르게 학습할 수 없다. 그 이유로 (1) 과적합 (2) 기울기 소실 문제가 있다.

(1) 과적합

학습에서 이용하는 파라미터인 가중치와 바이어스의 수가 너무 많은 경우 전파하는 값을 크게 하는(발화하는) 유닛이 전체의 일부에 편재한다. 때문에 특정의 자잘한 특징을 가진 데이터에만 과잉으로 반응한다. 그러면 전체의 특징에 대해 바른 판단이 불가능한 상태에 빠져 미지의 데이터에 대한 정확도가 나빠진다. 이 상태를 과적합이라고 한다. 과적합에 대해서는 제7장 7.2에서 상세하게 설명한다.

(2) 기울기 소실 문제

기울기 소실 문제도 단순한 신경망을 심층으로 하지 못하는 큰 이유 중 하나다. 학습 과정에서 백프로퍼게이션을 사용해서 기울기를 계산하고 그 결과에 따라서 어디의 파라미터를 어느 정도 변경할지를 정하는 것에 대해서는 제6장 6.2에서 설명했다. 이것이 심층이 되면 출력층에서 입력층을 향해서 기울기를 계산할 때마다 편미분한 결과 같은 층에 속하는 모든 파라미터의 기울기가 동등해지는 성질이 있다. 때문에 몇 번을 학습해도 입력층에 가까운 층의 파라미터는 변화하지 않는 문제가 발생한다(그림 6-32).

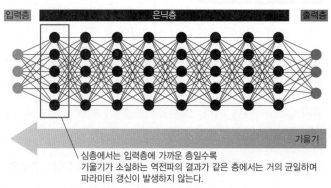

심층에서는 입력층에 가까운 층일수록
기울기가 소실하는 역전파의 결과가 같은 층에서는 거의 균일하며
파라미터 갱신이 발생하지 않는다.

그림 6-32 ● 기울기의 소실
(출처: 미디어스케치)

이 문제에 의해 신경망은 단순한 분석에는 이용할 수 있지만 화상인식과 같은 복잡한 분석에는 사용할 수 없다고 알려져 왔다. 때문에 1990년까지 화상인식 세계에서는 학습 알고리즘에 SVM(서포트 벡터 머신)을 채용하는 모델이 일반적이었다. ILSVRC 등의 화상인식 기술

을 경쟁하는 세계대회에서도 한동안은 SVM을 사용한 인공지능이 상위를 차지했다.

그런데 1990년대 들어 제프리 힌턴 등이 그 문제를 해결하는 다양한 방법을 제안했다. 구글 등이 개발한 개선된 신경망을 채용한 인공지능이 SVM의 인공지능을 훨씬 능가하는 높은 점수를 냈다. 이것이 현재의 인공지능 붐으로 발전했다. 딥러닝의 등장으로 인공지능 붐을 제3차 인공지능 붐이라고 한다.

딥러닝을 실현하는 수법

여기까지 설명한 바와 같이 신경망의 모델을 심층으로 하면 계산 파라미터가 너무 많아 과적합과 기울기의 소실이 발생한다. 이것을 방지하려면 계산에 사용하는 파라미터의 수를 줄여도 예측 정확도가 떨어지지 않도록 하면 된다. 그것을 실현하기 위해 신경망에 대해 다양한 수법이 고안되어 논문으로 발표됐다. 그중에서도 딥러닝의 실현을 가능케 한 유명한 수법에 드롭아웃과 합성곱 신경망, 오토인코더가 있다. 모두 적은 파라미터에 의한 계산으로 복잡한 특징을 놓치지 않고 발견하기 위한 방법이다. 그러면 각 방법의 구조를 설명한다.

드롭아웃

과적합을 방지하는 방법의 하나가 드롭아웃이다. 딥러닝을 수행하기 위해 제프리 힌턴 등에 의해서 고안됐다.[11] 드롭아웃은 매우 단순한 방법이기 때문에 이해하기 쉽다. 지금까지 소개한 신경망에서는 각 유닛은 앞 층에 있는 모든 유닛과 접속되어 있으며 앞 층부터 모든 출력에, 각각에 대한 가중치를 곱한 것을 입력한다. 드롭아웃은 입력하는 파라미터를 줄이기 위해 지정된 일정 비율의 유닛에서의 출력을 강제적으로 수행하지 않도록 하는 수법이다.

예를 들면 드롭아웃률을 0.5로 지정하면 전체의 절반의 유닛에서는 값이 출력되지 않는다(비활성화). 어느 유닛을 비활성화할지는 보통은 학습별로 랜덤으로 결정된다(그림 6-33).

드롭아웃

그림 6-33 ● 드롭아웃을 이용한 모델의 변화
(출처: 미디어스케치)

각 유닛은 학습 시에 어느 정도의 확률로 비활성화됐는지를 기억하고 있으며 학습이 끝난 후에 예측할 때는 학습 시에 비활성화된 확률을 파라미터에 곱해서 영향을 억제한다. 이러한 드롭아웃을 수행하면 특정 유닛이 과잉 반응하는 과적합을 어느 정도 방지할 수 있다.

다만 드롭아웃률이 지나치게 커지면 각 유닛의 정보가 충분히 전해지지 않아 중요한 특징에도 반응할 수 없다. 때문에 적당히 지정해서 조정할 필요가 있다. 기준으로는 드롭아웃률을 0.2~0.5로 지정하는 예가 많다.

오토인코더(자기부호화기)

드롭아웃과 마찬가지로 딥러닝을 수행하는 참고한 방법에 제프리 힌턴 등이 고안한 **오토인코더**가 있다. [12]

현재는 다양한 새로운 방법이 있어 반드시 딥러닝에 오토인코더가 이용된다고는 할 수 없다. 다만 오토인코더는 딥러닝 붐을 만들어냈다는 점에서 매우 중요하다. 여기서는 오토인코더의 개요에 대해 설명한다.

우선 오토인코더의 목적은 차원 압축에 의한 정보량의 삭감이다. 바꾸어 말하면 사전에 이미지의 특징을 파악한 가중치 파라미터를 준비하는 것이다. 매우 어려운 개념이므로 예를 들어 설명한다.

예를 들면 화상인식을 신경망으로 수행할 때 우선 입력층과 출력층이 같은 수이고 그보다 적은 수의 유닛이 은닉층에 하나 있는 작은 모델을 준비한다. 이것은 실제로 화상인식에 사용하는 모델과는 별도로 사전준비로서 작성하는 모델이다. 이러한 모델을 사용해서 수행하는 학습을 실제 분석하기 전의 학습이기 때문에 **사전학습**이라고 한다(그림 6-34).

이 작은 네트워크에서 입력값에 대한 정답을, 입력값과 같아지도록 설정한다. 바꾸어 말하면 입력한 이미지와 거의 같은 화상을 출력하는 모델을 만든다. 이것을 모든 데이터에 대해 여러 차례 학습한다. 그러

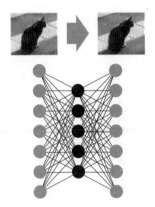

그림 6-34 ● 오토인코더에서의 사전 학습 모델
(출처: 미디어스케치)

면 잠시 학습을 반복한 후에 어느 데이터로도 거의 같은 출력을 얻을 수 있는 모델을 생성한다. 이때 은닉층의 유닛은 입력 데이터의 특징을 어느 정도 파악한 가중치 파라미터를 갖고 있다고 생각할 수 있다. 예를 들면 입력이 이미지인 경우는 작은 노이즈와 빛의 반사 등이 제외된 전체적인 특징을 파악한 이미지를 출력하는 파라미터를 갖게 된다. 여기서 생긴 은닉층을 h_1이라고 한다.

다음으로 은닉층 h_1을 입력층으로 하고 그보다 적은 유닛의 은닉층이 하나 있는 모델을 만든다. 그리고 마찬가지로 이 모델에서 같은 결과가 되도록 사전학습을 수행한다. 마침내 입력과 출력이 거의 같아졌을 때 이 은닉층을 h_2라고 한다. 이것을 반복해서 수행하고 최종적으로는 사전학습에서 얻어진 은닉층 h_1, h_2의 파라미터를 차례대로 화상인식에 이용하는 모델의 제1층, 제2층에 채용한다(그림 6-35).

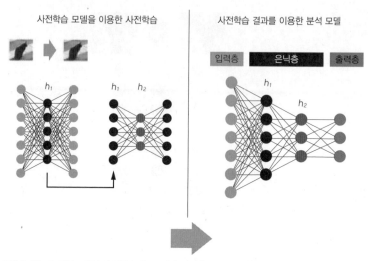

사전학습 모델을 이용한 사전학습

사전학습 결과를 이용한 분석 모델

입력층　은닉층　출력층

그림 6-35 ● 오토인코더의 사전학습과 그 결과를 채용한 분석 모델
(출처: 미디어스케치)

　이러한 순서대로 학습을 수행함으로써 분석에 사용하는 모델의 유닛을 줄일 수 있다. 동시에 가중치 파라미터는 사전에 이미지의 특징을 어느 정도 파악한 상태가 된다. 이러한 방법으로 과적합과 기울기의 소실을 방지하는 것이 오토인코더의 특징이다.

　현재 화상인식에는 이후에 설명하는 합성곱 신경망이 채용되는 경향이 있다. 합성곱 신경망에서도 마찬가지로 적은 파라미터로도 전체적인 특징과 작은 특징 모두를 효율적으로 파악할 수 있는 방법을 수행하고 있다. 그 의미에서 오토인코더는 딥러닝의 기초가 된 수법이다.

　이것의 등장으로 딥러닝의 실현 가능성이 단숨에 높아졌다.

6.4 합성곱 신경망

딥러닝을 실현하기 위한 다양한 방법이 계속해서 등장하고 있지만 현재 가장 중요한 방법은 합성곱 신경망이다. 특히 문자인식 등의 화상인식 세계에서 빈번하게 이용되고 있다.

합성곱 신경망의 구조는 매우 복잡하지만 현재의 인공지능을 이해하기 위해서는 합성곱 신경망의 구조를 개념적으로라도 알아둬야 한다.

화상인식과 추상화

지금까지 설명한 바와 같이 자율주행 등에서 사용되는 인공지능은 카메라의 이미지로 사람들과 자동차, 안내판 등이 어디에 있는지를 순간적으로 판단한다. 가능한 한 크고 상세한 이미지를 사용하여, 거기에 비치는 다양한 것을 인식할 수 있으면 도움이 된다. 그러나 이미지를 1화소씩 상세하게 분석하는 방법으로는 정보량이 너무 많아 제대로 처리하지 못한다. 그래서 **추상화**라는 개념을 토대로 고안한 방법이 **합성곱 신경망**이다.

추상화란 이미지를 1화소씩 보는 게 아니라 조금 더 흐리게 해서 전체적인 색과 형태를 보는 것이다. 예를 들면 그림 6-36에 나타낸 2개의 눈사람 이미지에는 무슨 차이가 있을까.

(1)

(2)

그림 6-36 ● 눈으로 봤을 때의 차이와 데이터상의 차이
(출처: 미디어스케치)

아마 눈으로 봤을 때는 거의 차이를 모르겠지만 (2)는 (1)에 비해 비치는 부분이 수 도트분 오른쪽으로 비켜 있다. 그리고 오른쪽 이미지에 매우 작은 노이즈가 포함되어 있다. 인간의 눈으로 보면 같아 보이지만 데이터로서는 (1)과 (2)는 전혀 다른 숫자의 배열이다.

우리가 인공지능에 요구하는 것은 인간과 같은 시점을 갖는 것이 아닐까. 미묘한 어긋남과 작은 노이즈의 유무는 본질적인 애기는 아니다. 따라서 (1)과 (2)는 같은 것이 비친 영상으로 같다고 판단하기를 바란다.

그러려면 이 두 이미지에 비치는 물체를 비교했을 때 거의 같은 색에 거의 같은 형태를 하고 있고 거의 같은 얼굴 부품이 존재하는 것을 인공지능이 확인할 수 있으면 (1)과 (2)는 같은 것이 비친다고 간주할 수 있다. 이처럼 1도트씩의 데이터가 아니라 이미지 전체의 추상적 특징을 파악해서 비교하는 방법이 합성곱 신경망이다.

합성곱 신경망의 예(AlexNet)

합성곱 신경망은 매우 복잡한 구성의 머신러닝 모델이다. 우선 이미지하기 쉽도록 하기 위해 대표적인 합성곱 신경망의 예인 **AlexNet**을 설명한다.

AlexNet은 알렉스 크리제프스키Alex Krizhevsky와 제프리 힌턴Geoffrey Everest Hinton, 이리야 사츠케버Ilya Sutskever 등이 만든 합성곱 신경망 모델이다. ILSVRC라는 화상인식 기술을 경쟁하는 대회에서 2012년에 우승한 합성곱 신경망의 선구적 존재이기도 하다. 현재 알고 있는 딥러닝 붐의 계기라고 할 수 있을 것이다. AlexNet의 상세에 대해서는 논문을 참조하기 바란다. [13)]

AlexNet은 1매의 이미지에 복수 존재하는 1,000종류 이상의 물체를 검출하는 것을 목적으로 설계되어 있다.

그림 6-37은 AlexNet의 각 층의 구성을 나타낸 것이다.

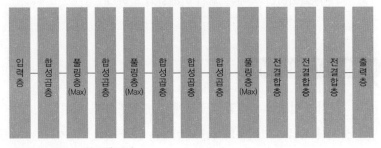

그림 6-37●AlexNet의 모델 구성
(출처: 미디어스케치)

이처럼 합성곱 신경망에서는 합성곱층과 풀링층을 조합해서 이미지 데이터를 처리한다. 화상처리의 경우 입력층의 데이터는 이미지 데이터이다.

ILSVRC에서는 227×227픽셀의 이미지를 처리하지만 풀컬러(RGB의 3색 데이터가 존재한다)이기 때문에 227×227×3의 3차원 데이터가 된다. 즉 3매의 이미지를 동시에 처리하고 있다고 생각하기 바란다(상세한 처리 내용은 이후에 차례대로 설명). 마지막에는 전결합층이 이어진다.

여기서는 3차원 데이터(3색분의 데이터)를 1차원으로 통합하는 평활화라는 처리를 수행한다(상세한 것인 이후의 '평활화 실시'에서 설명한다).

이것은 화상인식에서 2012년 당시 최고점을 낸 모델이지 반드시 이 순서대로 나열한 모델이 최적이라는 얘기는 아니다. 다만 AlexNet과 비슷한 모델의 합성곱 신경망은 많이 있으며 AlexNet은 현재도 기초적인 모델이 되고 있다.

합성곱 신경망에서는 합성곱층과 풀링층이 복수로 나열해 있고 차례대로 처리한다는 것을 우선 이해하기 바란다.

합성곱 신경망의 개요

그러면 합성곱 신경망의 구조에 대해 설명하자. 합성곱 신경망은 화상인식 이외에도 이용되지만 이번에는 알기 쉽게 고양이 또는 개를 화상인식으로 판별한다는 전제로 설명한다.

우선 전체적인 구조는 통상의 일반 신경망과 기본적으로는 같다. 화상인식의 분석 내용으로는 '분류'가 되기 때문에 입력층에서 이미지 데이터를 입력한 후 은닉층에서 계산한 결과 출력층에는 각 그룹에 속할 확률을 출력한다. 다만 합성곱 신경망의 경우 은닉층에는 합성곱층과 풀링층, 전결합층 같은 종류의 층이 존재한다. 이들 층이 몇 층이나 겹친다는 점도 지금까지 설명한 신경망과 같다. 합성곱층과 풀링층, 전결합층 등을 어떻게 배치할지는 사람이 검토하며 정해진 순서가 있는 것은 아니다. 각각의 층에서 어떤 처리가 이루어지는지를 순서대로 확인하자.

합성곱층의 목적

합성곱층에서는 이미지에 필터를 적용하면 특징을 추출하기 쉽다. 예를 들면 이미지에서 고양이를 인식하려는 경우 고양이의 색은 종류에 따라서 여러 가지가 있으므로 색의 분석만으로는 고양이를 특정하는 것은 불가능하다. 따라서 비친 형태를 인식할 필요가 있다.

형태를 인식하는 경우 사람이 수행하는 화상 분석에는 화상에 필터를 적용해서 윤곽을 알기 쉽게 하는 수법이 있다. 그림 6-38의 경우 (1)에 비해 필터를 적용한 (2)가 윤곽이 뚜렷하기 때문에 쉽게 형태를 인식할 수 있다.

그러면 인공지능이 고양이를 인식하는 경우 어떤 필터를 적용하면 인식하기 쉬울까. 필터를 여러 가지로 시도해보고 고양이를 가장 쉽게 판별할 수 있는 필터를 발견하는 것이 합성곱층에서 수행하는 학습이다.

(1)   (2)

그림 6-38 ● 고양이 이미지에 윤곽을 알기 쉽게 하는 필터를 적용한 예
(출처: 미디어스케치)

합성곱층의 필터와 가중치 계산

앞의 고양이 그림에서는 사람이 알기 쉬운 필터를 적용했다. 그러나 실제의 합성곱 신경망에서는 사람의 감각과는 조금 다른 필터를 적용해서 결과적으로 고양이를 가장 인식하기 쉬운 필터를 찾아낸다. 구체적인 예로 살펴보자.

그림 6-39는 실제로 필자가 Cifar-10(이 데이터의 상세한 내용은 제5장을 참조)의 이미지를 분류할 때 사용한, 최초의 합성곱 필터를 가시화한 것이다.

언뜻 어떤 특징을 이미지에서 추출해야 할지 모를 것이다. 그러나 이것이 인공지능이 학습하는 초기의 단계이고 어떤 특징을 이미지에서 추출하기 위한 합성곱층의 필터이다.

구체적으로 어떻게 계산하는지에 대해 조금 설명하자. 이 예에서는 세로 3 × 가로 3의 총 9개로 이루어진 파라미터로 구성되는 필터를 64매

그림 6-39 ● 합성곱층의 커널 사이즈 3×3의 필터 예
(출처: 미디어스케치)

작성했다. 이때 필터의 크기를 전문 용어로 **커널 사이즈**라고 하며 매수는 사람이 프로그램상에서 지정하는 하이퍼 파라미터이다.

1매의 필터를 구성하는 9개의 수치는 가중치 파라미터이다. 필터를 구성하는 각 수치를 일반 신경망과 마찬가지로 학습을 통해서 최적화한 수치로 수정한다.

이미지 데이터에 필터를 적용한다는 것은 구체적으로는 데이터의 집합과 필터의 집합을 행렬 계산한다는 점이다. 이 예에서는 입력 이미지의 3×3의 영역과 필터의 3×3의 가중치와의 내적이 계산 결과 하나의 수치 파라미터가 된다. 이 처리를 **합성곱**이라고 한다.

예를 들면 어느 필터가 고양이의 귀와 같은 삼각형을 발견하는 특징이 있다고 하자. 이 필터에 의한 합성곱은 입력 이미지 전체에 대해 슬

라이드하면서 수행하기 때문에 화상의 어디에 귀가 존재해도 발견할
수 있다(그림 6-40).

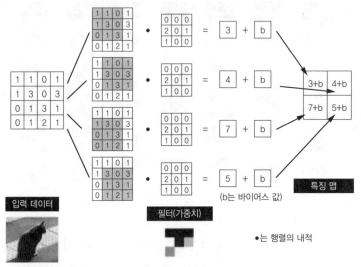

그림 6-40 ● 필터 1매에 관한 합성곱 처리의 개요
(출처: 미디어스케치)

필터가 64매 있다는 것은 64종류의 특징을 이미지에서 발견한다는
것이다. 어떤 특징을 찾아내는 필터를 64종류 조합하면 개와 고양이
를 높은 정확도로 판별할 수 있을까 하는 점을 목표로 학습하는 것이
합성곱 신경망이다.

입력 이미지는 각 필터에 의해서 합성곱이 실시된 결과 어느 특징이
존재하는지 아닌지를 나타낸 새로운 맵 데이터로 변환된다. 합성곱 후
에 출력되는 맵 데이터를 특징 맵이라고 한다. 또한 계산 결과에 대해
일반 신경망과 마찬가지로 바이어스 파라미터가 더해진다. 이들 9개

의 가중치와 하나의 바이어스를 여러 가지로 바꾸어 보는 부분은 기본
적인 신경망과 같다. 가중치가 단순한 곱셈이 아니라 이미지 데이터와
의 행렬 계산이 되는 것이 합성곱 신경망의 특징이다.

한편 그림의 예에서는 데이터에서 3×3의 필터에 대해 1개분씩 이동
하면서 3×3의 데이터를 꺼내서 계산을 하고 있다. 이동하는 폭은 1 이
상으로 설정할 수 있다. 이동 폭을 스트라이드라고 한다.

필터에 반응하는 특징의 가시화

여기까지 합성곱층에서 어떠한 계산을 하는지에 대해 설명했다. 다
만 결과적으로 어떤 특징을 추출했는지 필터(가중치)를 봐도 잘 알 수
없다. 그래서 조금 다른 접근법으로 합성곱층을 보고자 한다. 합성곱
층에서 역산을 해서 도대체 어떤 이미지이면 각 필터가 특징을 추출
하는지를 가시화하는 방법이 있다. 그림 6-41은 방금전 예로 소개한
Cifar-10의 분석에서 합성곱층의 각 필터가 최대한으로 반응하는 이
미지를 가시화한 것이다.

다시 말해 이 필터는 그림 6-41의 오른쪽에 나타낸 사선의 호모양
이 이미지에 존재하면 강하게 반응하는 것을 나타낸다. 그림에서는 사
선의 물결과 같은 호모양이 나와 있다. 이러한 특징을 가진 부분이 이
미지의 어디에 존재하는지를 찾고 있다. 합성곱 신경망의 모델에서는
일반적으로 복수의 합성곱층을 배치한다.

깊은 층에 있는 필터일수록 결과적으로 복잡한 도형에 반응하는데,

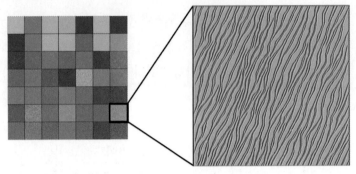

그림 6-41 ● 합성곱 신경망의 필터별 반응 이미지 예
(출처: 미디어스케치)

여기에 관해서는 이후의 '합성곱 신경망에 의한 분석 예'에서 설명한다.

합성곱층의 패딩 실시

합성곱층에서는 결과로서 내부에서 내적의 행렬 계산을 한다. 행렬 계산의 특성상 내적의 계산 결과는 계산 전에 비해 값의 수가 적어진다. 이미지의 경우 필터를 적용한 후의 이미지 사이즈가 작아진다고 생각하기 바란다.

이 상태로는 합성곱층을 통과할 때마다 이미지 사이즈가 너무 작아져서 머지않아 중요한 특징이 보이지 않을 정도로 작아질지 모른다. 이것을 방지하기 위해 합성곱 전에 패딩을 수행해서 입력 데이터 사이즈를 크게 하는 경우가 있다.

패딩은 이미지 주위를 특정 수치로 메워 사이즈를 크게 하는 것이다 (그림 6-42).

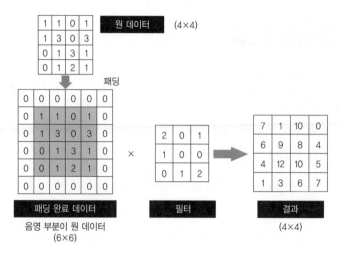

그림 6-42 ● 제로 패딩의 예
(출처: 미디어스케치)

　주위를 어떤 수치로 메울지는 한마디로 말할 수 없지만 일반적으로 많이 채용되는 것이 데이터의 주변을 0으로 메우는 제로 패딩이다. 이 외에 인공지능 라이브러리에 따라서는 0 이외의 수치로 메우는 패딩 기능을 제공하고 있는 것도 있다.

합성곱층의 활성화

합성곱층에서는 합성곱 처리를 수행한 후 마이너스 값 등을 배제하기 위해 활성화 함수를 이용한 필터링을 수행한다. 다음 층에 파라미터를 건네기 전에 전체의 값을 정형할 목적으로 화상인식 등의 경우는 렐루 함수와 같은 함수가 자주 이용된다.

여기까지 합성곱 처리를 설명했는데 합성곱층에서는 일반적으로 패딩, 합성곱, 활성화 순으로 수행한다.

최초의 합성곱에서는 파라미터의 수는 줄지 않았기 때문에 패딩을 생략하고 합성곱과 활성화만 수행한다. 협의의 의미에서는 합성곱 처리하는 부분만을 합성곱층이라고 할 수 있다. 그러나 광의의 의미에서는 패딩과 활성화 처리도 합성곱과 세트로 취급하는 일이 많기 때문에 3가지 처리를 포함해서 합성곱이라 부르는 것이 일반적이다(그림 6-43).

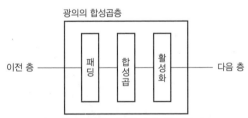

최초의 합성곱에서는 패딩을 하지 않은 것이 많다.

그림 6-43 ● 합성곱층에서의 처리
(출처: 미디어스케치)

딥러닝 라이브러리인 케라스에서는 keras.layers.Conv2D라는 함수로 모델에 합성곱층을 추가한다. 이 함수만으로 패딩과 활성화 함수를 동시에 지정하는 사양이다.

풀링층의 처리

풀링층에서는 정보량을 압축한다. 이미지를 인식할 때는 1도트 단위로 어디에 어떤 색이 있는지의 작은 특징보다 전체적으로 어떤 형태가 보이는지의 추상적인 시점이 중요하다.

예를 들면 이미지에 인간이 비치는지 어떤지를 인식하는 경우 사람의 눈이 있는지 여부를 분석한다고 하자. 이때 중요한 것은 눈이라고 생각되는 원이 있느냐의 여부이지 사람에 따라서 미묘하게 다른 크기의 차이를 신경쓸 필요는 없다. 때문에 풀링층에서는 몇 가지 화소 데이터를 통합하는 처리를 함으로써 정보량을 줄여 세부 정보를 버리고 특징만을 남긴다. 쓸데없는 정보가 없어지는 만큼 처리의 고속화도 기대할 수 있다.

풀링층은 일반적으로 합성곱층 다음에 둔다. 그러나 합성곱층의 뒤에 반드시 풀링을 둬야 하는 것은 아니다. 또한 최근에는 컴퓨터의 처리 능력이 높아져서 풀링층을 생략하는 모델 예도 많이 볼 수 있다. 다만 이로 인해 정확도가 떨어진다는 의견도 있어 풀링층을 둬야 할지 말지는 한마디로 말할 수 없다.

풀링의 수법에는 맥스 풀링과 평균 풀링이 있다.

맥스 풀링은 어느 영역의 최댓값을 대푯값으로 선정해서 남기는 처리이다. 예를 들면 그림 6-44는 맥스 풀링을 수행한 경우의 처리 예이다.

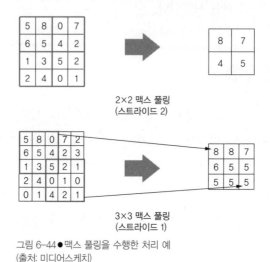

2×2 맥스 풀링
(스트라이드 2)

3×3 맥스 풀링
(스트라이드 1)

그림 6-44 ● 맥스 풀링을 수행한 처리 예
(출처: 미디어스케치)

풀링을 수행할 때는 우선 구분하는 영역의 크기인 풀 사이즈를 결정한다. 그림 6-44의 예에서는 2×2의 풀 사이즈를 지정했다. 각 영역의 최댓값을 대푯값으로 골라낸다. 영역을 몇 개씩 어긋나게 할지는 스트라이드를 설정해서 결정한다. 이 예에서는 스트라이드가 2이므로 데이터를 2개씩 어긋나게 하면서 영역을 구분한다.

평균 풀링은 영역의 데이터 평균값을 대푯값으로 하는 수법이다(그림 6-45).

2×2 평균 풀링
(스트라이드 2)

그림 6–45 ● 평균 풀링의 처리 예
(출처: 미디어스케치)

　맥스 풀링과 평균 풀링 중 어느 쪽이 좋은지는 데이터에 따라 다르
므로 한마디로 말할 수 없다. 둘 모두 정보량을 줄여서(데이터의 수가
감소하는 것) 정보를 압축하는 동시에 미묘한 차이에 의한 인식 차이를
방지한다. 그런 다음 맥스 풀링은 포착한 특징을 선명하게 해서 다음
층으로 보내고 평균 풀링은 다음 층에 보낸다.

　최근의 화상인식은 맥스 풀링을 채용한 사례가 많이 보인다. 맥스 풀
링에 의해서 노이즈를 경감한다는 개념이 있기 때문인 것 같다. 그러나
노이즈의 종류에는 여러 가지가 있고 하얀색 점과 같은 노이즈의 경우
는 반드시 맥스 풀링이 효과적이라고는 할 수 없다.

평활화의 실시

　이미지 데이터의 대부분은 세로, 가로, 색의 3차원으로 구성되는 정
보이다. 예를 들면 (세로, 가로)=(12, 30)의 화소에서 적색의 세기는
128이라는 정보이다. 따라서 풀컬러의 이미지를 입력하는 경우는 입
력값을 3차원 데이터로 입력한다. 다만 신경망에서 분류의 분석을 수

행하는 경우 출력하고자 하는 값은 각각의 그룹에 속할 확률의 1차원 집합이 된다(그림 6-46).

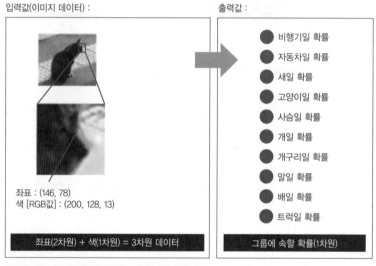

입력값(이미지 데이터) :

좌표 : (146, 78)
색 [RGB값] : (200, 128, 13)

좌표(2차원) + 색(1차원) = 3차원 데이터

출력값 :

● 비행기일 확률
● 자동차일 확률
● 새일 확률
● 고양이일 확률
● 사슴일 확률
● 개일 확률
● 개구리일 확률
● 말일 확률
● 배일 확률
● 트럭일 확률

그룹에 속할 확률(1차원)

그림 6-46● 화상인식의 입력값과 출력값의 차원 수
(출처: 미디어스케치)

이렇게 하면 차원 수가 맞지 않는다. 그래서 1보다 큰 N 차원의 데이터를 신경망의 1차원 출력값에 맞추기 위해 변환하는 것을 평활화flatten(평탄화)라고 한다.

실제로는 어렵지 않다. 이미지 데이터의 경우 3차원 데이터를 그림 6-47과 같이 차례대로 1차원으로 나열할 뿐이다.

많은 경우 합성곱과 풀링 등의 처리를 한 후 출력층 앞쪽 주변에서 평활화를 실시한다. 평활화 후에는 통상의 신경망과 같은 처리를 하고 출력층에 계산 결과를 출력한다.

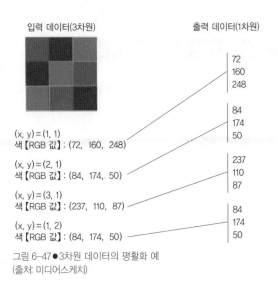

입력 데이터(3차원)　　　　　　출력 데이터(1차원)

72
160
248

84
174
50

237
110
87

84
174
50

(x, y) = (1, 1)
색【RGB 값】: (72, 160, 248)

(x, y) = (2, 1)
색【RGB 값】: (84, 174, 50)

(x, y) = (3, 1)
색【RGB 값】: (237, 110, 87)

(x, y) = (1, 2)
색【RGB 값】: (84, 174, 50)

그림 6–47 ● 3차원 데이터의 평활화 예
(출처: 미디어스케치)

전결합층의 처리

합성곱 신경망의 모델에서는 평활층에 의한 평활화 후에 다층으로 이루어진 통상의 신경망과 마찬가지로 활성화 함수에 의한 유닛을 처리하는 일이 있다. 이 층을 전결합층이라고 부른다.

합성곱에서의 전결합층은 출력층의 앞에 합성곱 등에서 추출한 특징을 평활화한 결과를 정돈하는 의미가 있다. 너무 많은 층을 겹치지 않고 1~3층까지 겹치는 것이 일반적이다. 또한 드롭아웃에 의해 일정한 비율로 파라미터를 줄이는 모델의 예가 많이 있다.

합성곱 신경망에 의한 분석 예(모델의 설계)

이제부터 실제로 화상인식 연습에 자주 사용되는 **Cifar-10**을 분석한 예를 제시하면서 합성곱 신경망의 이해를 보다 깊이 하고자 생각한다.

Cifar-10은 제5장에서도 설명한 바와 같이 토론토 대학의 제프리 힌턴 등이 공개한 화상인식용 데이터 세트이다. 비행기, 자동차, 새, 고양이, 사슴, 개, 개구리, 말, 배, 트럭 10종류의 데이터가 있고 각각 5,000장씩 학습 데이터로 제공되고 있다.

합성곱 신경망을 사용하여 합계 5만 장의 데이터를 어느 정도의 정확도로 인식 가능한지를 시도한다. 우선 어떤 모델을 작성했는지 설명하자. 물론 이것은 일례이며 반드시 이렇게 구성해야만 하는 것은 아니다(그림 6-48).

우선 이 모델에서는 5회 합성곱을 실시했으며 사이즈가 작아지지 않도록 패딩을 수행하고 있다. 합성곱 후에는 풀링층에서 맥스 풀링을 수행함으로써 추상화한다. 또한 파라미터의 수가 많아지기 때문에 적시에 드롭아웃으로 파라미터 수를 줄이고 있다.

최종적으로는 평활화에 의해서 3차원 데이터를 1차원으로 변환하고 전결합층을 통해서 출력층에 도달한다. 출력층에서 각 이미지가 어느 카테고리에 속하는지를 예측한다. 이 예는 분류 분석이므로 출력값을 입력 화상이 각 카테고리에 속하는 확률치로 할 필요가 있다.

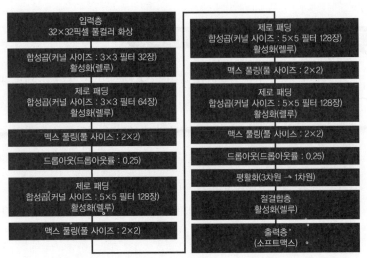

그림 6-48●Cifar-10 분석용 합성곱 신경망 모델 예
(출처: 미디어스케치)

　따라서 출력층에서는 최후에 소프트맥스 함수를 사용하여 각 출력

값을 상대적 확률치로 변환한다.

　예측에 대한 손실을 계산하는 손실함수에는 교차 엔트로피를 채용

하고 있다. 분류의 경우 많은 사례에서 교차 엔트로피가 채용되는 경

향이 있다. 실은 이 모델을 작성하기 전에 필자는 몇 가지 모델을 시도

했다. 높은 정확도가 나오지 않는 모델도 있었지만 시도한 중에는 가

장 정확도가 높았다. 필자는 샘플로서 시도했을 뿐 시간을 들여 찬찬

히 구축한 모델은 아니다. 이외에도 여러 가지 시도해보면 더 좋은 모

델을 작성하는 일은 어렵지 않을 것이다.

합성곱 신경망에 의한 분석 예(학습 설계)

Cifar-10에서 준비된 5만 장의 학습 데이터 중 90%인 4만 5,000장을 학습에 이용하고 나머지 5,000장을 학습에 사용하지 않고 쪼개둔다. 학습할 때마다 정확도를 계측하기 위한 데이터로 사용하기 위해서다. 이러한 학습 시의 정확도 확인 수법을 교차 검증이라고 한다(상세한 내용은 제7장 7.2 인공지능의 운용 감시를 참조).

학습에 관해서는 우선 최적화 함수에 Adam을 선정했다. 이것을 사용하여 학습을 19회 반복한다. 한편 이 예를 학습하기 위해서는 일반 컴퓨터로는 시간이 많이 걸린다. 따라서 GPU를 탑재한 컴퓨터로 처리하고 있다(GPU와 인공지능의 관계에 대해서는 제7장 7.7 하드웨어와 플랫폼을 참조).

그래도 꽤 시간이 걸리기 때문에 미니배치 학습을 실시했다. 배치 개수는 10으로 설정했기 때문에 1장씩 학습하는 경우와 비교해서 약간 예측 정확도가 떨어질지 모른다. 이 상태에서 1회의 학습에 드는 시간은 대체로 12~13분 정도이다. 따라서 19회 학습하기 위해서는 고성능 GPU를 탑재한 컴퓨터로도 4시간 정도 걸린다. 1회의 검증에 이 정도의 시간이 걸리므로 파라미터를 여러 가지로 바꾸면서 성능을 검증하는 인공지능의 튜닝에는 많은 시간이 걸린다는 것을 알 수 있다.

합성곱 신경망에 의한 분석 예(정확도 검증)

그러면 학습 횟수별 정확도를 살펴보자.

우선은 손실값의 변화이다(그림 6-49).

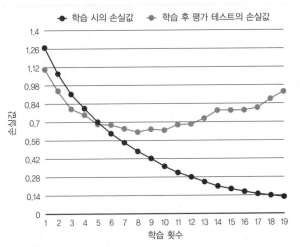

그림 6-49 ● Cifar-10을 학습시켰을 때의 손실값
(출처: 미디어스케치)

손실값이란 학습 시에 오차를 계측하는 손실함수의 계산 결과이다. 손실값이 크면 예측과 정답의 차이가 커진다. 따라서 손실값이 학습을 거듭할 때마다 작아지지 않으면 정확도가 향상했다고 할 수 없다.

손실값의 그래프를 보면 학습 시의 손실값은 학습할 때마다 저하하고 있어 순조롭게 정확도가 높아진다고 판단할 수 있다. 다만 학습이라는 처리는 오차가 작아지지 않도록 파라미터를 수정하는 것이므로 손실값이 낮아지는 것은 당연하다고 할 수 있다.

문제는 학습에 사용하지 않은 '미지의 데이터'에 대해 어느 정도의 정확도가 나오는가 하는 점이다. 매회 학습 후에 수행하는 평가 테스트에서는 학습에 사용하지 않은 5,000장의 미지의 데이터를 사용해서 손실값(학습 후 평가 테스트의 손실값)을 계측했다. 학습 후 평가 테스트의 손실값 추이를 보면 8회째의 학습까지는 손실값이 순조롭게 낮아졌지만 그 이후는 상승으로 전환했다. 사실 그다지 좋은 경향은 아니다. 가능성으로 생각할 수 있는 것은 과적합 상태가 발생했거나 혹은 이번 모델에서는 이 정도의 예측 정확도가 한계일 수 있다.

회귀분석의 경우는 손실값으로 정확도를 계측한다. 분류의 경우는 예측이 어느 정도의 확률로 정답이었나 하는 정답률로 정확도를 잴 수 있다.

그러면 이 학습에서의 정답률을 살펴보자(그림 6–50).

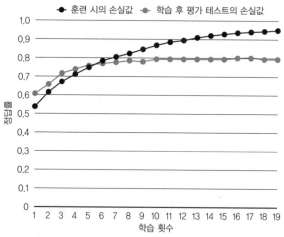

그림 6–50 ● Cifar–10을 학습시켰을 때의 정답률
(출처: 미디어스케치)

훈련 시의 훈련 데이터에 대한 정답률(학습 시의 손실값)은 계속 상승하여 최종적으로는 95% 정도까지 높아졌다. 한편 평가 테스트 시 미지의 데이터에 대한 정답률(학습 후의 평가 테스트 정답률)은 낮아지지는 않았지만 8회째 이후는 학습에 의한 예측 정확도가 그다지 높아지지 않은 것으로 추측된다.

80%의 화상밖에 판별할 수 없다는 것에 낙담할지 모른다. 그러나 합성곱 신경망이 등장하기 이전에는 이 수준의 정확도를 내는 것도 상당히 어려운 일이었다.

이번에는 미니배치 학습을 수행해서 10개의 데이터별로 학습했기 때문에 정도는 더 이상 높아지지 않을지 모른다. 시간은 걸리지만 배치 수를 줄이거나 모델 내의 하이퍼 파라미터를 고안하면 좀 더 정확도가 올라갈 가능성이 있다.

중요한 것은 예측 정확도를 학습 단계에서 정기적으로 확인하면서 상황을 각 지수에서 읽어내는 것이다. 추가해서 다양한 튜닝에 의해 어떤 모델이 최적인지를 찾아내는 것도 중요하다.

합성곱 신경망을 이용한 분석 예(특징 확인)

마지막으로 합성곱 신경망을 좀 더 깊이 이해하기 위해 이 분석에서 인공지능이 어떻게 이미지를 인식했는가에 대해 확인해보자(사람이 시각적으로 인공지능의 내용을 이해하기 위한 것이므로 실제의 인공지능 분석에서는 잘 하지 않는다).

우선 합성곱층의 필터에 관해서이다. 그림 6-51은 제3층의 합성곱
층의 액티베이션을 최대화한 이미지, 즉 이 합성곱층에서 발견하고 반
응하는 특징을 이미지화한 것이다.

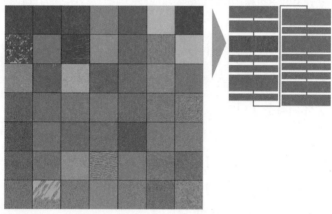

그림 6-51 ● 제3층의 합성곱층에서 발견하는 특징을 최대화한 이미지
(출처: 미디어스케치)

작으면 알기 어려우므로 이 중 몇 장을 확대한다(그림 6-52).

그림 6-52 ● 제3층의 합성곱층에서 발견하는 특징을 최대화한 이미지(확대)
(출처: 미디어스케치)

이 합성곱층에서는 그림 6-52와 같이 입력 이미지에 포함되는 단순한 호모양에 대해 반응하게 돼 있다. 그러면 다음 제6층에 있는 합성곱층은 어떻게 되어 있는지를 확인하자.

그림 6-53과 같이 제6층에서 검지하는 모양은 제3층의 이미지에 비해 복잡한 모양인 것을 알 수 있다. 이처럼 합성곱 신경망에서는 층이 깊어질수록 보다 많은 합성곱층을 지나 복수의 필터에 의해서 특징을 판정하게 된다. 때문에 층이 깊어질수록 보다 복잡한 특징을 검지할 수 있다.

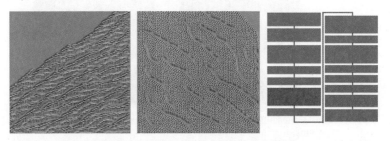

그림 6-53 ● 제6층의 합성곱층에서 발견하는 특징을 최대화한 이미지(확대)
(출처: 미디어스케치)

다음으로 제10층에서 검지하는 특징을 이미지로 해서 살펴보자(그림 6-54).

제10층까지 오면 상당히 복잡한 모양을 특징으로 검지하고 있는 것을 알 수 있을 것이다. 이어서 각 데이터의 어느 부분이 판정에 영향을 미쳤는지를 가시화한 것(히트맵)을 보자(그림 6-55).

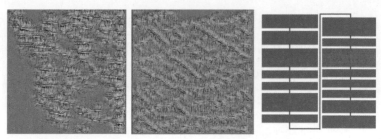

그림 6-54 ● 제10층의 합성곱층에서 발견하는 특징을 최대화한 이미지(확대)
(출처: 미디어스케치)

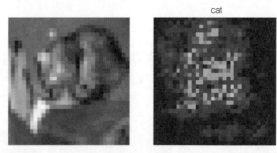

그림 6-55 ● 고양이의 이미지와 각 화소의 판정 결과에 미치는 영향도를 나타내는 히트맵
(출처: 미디어스케치)

　이것을 보면 결과적으로 고양이의 코와 귀 주변에서 판정 결과에 큰 영향을 미치는지를 알 수 있다. 동시에 고양이의 신체 전체에 대해 나름의 영향도가 있으며 신체의 윤곽을 포착한 것도 확인할 수 있다.

　그러면 이어서 비행기의 이미지에서 확인해보자(그림 6-56).

　이 이미지에서는 차바퀴 주변을 강한 특징으로 포착하고 동시에 기체 전체도 포착했다.

　한편 이미지 위 부분의 문자와 같은 것은 전혀 특징으로 포착하지 않았다. 이처럼 신경망에서는 인간이 아무것도 지시하지 않아도 이미

airplane

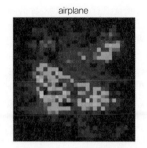

그림 6-56 ● 비행기의 이미지와 각 화소의 판정 결과에 미치는 영향도를 나타내는 히트맵
(출처: 미디어스케치)

지와 정답으로 이루어지는 학습 데이터를 주기만 하면 고양이라면 고
양이, 비행기라면 비행기의 특징을 발견해서 검지할 수 있는 분류기를
작성할 수 있다.

【참고문헌】

1) D. H. Hubel, T. N. Wiesel.
RECEPTIVE FIELDS OF SINGLE NEURONES IN THE CAT'S STRIATE CORTEX.
https://www.ncbi.nlm.nih.gov/pmc/articles/PMC1363130/pdf/jphysiol01298-0128.pdf

2) F. Rosenblatt.
THE PERCEPTRON: A PROBABILISTIC MODEL FOR INFORMATION STORAGE AND
ORGANIZATION IN THE BRAIN.
http://citeseerx.ist.psu.edu/viewdoc/download?doi=10.1.1.335.3398&rep=rep1&type=
pdf

3) Yann LeCun; Leon Bottou; Genevieve B. Orr; Klaus-Robert Muller(1998년).
Efficient BackProp.
http://yann.lecun.com/exdb/publis/pdf/lecun-98b.pdf

4) Xavier Glorot, Yoshua Bengio.
Understanding the difficulty of training deep feedforward neural networks.
http://proceedings.mlr.press/v9/glorot10a/glorot10a.pdf

5) Xavier Glorot, Antoine Bordes, Yoshua Bengio.
Deep Sparse Rectifier Neural Networks.
http://proceedings.mlr.press/v15/glorot11a/glorot11a.pdf

6) Yann A. LeCun, Léon Bottou, Genevieve B. Orr, Klaus-Robert Müller.
Efficient BackProp.
http://cseweb.ucsd.edu/classes/wi08/cse253/Handouts/lecun-98b.pdf

7) John Duchi, Elad Hazan, Yoram Singer.
Adaptive Subgradient Methods for Online Learning and Stochastic Optimization.
http://www.jmlr.org/papers/volume12/duchi11a/duchi11a.pdf

8) Geoffrey Hinton. rmsprop: Divide the gradient by a running average of its recent magnitude.
http://www.cs.toronto.edu/~tijmen/csc321/slides/lecture_slides_lec6.pdf

9) Matthew D. Zeiler.
ADADELTA: An Adaptive Learning Rate Method.
https://arxiv.org/abs/1212.5701

10) Diederik Kingma, Jimmy Ba.
Adam: A Method for Stochastic Optimization.
https://arxiv.org/abs/1412.6980v8

11) Nitish Srivastava, Geoffrey Hinton, Alex Krizhevsky , Ilya Sutskever , Ruslan Salakhutdinov
Dropout: A Simple Way to Prevent Neural Networks from Overfitting.
http://www.cs.toronto.edu/~rsalakhu/papers/srivastava14a.pdf

12) G. E. Hinton.
Reducing the dimensionality of data with neural networks.
https://www.cs.toronto.edu/~hinton/science.pdf

13) Alex Krizhevsky, Ilya Sutskever, Geoffrey E. Hinton:
ImageNet Classification with Deep Convolutional Neural Networks.
http://papers.nips.cc/paper/4824-imagenet-classification-with-deep-convolutional-neuralnetworks.

제 7 장

인공지능 개발과 운용 관리

제 1 장

제 2 장

제 3 장

제 4 장

제 5 장

제 6 장

제 8 장

제 9 장

이번 장에서는 인공지능 개발 절차에 따라서 설계 개발과 운용 관리에 관한 필수 지식에 대해 살펴본다. 2000년대에 시작되어 현재 일고 있는 제3차 인공지능 붐에 수반하여 다양한 라이브러리와 개발 툴이 등장했다. 이들 특징을 파악한 후에 개발 환경을 정비하자. 또한 인공지능에서 운용 관리는 매우 중요한 업무이다. 다른 IT 시스템과 어떤 차이가 있는지를 의식하면서 중요한 포인트를 확인하자.

제7장 인공지능 개발과 운용 관리

7.1 인공지능의 설계

머신러닝 알고리즘의 선택

　제6장까지의 내용에서도 여러 차례 설명했듯이 딥러닝(신경망)을 사용해서 분석하면 반드시 좋은 결과가 나오는 것은 아니다. 확실히 많은 사례와 연구에서 딥러닝이 이용되고 있고 계속해서 새로운 제품과 서비스가 등장하고 있다. 그러나 딥러닝이 만능은 아니며 실제로는 머신러닝의 목적과 데이터의 성질 등을 고려한 후 수많은 인공지능 알고리즘에서 최적의 것을 선택해야 한다.

　덧붙이면 그에 상응하는 비용과 시간이 필요하다. 딥러닝은 복잡한 상관성을 가진 데이터가 많이 있는 경우에 인간이 예상하기 어려운 관계성을 발견하고 다양한 예측 결과를 높은 정확도로 도출한다. 그런데 일정 이상의 성능을 내기 위해서는 방대한 데이터와 고성능 컴퓨터의 자원(CPU와 메모리 등), 학습에 필요한 시간도 늘어나는 경향이 있다. 따라서 단순한 데이터를 분석하고 크게 높은 정확도를 요구하지 않는 경우는 반드시 딥러닝이 최적이라고는 할 수 없다. 따라서 딥러닝뿐 아니라 고전적인 알고리즘에 대해서도 알아둘 필요가 있다.

　또한 머신러닝의 알고리즘과 튜닝 방법은 날로 새로운 것이 선보이고 있다. 때문에 분석 수법과 모델, 튜닝 방법에는 유행이 있다. 따라서 최신 정보를 수집해서 참고로 하는 것도 중요하다. 나아가 인공지능을 사용해서 무언가를 분석할 때는 같은 내용을 분석한 문헌을 참고로 하는 것도 매우 중요하다.

참고할 만한 것에는 인공지능 관련 논문과 서적 외에 기술자가 정보를 공개하는 블로그와 동영상 등이 있다.

인공지능에 관한 논문에는 처리 내용뿐 아니라 성능에 관한 고찰과 모델의 구성, 튜닝 항목에 의한 정확도의 변화 등을 상세하게 기재한 것이 많이 있다. 그러한 논문은 어떤 알고리즘에서 어느 정도의 정확도를 낼 수 있을지를 예측할 때 매우 중요한 힌트가 될 것이다. 그러나 정확도에 관해서는 실제로 움직여보지 않으면 알 수 없는 부분이 많은 것도 사실이다. 입력하는 데이터와 프로그램을 동작시키는 환경에 따라서 예측 정확도와 학습 시간이 크게 달라지기 때문이다. 때문에 우선은 한정된 데이터로 검증해보는 것도 효과적인 수단 중 하나다.

목푯값의 설정

인공지능으로 분석을 할 때 학습과 파라미터 튜닝을 어디까지 수행할지는 구하는 정확도에 따라 달라진다. 정확도를 결정하기 위해서는 목푯값을 설정할 필요가 있다. 목푯값은 막연하게 내지는 개인적인 이상값으로 설정해서는 안 된다. 실제 운용을 생각한 경우에 어느 정도의 정확도라면 문제 없이 활용할 수 있을까부터 생각한다.

여기까지 배운 사람이라면 쉽게 이해할 수 있겠지만 인공지능의 예측 정확도가 100%에 달하는 일은 있을 수 없다(원래 현실 세계에 100%로 일어나는 일 따위 존재하지 않는다). 인공지능은 어디까지나 지금까지의 데이터 경향을 고려한 경우 이렇게 생각하는 것이 확률적으로 타당하다고 판단한 회답을 도출하는 것에 지나지 않는다. 역설적이지만 가령 인공지능의 예측이 장기에 걸쳐 100%를 유지하는 거라면 애초에 인공지능을 이용할 필요가 없을 정도로 판정이 명확하고 간단한 예측을 했다는 의미일 것이다.

예를 들면, 개나 고양이를 식별하는 화상인식 인공지능을 개발하는 경우 99%의 정답률을 지향하는 경우와 99.99%의 정답률을 지향하는 경우는 개발과 운용 방침이 크게 다르다. 문자 인식에서 99%의 정답률을 지향하는 경우는 100문자에 1문자는 다르게 인식되기 때문에 한 장의 서류에 100문자가 있다고 가정하면 서류 한 장의 어딘가에 오인식이 있는 계산이 된다. 이에 대해 99.99%의 정답률인 경우는 100장의 서류에 하나는 오인식이 있다는 계산이 된다. 이 점을 고려하고 누가 어떻게 오인식에 대응할지를 생각해야 한다.

인공지능에서는 아무리 우수한 모델이라도 오인식은 존재한다. 이것을 이해하고 오인식에 의한 치명적 문제 발생을 방지하기 위한 장치를 준비해두는 것이 매우 중요하다. 인공지능에 화를 내봐야 소용없다. 최종적으로는 인간이 책임감을 갖고 평가해야 한다. 다만 인간이 체크해도 문제를 완전히 방지할 수는 있는 것은 아니라는 점을 잊어서는 안 된다.

목푯값과 개발 비용

추가해서 개발 시에는 비용을 고려할 필요가 있다. 인공지능의 정답률을 99%로 하는 경우와 99.99%로 하는 경우 비용에 어느 정도의 차이가 있는지를 의식해야 한다는 얘기이다.

일반적으로 인공지능 학습에는 다음과 같은 비용이 필요하다.

- 프로그램을 개발하고 튜닝을 하는 엔지니어의 인건비
- 학습용 컴퓨터의 전기요금
- 학습용 컴퓨터를 대여하는 경우의 이용 요금

이 비용을 계산하면 꽤 큰 금액이다. 일반적으로 머신러닝에서는 정답률을 50% 정도에서 70% 정도로 올리는 것은 비교적 간단하다. 그러나 99%라는 높은 정답률을 다시 99.99%로 올리는 것은 그것과는 비교가 안 될 정도로 어렵다. 시간과 수고를 들여서 다양한 튜닝을 할 필요가 있기 때문이다.

따라서 인공지능의 이용을 계획하는 단계에서 '정답률은 높은 것이 좋다. 가능하면 오인식이 발생하지 않아야 한다'와 같은 식의 애매한 조건(요건)을 포함하면 곤란하다. 엔지니어는 우선 정한 목표(높은 정답률)를 위해 방대한 시간을 들여 인공지능을 학습시켜야 하기 때문이다.

따라서 인공지능의 개발을 IT 기업에 의뢰하는 경우는 목푯값을 애매하게 정해서는 안 된다. 실제로 견적 금액만 높아져 결과적으로 개발을 시작하지도 못하는 프로젝트가 있다.

높은 정확도를 요구하지 않는데도 시간과 비용을 들여서 학습을 계속하는 것은 낭비이다. 따라서 실제 운용 시에 어떻게 이용할지를 명확히 이해한 후에 어느 정도의 목푯값으로 하는 것이 최적인지를 결정하는 것이 중요하다.

학습의 실시 계획

지도학습의 경우 인공지능을 활용하기 전에 학습 데이터를 준비하고 학습시켜 예측 정확도를 높일 필요가 있다. 일반적으로 내용에 편차가 있고 많은 패턴이 존재하는 학습 데이터를 학습시켜야 높은 정확도를 얻을 수 있다.

예를 들면 화상인식에서 개인지 고양인지를 판단시키는 경우 다양한 종류와 연령, 크기, 자세 등의 개와 고양이의 이미지가 있으면 높은 정확도를 기대할 수 있다. 그러나 프로토타입 단계부터 모든 데이터를 학습시킬 필요는 없다. 대규모 데이터를 학습시키면 1회의 학습에 긴 시간이 걸리는 경우가 있다. 더욱이 긴 시간을 사용해서 학습시켜도 튜닝 미스 등에 의해 결과적으로 높은 정확도를 얻을 수 없는 경우 많은 시간을 낭비하게 된다.

이러한 사례를 방지하기 위해 우선은 한정된 양의 데이터에서 정확도와 시간을 견적하는 프로토타입 검증으로 학습 계획을 세우자. 즉 최초의 단계에서 한정된 양의 데이터로 정확도가 어느 정도 변화하는지를 검증하는 동시에 어느 정도의 시간을 소비하면 목표하는 정확도를 얻을 수 있을지를 분석한 후에 학습 계획을 세우는 것이다. 실제로 학습시켰더니 반년이나 걸린다면 그 정도의 시간과 비용을 들여서 학습시키는 의미가 있는지 어떤지를 따져봐야 한다.

프로토타입 검증을 통해서 충분한 정확도를 계획 범위 내에서 얻을 수 있다고 예측되면 소유하고 있는 방대한 학습 데이터를 순차 학습시켜 본격적인 학습으로 이행한다.

비지도학습과 강화학습에서는 학습 데이터를 준비하지 않아도 된다. 그러나 프로토타입 단계에서 성능을 검증하고 학습 계획을 세운다는 점은 같다. 학습 데이터가 없는 학습에서는 정확도가 높아지기까지 시간이 더 길어지므로 주의가 필요하다. 또한 과적합(과적합의 상세한 내용은 제7장 7.2를 참고) 등이 원인이 되어 계획한 대로 정확도가 향상하지 않을 가능성도 있다.

학습을 개시하고 나서 1시간 정도는 정확도가 순조롭게 향상해도 그 후에 급격하게 정확도가 저하하는 일은 드물지 않다. 따라서 학습 시에는 정확도에 관한 정보를 로그파일에 정기적으로 기록하는 동시에 성능에 문제가 발생하지 않는지를 계속 확인해야 한다.

학습 완료 모델의 보존

예를 들면 어느 분석에서 같은 데이터에 대해 1만 회 반복 학습을 실시하는 계획이 있다고 하자. 이 계획에서 학습 시간에 1개월 정도 소요된다고 해서 그 기간 동안 컴퓨터를 연속 가동시켜 학습을 계속할 필요는 없다.

경우에 따라서는 점검 등으로 일단 프로그램을 멈춰야 하는 일도 있을 수 있다. 또한 어느 정도 시간을 들여서 학습시켰는데도 불구하고 어떤 문제가 원인이 되어 프로그램이 도중에 정지해서 학습한 내용이 낭비될 가능성도 있다. 이 문제를 해결하기 위해 인공지능에서는 그 시점까지 학습한 상태를 OS상의 파일에 보존할 수 있다. 그 시점의 모델 내 가중치와 바이어스 같은 모든 파라미터이다. 보존한 파일을 다시 같은 구성의 모델로 읽어들여 보존했을 때의 상태를 재현한다. 이렇게 해서 전회에 이어서 학습을 재개할 수 있다. 장기간의 학습을 수행하는 경우는 컴퓨터가 정지할 리스크를 상정하고 정기적으로 학습 내용을 파일로 해서 OS상에 보존하면 된다.

인공지능의 상태를 보존하는 파일의 용량은 파라미터의 수에 의존하며 크고 복잡한 모델일수록 대용량이 된다. 다만 보존하는 파라미터의 수는 많아져도 결국은 수치 데이터이므로 그리 큰 용량은 아니다. 학습 횟수에 따라서 보존 파일의 용량이 극단으로 커지는 일도 없으므로 디스크의 용량에 대해서는 크게 신경 쓸 필요는 없다.

한편 학습 정확도의 검증을 위해 학습 횟수에 수반하는 정확도의 변화를 이력으로 남기려는 경우는 프로그램 내에서 정확도에 관한 로그를 출력해서 파일에 보존한다. 이 경우 이력 로그이기 때문에 학습 횟수에 따라서 보존 용량을 늘려야 한다.

7.2 인공지능의 운용 감시

인공지능은 프로그램의 소스 코드(코드)를 기술한 후에 학습이라는 프로세스를 통해서 정확도를 높일 필요가 있다. 여기시는 인공지능의 정확도를 어떻게 평가하고 어떤 점에 주의하면서 정확도를 감시하는지를 설명한다.

회귀분석의 정확도 감시

회귀분석에서는 인공지능의 예측값과 실제 데이터의 차이가 오차가 된다. 오차는 단순한 뺄셈이 아니라 손실함수에 의해서 계산한다.

손실함수에는 **평균 제곱 오차**와 **교차 엔트로피** 등 몇 종류의 알고리즘이 있고 목적과 데이터의 특성에 따라서 최적인 것을 선택할 필요가 있다(손실함수의 상세한 내용은 제6장 6.2를 참조).

그림 7-1은 제5장 5.4에서 소개한 보스턴의 하우징 데이터를 신경망을 사용한 회귀분석으로 지역별 주택 평균 가격을 예상했을 때 예상되는 정확도에 관한 데이터 그래프이다.

가로 축(Epochs: 에포크 수)은 학습 횟수이다. 이때 학습 데이터로 354지역의 데이터가 존재하고 이들 데이터에 관해 200회 반복 학습시킨다.

세로 축(로스: 오차)은 예측값과 실제 값의 차이를 오차함수로 계산한

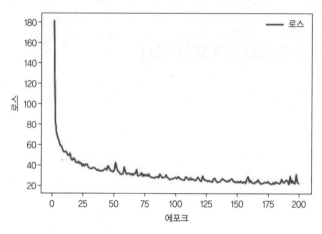

그림 7-1 ● 학습 횟수와 손실함수 계산 결과 그래프
(출처: 미디어스케치)

결과이다. 다시 말해 세로 축의 로스가 작을수록 인공지능의 예측값과
실제 데이터의 차이는 적어 예측 정확도가 높다고 할 수 있다.

이 결과를 보면 학습 횟수를 거듭함에 따라 로스가 작아지기 때문에
학습할 때마다 예측 정확도가 향상하고 있어 순조롭게 학습하고 있다
고 할 수 있다. 반대로 몇 번 학습해도 로스가 저하하지 않는 경우는
학습해도 정확도가 향상하지 않으므로 인공지능이 제대로 학습되어
있지 않다는 얘기가 된다.

그래프를 보면 이번 학습에서는 125회 부근부터 로스의 저하 폭이
상당이 작아졌다. 조금 로스가 감소한 경향이 있다고 해서 낭비 학습
이라고는 할 수 없다. 그러나 로스의 감소가 극히 작으므로 더 이상 학
습을 계속할지 말지는 시간과 비용을 감안해서 검토한다. 추가해서 실
제로 이용할 때 어느 정도의 오차라면 허용할 수 있을지 등도 학습을

계속할지 말지의 판단 근거가 된다.

그러나 학습을 반복해도 로스가 감소하지 않거나 상승하는 경우는 학습할수록 예측 정확도가 악화할 가능성이 있는데, 이는 제대로 학습되고 있지 않다는 얘기가 된다. 이럴 때는 상황을 분석하고 은닉층의 구성과 각 층에서 사용하는 활성화 함수, 하이퍼 파라미터(알고리즘별로 지정할 수 있는 조정 파라미터)를 변경해서 로스가 감소하는지 아닌지를 확인할 필요가 있다.

이처럼 회귀분석에서는 손실함수의 계산 결과를 토대로 학습 정확도를 감시하면서 튜닝을 수행한다. 그리고 최종적으로 인공지능의 예측값과 실제 계측값의 차이를 평가한다.

분류의 정확도 감시

분류에서는 손실함수의 계산 결과를 성능을 나타내는 지표로 간주하는 것도 가능하지만 그 이상으로 이용되는 것이 정답률이다. 정답률은 보통은 Accuracy라고 영어로 표기하고 줄여서 ACC라고 하기도 한다.

분류에서는 그 데이터가 어느 클래스(분류하는 그룹과 카테고리를 말한다)에 속하는지를 예측한다. 따라서 어느 정도의 정답률(확률)인가 하는 지표로 성능을 판단하는 것이 알기 쉬울 것이다.

그림 7−2는 제5장 5.4에서 소개한 MNISTMixed National Institute of Standards and Technology database의 5만 4,000장으로 이루어진 수작업 숫자 이미지 데이터를 신경망을 사용해서 100회 학습했을 때의 정답률

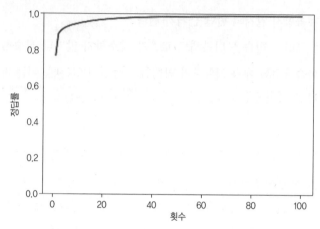

그림 7-2 ● 숫자 데이터를 100회 학습했을 때의 정답률 추이
(출처: 미디어스케치)

추이를 나타낸 것이다.

가로 축Epochs은 학습 횟수, 세로 축Accuracy은 정답률이다. 1회째 학습에서 정답률은 0.7683이다. 아무것도 학습하지 않은 상태에서 정답이 되는 것은 운이 따라야 하므로 정답률은 10% 정도에 그칠 것으로 생각한다. 이에 대해 1회의 학습에서 수작업 숫자 이미지 데이터를 한 장씩 학습해서 5만 4,000장까지 학습을 다 마친 상태에서는 정답률이 약 77%까지 높아졌다.

현재의 인공지능이 숫자와 같은 단순한 기호를 판별하는 문제는 간단하다. 때문에 단순한 신경망에서도 높은 정답률을 내고 있다.

이 경우 정답 패턴은 숫자 0~9 가운데 하나이므로 판별하는 그룹은 10개 있다. 따라서 만약 정답률이 0.1 정도로 수평으로 추이하는 경우는 적당하게 예측값을 선택한 것과 같은 상태이기 때문에 전혀 학습이

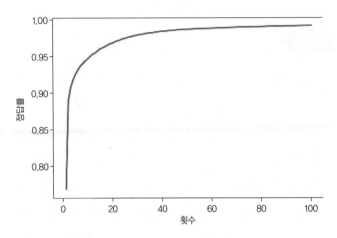

그림 7-3 ● 숫자 데이터를 100회 학습했을 때의 정답률 추이
(세로 축의 하한을 0.76으로 한 것) (출처: 미디어스케치)

기능하지 않게 된다.

20회 정도 학습을 마친 시점에서는 정답률이 0.9681에 달한다. 조금 알기 어려우므로 그림 7-2의 정답률 하한을 0.76 부근이 되도록 확대 표시한다(그림 7-3).

확대하면 100회 학습할 때까지 정답률이 서서히 올라가는 것을 알 수 있다. 조금씩이라도 정답률이 상승한다는 것은 좀 더 횟수를 거듭하면 더 높은 정답률을 얻을 가능성이 있다는 점이다. 실제로 이 학습에서는 100회 학습한 시점에 정답률은 0.9917이다.

이후 계속 학습해서 정답률을 더 높일지 충분한 정답률이므로 학습을 종료할지는 이용 목적에 따라 판단한다.

교차 검증

　지도학습의 경우 우선 지도 데이터로 학습을 한다. 지도 데이터의 학습에서는 같은 데이터를 수백 회, 수천 회 학습한다.

　당연히 학습이 잘 됐다면 학습한 데이터의 예측 정확도와 정답률은 학습 횟수가 늚에 따라 상승한다. 그렇다고 해서 학습을 마친 모델을 실전에서도 이용할 수 있는가 하면 그렇다고는 할 수 없다.

　지금까지도 종종 설명한 바와 같이 학습을 마친 데이터의 예측 정확도가 높은 것은 당연하다. 인공지능의 가치는 학습한 적 없는 미지의 데이터에 대해 어느 정도 높은 정확도로 예측할 수 있는가 하는 점에 있다. 때문에 개발 단계에서 미지의 데이터에 대한 정확도를 계측할 필요가 있다.

　그래서 자주 이용하는 것이 교차 검증cross validation이라는 수법이다. 교차 검증이란 머신러닝에서 미지의 데이터에 대한 예측 정확도를 평가하는 수법이다. 구체적으로는 지도학습에서 지도 데이터를 훈련(학습) 데이터와 테스트 데이터로 분할하고 훈련 데이터만으로 학습을 수행하고 학습을 마친 모델에서 미훈련 테스트 데이터에 대한 예측 정확도를 계측하는 수법이다.

　예를 들면 손으로 쓴 숫자 이미지가 6만 장 있다고 하자. 6만 장 중 90%에 해당하는 5만 4,000장을 학습 데이터로 하고 나머지 6,000장을 테스트 데이터로 한다(그림 7-4).

　우선은 5만 4,000장의 훈련 데이터를 사용해서 수백 회 학습을 한다.

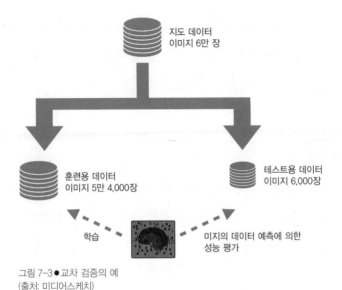

지도 데이터
이미지 6만 장

훈련용 데이터
이미지 5만 4,000장

테스트용 데이터
이미지 6,000장

학습

미지의 데이터 예측에 의한
성능 평가

그림 7-3 ● 교차 검증의 예
(출처: 미디어스케치)

이때 훈련 데이터에 대한 정답률이 98%가 됐다고 하자. 다음으로
학습에서 사용하지 않은 6,000장에 대해 학습을 마친 모델로 예측을
하고 정답률을 계측한다. 이 6,000장은 인공지능에게 미지의 데이터
가 되기 때문에 훈련 데이터의 정답률과 비교해서 낮을 것이다.

테스트 데이터에 대한 정답률이 95%라면 미지의 데이터에 대해서
도 90% 이상의 확률로 정답을 기대할 수 있다. 이때는 진짜 영수증 이
미지의 숫자로 판단시켜도 높은 정확도를 기대할 수 있을 것으로 생각
한다. 이에 대해 만약 테스트 데이터에 대한 정답률이 10%일 때는 미
지의 데이터에 전혀 대응할 수 없게 된다.

이에 대한 원인은 몇 가지를 생각할 수 있다. 예를 들면 훈련 데이터
가 상당히 치우친 경우이다. 예를 들면 훈련 데이터가 정돈된 숫자로

만 이루어진 경우 테스트 데이터에 기울기가 왜곡된 형태의 숫자가 있으면 바르게 예측할 수 없다. 때문에 학습하는 데이터에는 가능성이 있는 다양한 패턴을 포함하는 것이 이상적이다.

과적합

과적합이란 머신러닝에서 학습 횟수를 거듭해도 예측 정확도가 저하하는 상황을 말한다. 과잉 적합이라고도 불린다. 영어로는 **Over-fitting**이라고 표현한다. 도중까지는 정확도가 순조롭게 향상했음에도 불구하고 일정 횟수를 초과하면 예측 정확도가 하강하기 시작하는 상황이 된다면 과적합이 발생했다고 생각해도 좋다.

이러한 상황이 발생하는 원인은 여러 가지이지만, 가령 과잉으로 학습함으로써 모든 데이터에 지나치게 반응해버려 전체의 경향을 적절하게 포착할 수 없는 상황에 빠질 가능성이 있다. 구체적인 예로 확인해보자.

그림 7-5는 어느 데이터의 분포이다. x축이 증가함에 따라 y축도 증가하는 것처럼 보인다. 동시에 데이터 α가 전체의 경향에서 벗어나 있는 것처럼 보인다.

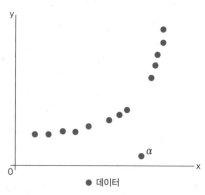

그림 7-5 ● 어느 데이터의 분포 예
(출처: 미디어스케치)

이 데이터 α가(센서의 고장 등으로 인해) 이상치異常値인 경우는 분석 대상에서 사전에 제외되지만 여기서는 설명을 위해 α는 이상치가 아니라 특이하지만 정당한 계측 데이터의 하나라고 간주한다.

이들 데이터를 머신러닝으로 회귀분석을 하고 전체의 경향을 예측한다.

다시 한 번 말하지만 회귀분석의 목적은 현재 있는 데이터의 경향을 분석하고 미지의 데이터를 높은 정확도로 예측하는 것이다. 이처럼 훈련 데이터에는 존재하지 않는 미경험 영역에 있는 데이터도 높은 정확도로 예측할 수 있는 성능을 범용 성능이라고 한다.

인공지능에는 통상의 프로그램과는 달리 일정한 룰에 따라서 판정과 판단을 수행하는 게 아니라 미경험 데이터에 대해서도 인간이 가진 임기응변 대응 능력으로 유연하게 판정하는 능력이 요구된다. 즉 범용 성능이 높은 인공지능에는 큰 가치가 있다. 때문에 근시적으로 혹은 획일적으로 데이터를 보는 게 아니라 분석을 통해서 전체 또는 그룹의 경향과 특징을 제대로 포착할 필요가 있다.

과적합의 규명

인공지능이 어느 정도 높은 범용 능력을 가졌느냐는 학습한 데이터의 양과 학습 횟수, 알고리즘의 파라미터 튜닝에 의해서 변화한다. 예를 들면 이들 데이터에 대해 다른 파라미터로 회귀분석을 한 결과로서 x의 변화에 대한 y의 경향을 곡선으로 나타낸 예를 2가지 소개한다(그림 7-6).

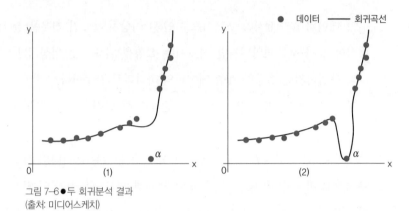

그림 7-6 ● 두 회귀분석 결과
(출처: 미디어스케치)

그림 7-6을 보면 (1)은 회귀곡선이 데이터 α의 영향을 약간 받지만 전체의 경향을 나타내는 회귀곡선에 미치는 영향은 한정적이다. 한편 (2)는 회귀곡선이 데이터의 영향을 크게 받아서 각 데이터를 연결한 곡선이 돼 있다.

(2)는 우연히 특이한 하나의 데이터(데이터 α)가 존재한 것만으로 전체의 경향이 크게 변화했으며 전체의 경향을 파악했다고는 할 수 없어 범용 능력이 낮다고 판단된다. 원인으로 생각할 수 있는 것은 같은 데이터만을 지나치게 학습하거나 또는 파라미터의 조정으로 전체의 경향에 미치는 각 데이터의 영향이 너무 큰 점을 생각할 수 있다. 이러한 상황이 과적합이다.

과적합에 대응

과적합에 대응하려면 학습 횟수가 적은 단계에서라도 충분한 정확도가 나오면 그 시점에서 학습을 멈춘다. 또한 충분한 정확도가 나오기 전에 과적합에 빠진 경우는 알고리즘이나 모델의 구성을 바꾸거나 알고리즘에 설정한 파라미터 등을 튜닝할 필요가 있다.

과적합이 발생하는 원인은 하나만 있는 건 아니다. 때문에 상황을 분석하고 원인에 맞춰 튜닝해야 한다.

신경망 등은 학습 파라미터인 가중치와 바이어스의 수가 너무 많으면 오차역전파법(백프로퍼게이션)에 의한 파라미터 갱신으로 오차의 원인인 파라미터를 쉽게 수정하지 못해 과적합이 될 가능성이 높아진다(백프로퍼게이션의 상세는 제6장 6.2를 참조). 때문에 이를 방지하기 위해 드롭아웃이라는 수법이 있다(드롭아웃의 상세는 제6장 6.3을 참조). 또한 각 층의 활성화 함수 설정 시와 학습 시에 파라미터를 어느 정도 수정하는가 하는 최적화 함수의 선택도 조정 대상이 된다.

지금까지의 내용을 근거로 하면 지도학습에서는 학습 횟수가 늘수록 예측 정확도가 높아지는 것은 틀린 얘기이므로 적절한 학습 횟수를 설정할 필요가 있다는 점을 염두에 두고 학습 계획을 세워야 한다.

어느 정도의 횟수를 학습하는가 또한 파라미터를 어디까지 조정하는가는 실제 운용에서 어느 정도의 정확도를 요구하는가에 따라 결정된다. 때문에 계측과 검증을 시행착오로 반복하면서 목표한 정확도를 달성하는 계획을 세울 필요가 있다. 최종적으로 어느 정도의 예측 정확도를 목표로 삼을지를 결정하는 것은 시간과 비용의 관점에서도 중요한 결정 사항이다.

7.3 파이썬 언어

파이썬이 이용되는 이유

    인공지능의 개발과 프로그래밍 언어 사이에는 직접적인 관계는 없다. C언어와 Java 등 다양한 컴퓨터 프로그래밍 언어로 인공지능을 개발할 수 있다. 다만 인공지능을 개발할 때 가장 인기 높은 언어는 무엇인가 물으면 필자는 망설이지 않고 파이썬python이라고 대답한다.

    파이썬의 코드를 동작시키는 소프트웨어는 오픈 소스 소프트웨어로 공개되어 있으며 누구나 무료로 다운로드해서 사용할 수 있다. 파이썬에 관한 공식 정보 및 관련 소프트웨어는 파이썬 공식 웹사이트에 게재되어 있다(www.python.org).

    현재의 인공지능 기술은 데이터 사이언스인 확률과 통계의 최신 개념에 기초해서 고안된 것이다. 데이터 사이언스 세계에서도 파이썬은 전 세계에서 절대적인 인기를 자랑한다.

    그 이유는 몇 가지 있지만 우선은 파이썬이 프로그래밍의 효율화에 중점을 두고 있는 점을 들 수 있다. 상세한 내용은 생략하지만 같은 처리를 개발하는 경우 파이썬은 다른 프로그래밍 언어에 비해 기술하는 코드의 양이 압도적으로 적어지도록 다양하게 고안되어 있다.

    예를 들면 다음은 파이썬으로 10만 개의 난수를 생성하고 히스토그램을 표시하는 프로그램 예와 실행 결과이다(그림 7-7).

```
import numpy as np
import matplotlib.pyplot as plt

plt.figure(figsize=(12, 8))
result = np.random.normal(0, 1, 1000000)
ret = plt.hist(result, np.arange(-4,4,0.1),
edgecolor='black')
```

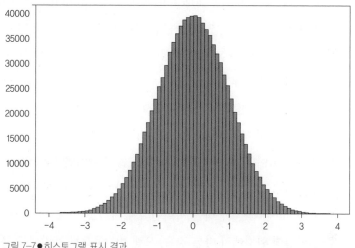

그림 7-7 ● 히스토그램 표시 결과
(출처: 미디어스케치)

　추가해서 파이썬은 라이브러리가 풍부하고 사용하기 쉽다는 점을 들 수 있다. 파이썬용으로 매우 우수한 데이터 사이언스용 라이브러리와 머신러닝용 라이브러리, 딥러닝 라이브러리가 전 세계에서 개발되어 있다. 이러한 라이브러리를 이용하면 비교적 간단하게 인공지능 프로그램을 개발할 수 있다. 따라서 인공지능을 개발할 때 신경망의 유닛 내에서 수행하는 계산과 오차함수의 계산, 최적화 알고리즘의 계산 같은 처리를 위해 새삼 프로그램을 작성할 필요는 없다. 모두 라이브러리에 준비된 처리를 호출하기만 하면 대응할 수 있다.

파이썬의 버전

파이썬의 최신 버전은 2020년에 10월 기준 phthon v.3.8.3이다. 앞으로 새롭게 프로그램을 개발하는 경우 그 시점의 최신 버전을 이용해도 문제없다. 그러나 과거에 작성한 프로그램을 움직이는 경우는 버전의 차이에 주의해야 한다.

소프트웨어 버전의 제일 앞에 붙어 있는 큰 변경이 없는 한 바뀌지 않는 번호를 메이저 번호, 이어서 버그 수정 등 작은 수정으로 변하는 번호를 마이너 번호라고 한다. 예를 들면 파이썬 3.7.3의 경우 메이저 번호가 3이고 마이너 번호가 7이 된다(마이너 번호의 다음 숫자는 빌드 번호라고 한다). 이용하는 파이썬의 메이저 번호(메이저 버전)가 개발 환경과 실행 환경에서 다른 경우, 오랜 버전용으로 개발된 프로그램이 새로운 버전에서 동작한다는 보증은 없다.

실제로 파이썬에서는 버전 2에서 작동하는 프로그램이 버전 3에서 그대로 작동하지 않을 가능성이 있다. 가령 문자를 출력하는 print문의 예를 들면 파이썬 버전 2는 아래와 같다.

```
print "Hello Python!"
```

그런데 파이썬 버전 3에서는 다음과 같다.

```
print("Hello Python")
```

서적과 인터넷에 다양한 인공지능 프로그램 예가 게재되어 있지만 조금 오랜 시기에 작성된 것은 파이썬 버전 2에서 작동하도록 개발된 것일 가능성이 있다. 그러면 파이썬 버전 3에서는 동작하지 않고 오류가 발생하므로 주의가 필요하다.

이에 대해 파이썬의 마이너 번호(마이너 버전)가 다른 경우는 새 버전에서도 오래된 버전이 동작하도록 호환성이 고려되어 있으므로 문제없다. 예를 들면 버전 3.6에서 동작하는 프로그램은 버전 3.7에서 동작할 가능성이 높다. 다만 완전하게 보증되어 있는 것은 아니므로 움직이지 않을 가능성이 전혀 없다고는 할 수 없다.

파이썬 개발 환경

파이썬은 실행 시에 소스 코드를 읽어들이면서 차츰 기계어로 번역해서 실행하는 인터프리터형 언어이다. 때문에 소스 코드는 단순히 텍스트 파일로 작성하고 실행 시에 파이썬의 실행 명령어로 읽어들인다. 실행하려면 파이썬 공식 웹사이트에서 실행 명령어(인터프리터)를 다운로드해서 설치한다.

예를 들면 sample.py(파이썬의 코드가 기술된 텍스트 파일)라는 이

름의 소스 코드의 파일에서 프로그램을 동작시키는 경우 명령어 프롬
프트 등으로 아래와 같은 명령어를 실행한다. 이렇게 하면 프로그램을
동작시킬 수 있다.

소스 코드는 일반적으로 .py라는 확장자를 사용한다. 소스 코드의
작성에는 어떤 소프트웨어를 사용해도 상관없다. 가령 텍스트 에디터
라도 문제 없이 코드를 기술해서 실행할 수 있다. 처음에는 사용이 익
숙한 텍스트 에디터로 소스 코드를 기술하면 될 것이다.

다만 파이썬 개발에 익숙해지고 어느 정도 크기 이상의 소스 코드를
기술하는 경우는 통상의 텍스트 에디터로는 개발 효율이 저하할 가능
성이 있다. 이 경우는 소스 코드를 효율적으로 기술할 수 있는 개발 환
경 소프트웨어를 사용하면 좋을 것이다. 가령 PyCharm은 인기 있는

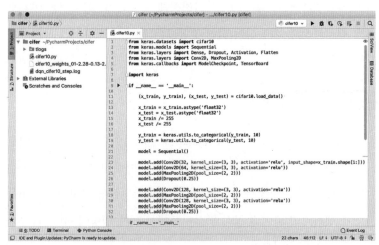

그림 7-8 ● PyCharm의 개발 화면
(출처: 미디어스케치)

파이썬 통합 개발 환경이다. 소스 코드의 관리 외에 코드를 입력할 때 이용할 수 있는 보완 기능(문자를 몇 개 입력하면 특정 키워드 후보 일람이 표시되고 어느 하나를 선택해서 입력할 수 있는 기능)이 있다(그림 7-8).

7.4 데이터 분석에 필수인 파이썬 패키지

예를 들면 프리에 변환 같은 계산을 할 때 계산식을 매회 프로그램으로 기술하는 것은 번거롭다. 때문에 수시로 이용하는 처리는 함수라는 형태로 준비해둔다. 이러한 함수를 하나로 통합한 것을 파이썬에서는 모듈이라고 한다.

기업이나 유지有志로 구성된 오픈 소스 커뮤니티 등이 특정 목적을 위해 개발한 복수의 모듈을 정리한 것을 패키지라고 한다. 이용자는 개개의 함수가 아니라 패키지 단위로 도입이 가능하다. 패키지라는 단어는 객체 지향 언어의 등장으로 사용하게 된 것이다. 지금까지 이러한 파일은 라이브러리라 불렸기 때문에 라이브러리라고 더 많이 불리는 것 같다. 뭐라고 불러도 문제는 없지만 어떤 모듈을 배포할 때 통상 패키지 단위로 통합한 후에 공개하고 있다.

여러 가지 패키지 중에서도 인공지능 프로그램에서 자주 이용하는 데이터 분석 관련 패키지를 소개한다.

패키지 언어

파이썬에서는 패키지를 **pip**라는 소프트웨어로 관리할 수 있다. 예를 들어 뒤에서 소개하는 넘파이NumPy라는 패키지를 설치해서 이용하려면 아래의 명령어를 실행한다.

```
pip install numpy
```

pip install을 실행하면 지정한 패키지를 인터넷 웹사이트에서 다운로드한 후에 파일을 전개해서 이용할 수 있는 상태까지 세트해준다. 이처럼 파이썬에서는 pip 명령어를 사용하면 패키지 관리가 수월하다.

주피터 노트북

주피터 노트북Jupyter Notebook(구 iPython Notebook)은 브라우저상에서 파이썬의 소스 코드(Python 코드)를 대화 형식으로 실행하기 위해 제공되는 패키지이다.

대화 형식이라는 것은 프로그램의 일부를 실행해서 결과를 즉시 표시한 다음 그 상태에 이어서 다음 소스 코드를 실행할 수 있는 형식을 말한다. 이로써 데이터 분석과 인공지능을 개발할 때 여러 가지 데이터를 표시하거나 분석하면서 결과를 차례로 표시해서 확인할 수 있다. 이로써 다른 분석을 하거나 튜닝을 시도하면서 단계적인 개발을 수행할 수 있다.

주피터 노트북을 설치하면 주피터 명령어가 동시에 설치된다. 실행하면 로컬 IP 어드레스(127.0.0.1)의 8888 포트로 개발 화면에 액세스할 수 있기 때문에 브라우저에서 다음의 URL에 액세스하면 이용 가능하다(그림 7-9).

http://127.0.0.1:8888

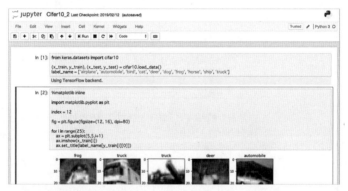

그림 7-9 ● 주피터 노트북의 동작 예
(출처: 미디어스케치)

주피터 노트북 공식 홈페이지 https://jupyter.org

맷플롯립matplotlib은 선 그래프와 봉 그래프 등의 그래프를 표시하는 패키지이다.

주피터 노트북을 개발할 때는 브라우저상에 그래프를 표시하는 것
도 가능하다. 데이터의 분포와 특성을 확인할 때 선 그래프와 분포도
를 표시하는 일이 있다. 이외에도 이미지 데이터를 표시할 수 있기 때
문에 화상인식 시에 입력값이 되는 이미지를 표시할 때에도 이용한다
(그림 7-10, 11).

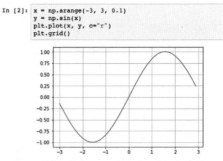

그림 7-10●맷플롯립으로 표시한 선 그래프의 예
(출처: 미디어스케치)

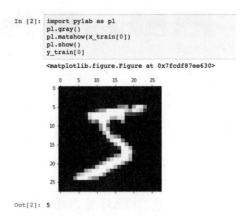

그림 7-11●맷플롯립으로 표시한 MNIST의 손으로 쓴 숫자 이미지 데이터
(출처: 미디어스케치)

맷플롯립 공식 홈페이지 https://matplotlib.org

넘파이

넘파이NumPy는 파이썬으로 과학 기술 계산을 하는 기본 패키지다.

제7장 7.5에서 소개하는 인공지능 관련 라이브러리에서는 데이터의 입력 형식에 넘파이의 배열을 지정하는 일이 많아 인공지능 프로그램 개발에는 필수라고 해도 과언이 아니다.

N차원의 배열을 효율적으로 변환하는 함수와 선형대수의 계산을 하는 함수 등도 준비되고 있어 데이터를 취급할 때 자주 이용된다. 또한 난수에 관한 함수도 준비되어 있어 편리하기 때문에 통계 분석의 시뮬레이션과 검증 작업 등에서도 자주 이용되는 패키지이다.

넘파이 공식 홈페이지 www.numpy.org

판다스

판다스Pandas는 데이터 분석을 위한 패키지이다. 판다스에서는 데이터 프레임Data Frame이라 불리는 데이터 구조로 관리하는 클래스를 제공하고 있다.

데이터 프레임에서는 데이터에 인덱스(식별 번호)와 열 이름을 부가할 수 있기 때문에 표계산 소프트웨어(엑셀)와 같이 행과 열을 지정하는 형태로 데이터 검색이나 삽입과 갱신, 삭제 등의 조작이 가능하다.

추가해서 특정 열에 의한 소트와 그룹별 계산 등이 가능하기 때문에 데이터 분석에서는 빼놓을 수 없는 편리한 패키지이다. 인공지능 관련 샘플 코드 등에서도 자주 등장한다(그림 7-12).

```
In [1]:  import numpy as np
         import pandas as pd

         df = pd.DataFrame(np.random.randn(4,4))
         df.columns = ["A", "B", "C", "D"]
         df.index = [ "데이터 1", "데이터 2", "데이터 3", "데이터 4" ]
         df
```

Out[1]:

	A	B	C	D
데이터 1	-1.101224	0.362599	1.502465	0.458319
데이터 2	1.124154	1.362180	1.551073	-1.497547
데이터 3	1.195016	-1.144925	0.892200	-0.744113
데이터 4	0.944424	1.712931	-0.447614	-1.214476

그림 7-11●주피터상에서 데이터 프레임을 작성하고 표시한 예(수치 데이터는 난수)
(출처: 미디어스케치)

판다스 공식 홈페이지 https://pandas.pydata.org

사이파이

사이파이SciPy는 과학적인 계산을 처리하는 함수를 제공하는 패키지이다. 통계·적분·프리에 변환·신호 처리·이미지 처리 등에 이용할 수 있는 함수가 준비되어 있다. 화상인식이나 음성인식에서 인공지능에 입력하는 음성과 이미지 데이터를 사전 처리할 때 등에 자주 사용한다.

사이파이 공식 홈페이지 www.scipy.org

7.5 인공지능 관련 라이브러리

인공지능을 개발하기 위해 제공되는 라이브러리에 대해 설명한다. 그중에서도 유명한 것을 소개한다.

인공지능은 전 세계에서 주목을 받고 있는 기술이다. 따라서 매일 새로운 라이브러리가 등장하고 세계로 확산하고 있다. 선택지가 많은 만큼 무엇을 사용하면 좋은지 망설이게 되는데, 각 라이브러리의 특징 등을 이해하고 실제로 사용해서 자신에게 맞는 라이브러리를 찾으면 좋을 것이다.

텐서플로

텐서플로TensorFlow는 오픈 소스로 공개되어 있는 머신러닝 라이브러리이다. 미국 구글이 개발했다.

파이썬 외에 C언어와 Java, Go언어(구글이 개발한 프로그래밍 언어)에도 대응한다. 신경망(딥러닝)에도 대응하며 구글이 수행하는 최초의 연구 성과도 포함한 새로운 수법을 시도할 수 있다.

텐서플로는 매우 인기 높은 머신러닝 라이브러리로 구글과 동사가 매수한 영국 딥마인드DeepMind(바둑 인공지능인 알파고AlphaGo를 개발한 기업)가 이용하는 외에 전 세계의 다양한 프로젝트에서 활용되고 있다.

Apache License 2.0하에서 공개되어 있으므로 라이선스에 기초해서 상용 프로그램에도 이용할 수 있다.

체이너

체이너Chainer는 일본 기업인 Preferred Networks가 중심이 되어 개발한 오픈 소스 소프트웨어인 머신러닝 라이브러이이다.

신경망(딥러닝)에 의한 머신러닝을 수행하는 프로그램을 개발할 수 있고 화상인식과 음성인식, 자연어 처리 등에 활용할 수 있다. 일본 기업이다 보니 일본어 서적이 많이 출판되어 있다. 따라서 일본 국내를 중심으로 인기가 높은 라이브러이다.

체이너의 특징 중 하나에 동적 네트워크 구축 기능이 있다. 동적 네트워크란 신경망에서 입력층의 데이터에 맞춰 모델의 형태를 변경할 수 있는 네트워크를 말한다. 즉 데이터가 1차원 데이터인 경우와 3차원 데이터인 경우에 신경망의 구성을 임기응변으로 바꿀 수 있다. 이러한 구조를 **Define by Run**이라고 부른다.

이에 대해 텐서플로는 모든 입력 데이터에 같은 모델을 적용한다. 이 구조를 **Define and Run**이라고 한다.

동적 네트워크는 다양한 입력 데이터가 있는 경우에도 임기응변으로 대응할 수 있다는 이점이 있다. 그만큼 성능에 관한 검증과 분석은 복잡하기 때문에 고도의 기술이 필요하다.

체이너 공식 홈페이지 https://chainer.org

파이토치

파이토치PyTorch는 미국 페이스북이 개발한 딥러닝 구축용 라이브러리이다. 딥러닝용 라이브러리로는 후발이지만 2016년경부터 급격히 인기가 높아지고 있다.

파이토치는 체이너와 마찬가지로 동적 네트워크를 구축할 수 있다는 특징이 있다. 추가해서 강화학습을 수행하는 프로그램을 비교적 직감적으로 기술할 수 있다. 때문에 강화학습을 실시하는 인공지능 개발에 인기 있는 라이브러리이다.

케라스

케라스Keras는 딥러닝 구축을 위한 파이썬용 라이브러리이다. 전 세계에서 매우 인기가 많고 인공지능 관련 서적 중에는 케라스의 사용을 전제로 한 샘플 코드를 게재하는 것이 많이 있다.

그렇다고 해도 케라스는 앞에서 소개한 텐서플로와 체이너와는 역할이 조금 다르다. 그 이유는 케라스 자체는 신경망의 모델 생성과 계산 처리를 수행하지 않기 때문이다. 케라스는 텐서플로 등의 라이브러리를 손쉽게 사용할 수 있는 래퍼 라이브러리라고 불리는 것으로 텐서플로와 애플리케이션을 중개하는 역할을 한다.

케라스 이용자가 많은 이유는 사용자 친화적 사용 방법과 모듈성, 확장성을 중시해서 설계된 점 등을 들 수 있다. 이것은 신속하고 간단하게 프로토타입을 작성하는 것을 목적으로 케라스가 개발됐기 때문이다.

실제로 케라스에서는 텐서플로 등의 인공지능 라이브러리를 직접 이용하는 경우와 비교해서 비교적 적은 양의 코드로 직감적으로 소스 코드를 적을 수 있다.

케라스를 이용하는 경우 실제의 계산 처리를 수행하는 백엔드 라이브러리라 불리는 라이브러리는 이용자가 파라미터를 설정해서 선택할 수 있다. 케라스가 서포트하는 백엔드 라이브러리는 텐서플로 외에 MXNet과 Deeplearning4j, CNTK, Theano 등이 있다.

케라스에서는 디폴트 백엔드 라이브러리가 텐서플로가 되며 케라스의 공식 홈페이지도 텐서플로를 추천하고 있다. 따라서 특별히 이유가 없는 한 디폴트 상태의 텐서플로를 사용하면 된다(그림 7-13).

```
Application
```

```
케라스
```

```
MXNet, Deeplearning4j, TensorFlow, CNTK, Theano 등
```

```
파이썬
```

그림 7-11 ● 파이썬과 백엔드 라이브러리와 케라스의 관계
(출처: 미디어스케치)

케라스 공식 홈페이지 https://keras.io

사이킷런

사이킷런scikit-learn은 오픈 소스 소프트웨어의 프로젝트로 개발된 머신러닝 라이브러리이다.

결정나무와 SVM(서포트 벡터 머신), k-인접기법, DBSCAN 등 비교적 역사가 긴 알고리즘에 대응하며 전 세계에서 폭넓게 이용되고 있다.

사이킷런은 신경망을 서포트하고 있지만 딥러닝을 구축하기 위한 기능은 충분하다고는 할 수 없다. 딥러닝에 관해서는 텐서플로와 체이너가 주로 이용된다(2019년 4월 시점에서. 향후는 사이킷런도 딥러닝에 대응할 예정이라고 발표했다). 그러나 신경망 이외의 알고리즘을 이용하는 목적으로는 인기 높은 머신러닝 라이브러리이다. 공식 홈페이지에는 다양한 알고리즘에 관한 튜닝 예가 정보로 게재되어 있어 학습에 도움된다.

라이브러리 내에 학습 등을 수행하기 위한 데이터 세트도 준비되어 있기 때문에 인공지능 관련 서적과 웹사이트에는 자주 등장한다. 인공지능 엔지니어에게는 필수인 라이브러리 중 하나이다.

사이킷런 공식 홈페이지 https://scikit-learn.org/stable

딥DEAP은 유전적 알고리즘과 유전적 프로그래밍 등의 진화적 프로그래밍을 파이썬으로 수행하기 위한 라이브러리이다. 캐나다의 라발 대학교에서 개발하여 오픈 소스로 공개하고 있다.

유전적 알고리즘을 취급할 수 있는 라이브러리는 많이 없기 때문에 인터넷상에 있는 샘플 등에는 딥이 많이 사용된다.

딥 공식 홈페이지 https://github.com/deap/deap

오픈AI 짐

오픈AI 짐OpenAI Gym은 오픈AI 프로젝트가 제공하는 강화학습을 실험·검증하기 위한 플랫폼이다.

오픈AI는 오픈 소스와 친화성이 높은 인공지능을 추진하는 비영리 단체로 전기자동차 제조사인 미국 테슬라Tesla Motors의 일론 머스크 최고경영책임자CEO(2019년 2월 시점)가 출자해서 주목을 받았다. 오픈AI 는 오픈으로 활용 가능한 인공지능 및 개발 환경을 목적으로 하며 전 세계의 엔지니어와 연구자가 참가하고 있다. 새로운 수법에 관한 연구 개발도 수행하고 있으며 오픈AI로서 개발된 딥러닝과 강화학습의 수 법과 논문도 많이 있다.

오픈AI 짐은 파이썬용으로 강화학습을 검증하기 위한 라이브러리를 제공하고 있다(강화학습의 상세 내용은 제8장 8.2를 참조). 구체적으로는 파이썬상에서 몇 가지 게임을 움직이게 한다. 자신이 생성한 강화학습 을 수행하는 인공지능에서 그것을 조작하고 그 결과를 피드백으로 받 을 수 있다.

오픈AI 짐은 게임 실행 라이브러리를 많이 제공하고 있지만 그중에 서도 미국의 게임 제조사인 아타리Atari 등이 과거에 개발한 게임이 자 주 사용되고 있다. 예를 들면 오픈AI 짐의 라이브러리에서 동작 가능 한 Breakout이라는 게임은 이른바 벽돌 깨기 게임이다. 이 게임을 강 화학습을 사용한 인공지능에 오른쪽으로 움직일지 왼쪽으로 움직일지 멈춰야 할지를 판단시키고 그 결과를 게임에서 수취한다.

오픈AI 짐의 등장으로 사용자는 강화학습을 사용한 인공지능의 성 능을 게임 조작을 통해 손쉽게 검증할 수 있게 됐다(그림 7-14).

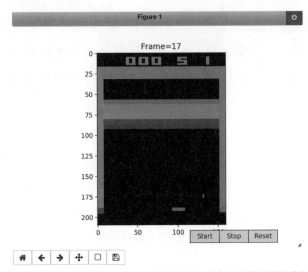

그림 7-14 ● 오픈AI 짐이 제공하고 있는 Breakout(벽돌 깨기 게임)의 화면(파이썬상에서 인공지능
이 조작하고 있다)
(출처: 미디어스케치)

7.6 인공지능을 동작시키는 플랫폼

여기서는 개발한 인공지능을 어떤 환경에서 동작시킬지에 대해 다
룬다. 또한 현재는 클라우드 컴퓨팅상에 구축한 환경에서 인공지능 학
습을 수행하는 기회가 늘고 있다. 그래서 인공지능에 학습시키는 환경
으로 자주 이용되는 유명한 서비스를 소개한다.

인공지능을 어디서 학습시키는가

인공지능을 개발하고 움직이기 위해서는 어떠한 환경에서 실시하는 것이 적절할까. 우선 한 마디로 인공지능의 동작이라고 해도 학습할 때와 예측할 때의 적절한 환경이라는 것은 크게 다르다.

일반적으로 인공지능의 학습을 수행하기 위해서는 방대한 양의 계산이 필요하다. 때문에 실제 업무에서 이용 가능한 인공지능을 만들려면 학습만으로도 며칠, 경우에 따라서는 몇 개월의 시간이 필요한 일도 있다. 때문에 학습을 위해서는 고성능의 컴퓨터가 필요하다.

그중에서도 중요한 것은 프로세서의 사양(스펙)이다. 일반 컴퓨터와 서버에서는 계산을 할 때 주로 범용 **CPU**Central Processing Unit(중앙 처리 장치)를 이용하고 있다. 그러나 인공지능에서는 부동 소수점 등의 계산 능력이 우수한 **GPU**Graphics Processing Unit(화상 처리 장치)를 사용해서 학습한다. 더욱 더 신속하게 학습시키려면 고성능의 GPU를 탑재한 컴퓨터가 필요하다(GPU가 필요한 이유는 제7장 7.7을 참조). 물론 메모리와 그 외의 것도 충분히 높은 성능을 갖춰야 한다.

학습에 사용하는 고성능 컴퓨터를 준비하려면 2가지 선택지가 있다. 하나는 하드웨어(고성능 컴퓨터)를 구입하는 것이고 또 하나는 클라우드 컴퓨팅 서비스에서 빌리는 것이다. 일반적으로 장기간 이용할 예정인 프로젝트라면 하드웨어를 구입해서 이용하는 편이 총비용은 저렴하다. 다만 인공지능용 GPU를 선택하고 필요한 하드웨어 스펙을 갖춘 후에 OS 등의 설정을 최적화하려면 고도의 전문지식이 필요하다.

고성능 GPU는 가격이 비싸기 때문에 기업에서도 손쉽게 구입할 수 있는 금액은 아니다. 또한 국가의 보조금을 받는 경우 다른 목적으로 전용 가능한 범용 컴퓨터는 보조금 대상에서 제외될 가능성이 있기 때문에 주의해야 한다.

최근에는 연구기관 등을 대상으로 인공지능용 컴퓨터(워크스테이션이라 불리기도 한다)가 판매되고 있다. 이러한 컴퓨터는 고성능 GPU를 탑재한 후에 사전에 OS 등이 어느 정도 설정된다. 다만 이러한 하드웨어는 고액인 것이 드물지 않은 데다 결국은 운용 단계에서 누군가가 보수해야만 한다는 점은 범용 컴퓨터와 같다.

최근 인공지능 학습에서 이용이 늘고 있는 것이 GPU를 이용할 수 있는 클라우드 컴퓨팅 서비스이다. 학습에 사용하는 기간에만 계약할 수 있기 때문에 하드웨어를 구입하는 경우에 비해 설정과 운용 수고가 크게 줄어드는 이점이 있다.

다만 클라우드 컴퓨팅의 서비스 청구 금액은 보통은 사용한 시간과 통신량에 따라 결정되는 종량과금제이다. 따라서 어느 정도 이용할지 프로토타입 검증을 통해 견적을 내보는 것이 좋다. 규정 이상으로 이용료가 중복될 가능성이 있으므로 주의하기 바란다.

인공지능을 어디에서 예측시키는가

학습을 완료하면 다음으로 학습을 마친 모델을 사용해서 실제의 데이터로 예측시킨다. 즉 인공지능을 실제로 사용하는 단계가 된다. 예측에서는 순전파의 계산만 수행하기 때문에 계산량이 많은 것은 아니다.

예측을 하는 경우 데이터를 이용하는 현장에 가까운 장소에서 처리하는 경향이 있다. 가령 자율주행에서 카메라의 영상으로 전방에 사람이 있는지 없는지를 확인하는 경우를 생각하자. 인터넷을 거쳐 클라우드 컴퓨팅상의 서버로 이미지를 인식하는 경우 어떤 원인에 의해서 차량과 인터넷 간의 무선통신에 문제가 생기면 데이터 통신에 실패하고, 그 결과 전방에 사람이 있어도 인식하지 못할 위험성이 있다. 당연히 이러한 일이 없도록 해야 한다. 그러려면 인공지능으로 화상인식을 실시해서 예측을 하는 컴퓨터를 차량의 어딘가에 설치할 필요가 있다.

그러면 컴퓨터는 차량에 탑재하는 데 크기와 설치 장소의 제약을 받는다. 때문에 컴퓨터는 높은 계산 처리 능력뿐 아니라 소형성과 내구성 같은 조건을 충족해야 한다. 추가해서 인공지능을 이용할 때 사소하게나마 지연이 발생하면 곤란한 상황이 많이 있다. 따라서 예측에는 리얼타임성이 요구되므로 이 점을 감안하고 컴퓨터의 스펙과 네트워크 구성 등을 검토할 필요가 있다.

이상에 든 이유에서 학습을 수행하는 컴퓨터 정도는 아니지만 예측을 수행하는 컴퓨터에는 시판 컴퓨터보다 처리 성능이 높은 것을 사용해야 한다. 이상적으로는 예측을 하는 컴퓨터라도 GPU를 이용할 수 있게 해두는 편이 좋을 것이다.

이처럼 공장 내와 차량 등의 현장에 가까운 장소에 비교적 고성능의 컴퓨터를 설치해서 네트워크 의존도를 줄이고 지연을 막아 리얼타임성을 높이는 컴퓨터와 네트워크 구성의 개념을 에지 컴퓨팅(에지)이라고 한다(그림 7-15).

인공지능 분야에서도 현장에서 고속으로 데이터를 처리하는 에지용
보드(회로 기판)와 단말기가 개발되어 있다. 인공지능의 예측에도 사용
할 수 있을 정도로 고성능의 GPU를 탑재한 매우 소형의 제품이 판매
되고 있다. 이러한 에지용 단말기를 에지 디바이스(에지, 에지 단말기)
라고 한다. 에지 디바이스에 탑재하기 위해 개발된 에지용 보드에 대
해 제7장 7.7에서 소개한다.

그림 7-15 ● 클라우드 컴퓨팅과 에지 컴퓨팅의 차이
(출처: 미디어스케치)

아마존웹서비스(AWS)

아마존웹서비스AWS(Amazon Web Services)는 미국 아마존닷컴Amazon.com에서 운영하고 있는 클라우드 컴퓨팅 서비스이다. 클라우드 컴퓨팅 서비스 시장에서 높은 점유율을 긴세월 유지하고 있으며 2017년 연간 점유율 1위를 한 유명 서비스이다.

명령어 등으로 조작하는 일이 많기 때문에 이용하려면 최소한 리눅스Linux의 기본적인 명령어와 클라우드 컴퓨팅에 관한 지식이 필요하다. 이 서비스에서는 독자로 가상 서버를 구축하고 OS를 설정한 후에 오리지널 프로그램으로 인공지능을 움직일 수 있다. 덧붙여 보다 효율적으로 인공지능을 개발 및 운용하기 위한 독자 기능도 제공하고 있다.

예를 들면 머신러닝 모델을 신속하게 구축하고 트레이닝해서 디플로이(사용할 수 있는 상태로 하는 것)하는 아마존 세이지메이커Amazon SageMaker가 제공되고 있다. 이미 학습을 마친 인공지능을 이용할 수 있는 기능도 제공하고 있으며 텍스트 분석을 하는 아마존 컴프리헨드Amazon Comprehend와 텍스트 문장을 음성으로 변환하는 아마존 폴리Amazon Polly 등을 이용할 수 있다. 제공하는 인공지능 관련 기능과 각 기능의 상세에 대해서는 공식 홈페이지에서 확인하도록 한다.

AWS 공식 홈페이지 https://aws.amazon.com
AWS의 머신러닝 관련 홈페이지
https://aws.amazon.com/machine −learning

구글 클라우드 플랫폼

구글 클라우드 플랫폼Google Cloud Platform은 구글이 제공하는 클라우드 컴퓨팅 서비스이다. 통상의 가상 머신을 종량과금제로 이용할 수 있고 파이썬이나 인공지능 라이브러리를 설치해서 이용할 수 있다.

구글 클라우드 플랫폼의 특징에 GPU 외에 구글이 머신러닝용으로 개발한 전용 프로세서인 **TPU**Tensor Processing Unit(텐서 프로세싱 유닛)를 이용할 수 있는 점이 있다. TPU를 사용하면 장시간 걸리는 학습 시간을 대폭 단축할 수 있다. 종량제이기 때문에 비교적 저비용으로 최신 GPU와 TPU를 이용할 수 있는 매우 편리한 서비스이다.

추가해서 ML Engine이라 불리는 기능으로 브라우저상에서 파이썬을 대화 형식으로 실행할 수 있는 주피터 노트북 환경을 사전 준비 없이 사용할 수 있다. ML Engine을 이용하면 브라우저만으로 즉시 인공지능 프로그램을 개발해서 시도할 수 있다. 이외에도 인공지능용으로 자연어 처리와 화상 처리를 원활하게 실시할 수 있는 각종 기능이 준비되어 있다(그림 7-16).

또한 학습을 마친 인공지능을 사용할 수 있는 기능도 갖춰져 있다. 따라서 구글 및 동사의 그룹 기업인 딥마인드가 개발한 최신 인공지능 기술인 Cloud AutoML API(자동적으로 하이퍼 파라미터를 조정하는 기술)와 Cloud Speech-to-Text API(음성 데이터를 텍스트 데이터로 변환하는 기술)를 이용할 수 있다.

그림 7-16 ● 구글 클라우드 플랫폼 화면 및 메인 메뉴
(출처: 구글 클라우드)

구글 클라우드 플랫폼 공식 홈페이지 https://cloud.google.com

마이크로소프트 애저

마이크로소프트 애저Microsoft Azure는 미국 마이크로소프트가 운영하는 클라우드 컴퓨팅 서비스이다. 다른 유명한 서비스와 비교하면 비교적 초보자라도 마우스를 사용해서 브라우저상에서 다양한 조작을 하기 쉽도록 관리 화면의 인터페이스가 설계되어 있다. 다른 서비스와 마찬가지로 가상 서버를 두고 그곳에서 인공지능 프로그램을 움직일 수도 있다.

큰 특징은 애저 머신러닝Azure Machine Learning이라는 서비스를 제공하고 있다는 점이다. 이 서비스의 머신러닝 스튜디오Machine Learning Studio라는 비주얼 개발 툴을 사용하면 브라우저상에서 마우스를 조작해서 머신러닝 분석을 설계할 수도 있다. 기타 IoTInternet of Things 기기와 웹 서비스를 가볍게 연계할 수 있는 기능을 제공하고 있으며 분석 데이터의 수집에도 편리한 기능이 많이 제공되고 있다(그림 7-17).

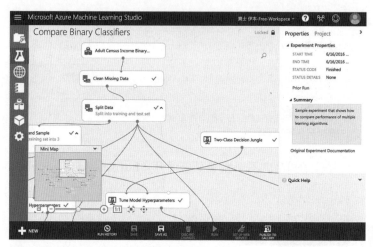

그림 7-17 ● 마이크로소프트 애저 머신러닝 스튜디오의 화면
(출처: 미디어스케치)

마이크로소프트 애저 공식 홈페이지

https://azure.microsoft.com/ko-kr

IBM 클라우드(구 Bluemix)

IBM 클라우드IBM Cloud는 미국 IBM이 제공하는 클라우드 컴퓨팅 플랫폼 서비스이다. 이전에는 블루믹스Bluemix라는 서비스명으로 개발자용 플랫폼 서비스를 제공했지만 2017년 11월에 IBM 클라우드라는 서비스명으로 바뀌었다. 특징은 IBM이 개발한 자연어 처리를 전문으

로 하는 왓슨Watson을 이용할 수 있다는 점이다(그림 7-18). 그래서인
지 번역이나 음성인식 기능을 간단하게 사용할 목적으로 이용하는 사
용자가 많다.

그림 7-18 ● IBM 클라우드의 서비스 추가 화면
(출처: IBM 클라우드)

　보통의 클라우드 컴퓨팅 서비스에서는 시범 사용할 때 사용 기한이
있다. 그러나 IBM 클라우드는 신용카드를 등록하지 않아도 사용할 수
있는 무료 플랜이 있고 사용 기한도 없다. 제한이 있기는 하지만 대부
분의 기능을 무료로 이용할 수 있다. 때문에 남은 일수를 신경 쓰지 않
고 가볍게 다양한 기능을 시도해볼 수 있다(2019년 2월 시점).

IBM 클라우드 공식 홈페이지 www.ibm.com/kr-ko/cloud

사쿠라 클라우드

사쿠라 클라우드는 일본 기업인 사쿠라 인터넷이 제공하는 클라우드 컴퓨팅 서비스이다.

가상 서버를 종량과금제로 대여할 수 있기 때문에 필요최소한의 비용으로 리눅스Linux 서버를 구축할 수 있어 파이썬이나 인공지능 라이브러리를 설치해서 머신러닝 프로그램을 실행시킬 수 있다.

또한 사쿠라 클라우드는 머신러닝용으로 고화력 서버라 불리는 서버를 대여하고 있으며 고기능 GPU(NVIDIA Tesla P40)를 1시간 단위로 349엔부터 이용할 수 있다(2019년 4월 시점).

사쿠라 클라우드 공식 홈페이지 https://cloud.sakura.ad.jp

고화력 서버 소개 페이지 www.sakura.ad.jp/koukaryoku

뉴럴 네트워크 콘솔

뉴럴 네트워크 콘솔Neural Network Console은 소니 네트워크 커뮤니케이션즈가 제공하는 학습·평가용 딥러닝 툴이다. 일반 클라우드 컴퓨팅 서비스와 달리 프로그래밍을 하지 않고 딥러닝 모델을 구축해서 학습과 평가가 가능한 점이 가장 큰 특징이다.

브라우저에서 서비스를 이용하는 클라우드 버전과 마이크로 윈도 OS상에서 애플리케이션으로 이용하는 윈도 버전이 있다. 이 툴에서는

신경망의 입력층과 은닉층(중간층), 출력층과 활성화 함수 등을 나타내
는 블록을 마우스로 연결해서 모델을 작성한다. 다음은 읽어들이는 데
이터를 지정해서 실행하면 손실값과 정답률의 추이를 그래프로 보고
성능을 검증할 수 있다. 무료 플랜으로는 이용 제한이 있지만 유료 플
랜이나 법인 플랜을 계약하면 GPU를 이용할 수도 있다(그림 7-19).

그림 7-19 ● 뉴럴 네트워크 콘솔의 모델 편집 화면
(출처: 미디어스케치)

뉴럴 네트워크 콘솔 공식 홈페이지 https://dl.sony.com/ja

구글 컬래버러터리

　구글 컬래버러터리Google Colaboratory는 머신러닝을 배우기 위해 구글
이 제공하는 서비스이다(2019년 4월 시점). 구글 계정이 있으면 누구라
도 무료로 이용할 수 있다. 파이썬의 주피터 노트북을 사용하여 브라

우저상에서 대화 형식의 프로그램 코드를 기술해서 실행한 후에 실행
결과를 브라우저상에서 확인하는 것이 가능하다(그림 7-20).

그림 7-20 ● 구글 컬래버러터리상의 노트북에서 cifar-10의 이미지를 표시한 화면
(출처: 구글 컬래버러터리)

무료 서비스인 만큼 이용할 수 있는 리소스에는 제한이 있지만 그래
도 GPU와 TPU를 사용할 수 있고 합성곱 신경망 등 일반 컴퓨터로는
시간이 걸리는 머신러닝이라도 비교적 짧은 시간에 시도할 수 있다.

자신이 환경을 준비하거나 구축하지 않고 인공지능의 샘플 프로그
램과 프로토타입을 시도할 수 있어 매우 편리한 서비스이다. 개발한
프로그램은 메뉴에서 다운로드할 수 있는 외에 클라우드 스토리지 서
비스인 구글 드라이브Google Drive와 연계해서 데이터의 읽기·쓰기가
가능하다. 다만 이용 시간 등에 제한이 있기 때문에 실제 업무에서 사
용하는 경우에는 구글 클라우드 플랫폼 등의 유료 서비스를 이용할 필
요가 있다.

구글 컬래버러터리 공식 홈페이지

https://colab.research.google.com/notebooks/welcome.ipynb?hl
=ja

결국 어느 플랫폼을 선택하는 것이 최적인가

각 플랫폼의 특징은 제7장 7.6에서 설명했다. 한 번 어느 플랫폼상에서 서비스를 발매하면 그 후 다른 플랫폼으로 갈아타는 것은 큰 수고와 비용뿐 아니라 리스크도 발생한다. 그렇게 생각하면 플랫폼에는 많은 선택지가 있어 망설일 것이다. 그러면 어느 플랫폼을 선택하면 좋을까.

이 질문에 대해 필자는 단계에 따라서 플랫폼을 선정하면 된다고 본다. 우선 개인의 학습 단계에서는 비용을 들이지 않고 신속하게 사용할 수 있는 점이 중요하다. 그 의미에서는 무료로 바로 이용할 수 있는 구글 컬래버러터리를 추천한다. 또한 프로그래밍은 불가능하지만 여러 가지로 시도해보고 싶은 사람에게는 뉴럴 네트워크 콘솔이 좋다.

환경 구축(파이썬의 실행 환경과 모듈의 설치)에 자신이 있다면 개인 소유의 컴퓨터로 실행 환경을 구축해도 상관없다. 어느 정도 큰 프로그램을 개발하는 거라면 컴퓨터에 PyCharm 등의 개발 소프트웨어를 설치하는 편이 개발이나 디버그가 쉬울지 모른다.

다만 머신러닝을 실행하는 이상 고기능의 컴퓨터를 준비할 것을 추천한다. 고성능의 GPU는 필수는 아니지만 학습에 어느 정도의 시간이 소요되는지는 학습할 겸 실행해서 체감해보면 좋을 것이다. 프로토타입 검증 단계에서는 우선 각 플랫폼을 시도해볼 것을 추천한다. 많은 플랫폼은 기능에 제한은 있지만 시용 기간 내라면 무료로 체험할 수 있다.

가능한 한 명령어를 입력하는 등의 작업을 피하려면 마이크로소프트 애저를 추천한다. 지식이나 플랫폼 사용 방법과의 상성은 사람에 따라서 차이가 있기 때문에 학습을 겸해서 여러 가지로 시도해보고 가장 잘 맞는 것을 찾으면 좋다.

그러나 실제로 기업에서 활용할 때는 개인의 의사와는 무관하게 기업의 방침이나 고객의 사정에 의해서 플랫폼이 정해지는 일이 있다. 그 경우는 방침에 따라서 그 환경에 익숙해지도록 하자.

또한 플랫폼에 따라서 이용할 수 있는 학습 완료 인공지능 API에 차이가 있다. IBM 클라우드에서는 왓슨 엔진인 API를 이용할 수 있고 실제로 이런 이유에서 IBM 클라우드를 채용하고 있는 기업도 많다. IBM 클라우드 플랫폼이라면 구글 및 딥마인드의 천재 기술자가 개발한 API를 이용하는 것도 가능하다. 이러한 특징을 감안하면서 비용과 운용을 고려해 종합적으로 판단하면 된다.

7.7 하드웨어와 플랫폼

인공지능과 CPU의 관계

제5장, 제6장을 읽고 알았겠지만, 예를 들면 딥러닝에 의해서 화상 인식을 수행한다고 해도 학습에는 방대한 양의 계산이 필요하다.

카메라 영상에 사람이 비치는지 아닌지를 판정하는 인공지능을 개발하는 경우를 생각하자. 지도학습이라면 우선은 지도 데이터를 사용해서 학습을 한다. 그 후 학습을 마친 모델로 실제 영상을 사용해서 사람이 있는지 없는지를 예측·판정하게 한다. 학습 과정에서 신경망을 사용하는 경우 제6장에서 설명한 순전파와 역전파에 의한 가중치 파라미터를 변경한다. 학습 데이터가 10만 건 있고 그것을 100회 학습하는 경우 1000만 건의 데이터를 학습하게 된다. 1회의 학습에서 계산에 사용하는 파라미터만으로도 수백 만의 규모가 되기 때문에 방대한 계산량이 되는 것은 쉽게 상상할 수 있다. 때문에 일반적으로 학습시에 성능에서 걸림돌이 되는 것은 CPU의 처리 능력이다.

인공지능 개발에서는 고성능 스펙의 프로세서를 가진 컴퓨터가 필수이다. 예를 들면 어느 컴퓨터로 학습시킨 경우 목적하는 정확도에 달하기까지 30일 걸리는 인공지능이 있다고 하자. 여기서 학습 효율이 2배가 되면 학습에 필요한 일수를 15일 이하로 단축할 수 있을지 모른다. 15일이라는 일수는 매우 크다.

한편 학습 마친 모델을 사용해서 실제의 화상을 판정하는 과정에서는 학습 때만큼 높은 사양의 프로세서는 필요하지 않다.

인공지능과 GPU

GPU는 **Graphics Processing Unit**의 약자로 이름대로 그래픽(이미지) 처리 전용 프로세서이다. 특히 3D 그래픽 표시에 요구되는 계산을 수행할 때 CPU가 아니라 GPU가 사용되어 왔다.

최근에는 거의 모든 컴퓨터에 GPU가 탑재되어 있다. 특히 3D 게임과 가상현실VR(Virtual Reality)을 표시하기 위한 컴퓨터는 일반 컴퓨터에는 탑재하지 않는 고성능 GPU가 탑재되어 있다.

GPU는 원래 3D 그래픽 처리용로 설계되어 있기 때문에 소수부동점이나 행렬의 계산에 매우 뛰어나다. 인공지능도 동일한 계산을 반복 처리하기 때문에 인공지능 계산에는 CPU보다는 GPU가 설계상 적합하다고 할 수 있다. 2010년대에 딥러닝의 등장으로 제3차 인공지능 붐이 일자 GPU를 그래픽 계산이 아니라 인공지능의 계산에 사용하는 수요가 급속히 높아졌다. GPU를 그래픽 계산 이외의 용도로 사용하는 이러한 기술을 **GPGPU**General Purpose Computing on GPU(GPU에 의한 범용 계산)이라고 한다(그림 7-21).

기업의 프로젝트에서 화상인식 등의 딥러닝에 의한 학습을 수행할 때는 현재 최신 초고성능 GPU로 계산하여 학습에 드는 시간을 대폭 줄이는 것이 일반적이다. 이미 신약 개발에서 많이 보듯이 기업이 인

그림 7-21 ● 인공지능용 컴퓨터 'NVIDIA DGX-2'에 탑재되어 있는 GPU 'Tesla V100'
(출처: 닛케이 xTECH)

공지능 개발을 위해 슈퍼컴퓨터에 필적하는 컴퓨터를 가진 IT 기업과 업무 제휴해서 공동 개발을 하는 사례도 드물지 않다. 최신 고성능 GPU는 매우 비싸 중소기업이 선뜻 도입할 수 없다.

예를 들면 미국 엔비디아NVIDIA의 'Tesla V100'이라는 GPU를 탑재한 그래픽 카드는 1,000만 원 이상의 가격에 판매되고 있다(2019년 2월 시점).

GPU를 탑재한 카드는 한 장이라도 CPU로 계산하는 것보다 고속이다. 최근의 CPU에서는 일반적으로 복수의 코어라 불리는 계산을 수행하는 부품이 탑재되어 있고 복수의 코어가 병렬로 계산해서 고속화를 실현하고 있다. 이러한 구성을 멀티 코어라고 한다.

마찬가지로 GPU도 멀티코어 구성이 일반적이며 CPU보다 많은 코어를 탑재하고 있는 것이 많다. 예를 들면 앞의 Tesla V100의 경우는 640개의 코어를 탑재하고 있다. 일반적으로는 코어 수가 많을수록 고속화가 쉽지만 이외에도 스펙에 영향을 미치는 원인은 여러 가지가 있기 때문에 반드시 코어의 수만으로 처리 능력이 정해지는 것은 아니다.

또한 GPU 자체가 여러 개 있으면 좀 더 고속으로 처리하는 것이 가능하다. 이를 실현하기 위해서는 GPU를 탑재한 그래픽 카드를 하나의 컴퓨터에 여러 장 탑재한다. 실제로 NVIDIA가 판매하고 있는 인공지능용 컴퓨터 'NVIDIA DGX-2'에는 16기의 GPU(Tesla V100)가 탑재되어 있다(2019년 4월 시점).[1] 다만 이 제품은 개인용이 아니라 법인이나 연구기관용이기 때문에 상당히 비싸 판매대리점을 경유해서 구입해야 한다. 정해진 가격이 없으므로 참고로 말하면 DGX-2의 경우 캠페인 가격으로 39만 9000달러이다.[2]

고액의 초기투자가 어려운 경우는 각사의 클라우드 컴퓨팅 서비스가 고가격의 GPU를 종량과금제로 이용할 수 있는 가상 서버를 제공하고 있으므로 그것을 이용하면 좋다.

이러한 서비스를 이용하면 최신 고기능 GPU를 월 단위로 저렴한 가격에 이용할 수 있다. GPU는 단기간에 새로운 것이 개발되어 성능이 급격하게 높아지는 시기가 있다. 때문에 당시에는 최고속이었지만 몇 년 후에는 성능이 떨어질 가능성도 있다.

따라서 GPU를 구입해서 사용할 게 아니라 클라우드 서비스에서 필요할 때 필요한 GPU를 이용하고 있는 기업이 많다.

쿠다

GPU 개발 역사를 되돌아볼 때 엔비디아라는 기업을 빼놓을 수 없다. 미국의 반도체 제조사인 엔비디아NVIDIA는 1990년대 후반부터 다양한 GPU를 개발하며 시장을 견인해왔다.

2010년 들어 딥러닝에 의한 GPU 활용 수요가 높아지자 엔비디아는 인공지능용 고성능 GPU와 에지 컴퓨팅용 GPU, 자율주행용 GPU 등을 개발해왔다. 또 엔비디아는 자사가 판매하고 있는 GPU와, 메모리와 인공지능 프로그램을 원활하게 연계시켜 개발을 쉽게 하는 플랫폼 쿠다CUDA(Compute Unified Device Architecture)도 개발해서 제공하고 있다.

플랫폼이라고 해도 쿠다는 인터넷 서비스가 아니라 컴퓨터에 설치하는 드라이버 라이브러리 등의 소프트웨어군을 말한다. 쿠다는 엔비디아의 GPU를 OS에 인식시키는 드라이버와 프로그램에서 GPU를 사용하는 라이브러리를 제공하고 있으며, 엔비디아의 GPU를 인공지능에서 이용하기 위해서는 필수인 플랫폼이다. 예를 들면 파이썬에서 텐서플로로 수행하는 계산을 GPU로 수행하는 경우는 사전에 OS상에서 쿠다의 소프트웨어와 드라이버를 설치한 다음 기동 옵션을 설정해서 실행해야 한다.

ASIC와 TPU

ASICApplication Specific Integrated Circuit은 특정 용도를 위해 개발한 집

적회로이다. 세계적으로 다양한 용도의 ASIC가 개발되었으며, 그중에서도 머신러닝용 ASIC는 개발이 활발하다.

유명한 것이 구글이 2016년에 개발한 머신러닝 전용 ASIC인 TPU TensorFlow Processing Unit(텐서플로 프로세싱 유닛)이다. 또한 구글 산하의 딥마인드가 개발한 바둑 인공지능 알파고에도 이용되고 있는 외에 구글의 다양한 인공지능 서비스에 이용되고 있다. TPU는 구글 클라우드 플랫폼에서 이용할 수 있는 외에 제한적이기는 하지만 구글 컬래버러터리(줄여서 코랩Colab이라고 표기)에서도 이용할 수 있다(그림 7-22).

그림 7-22 ● TPU 탑재 보드와 탑재 서버
(출처: 닛케이 xTECH)

또한 CPU 등의 개발 경험이 있는 미국 인텔과 일본 후지츠, 중국 알리바바, 화웨이, 일본의 AI 벤처 Preferred Networks도 딥러닝 전용 프로세서를 개발하고 있어 경쟁이 치열할 것으로 예측된다.[3]

에지용 보드

이미 설명한 바와 같이 에지 컴퓨팅이란 데이터센터가 아니라 공장이나 자동차 등의 서비스 이용자 가까이에 고성능 컴퓨터를 설치하고 가능한 한 이용자 가까이에서 처리하는 것이다. 지연을 막고 리얼타임성을 실현하는 동시에 통신회선과 클라우드상 서버의 부담을 줄일 수 있다.

에지 컴퓨팅의 개념에 기초해서 이용자 가까이에 설치한 소형에 고성능의 처리 능력을 가진 컴퓨터를 에지(에지 디바이스)라고 부른다는 것은 이미 설명했다. 인공지능에서도 학습은 클라우드 플랫폼상에 있는 고성능 서버로 수행하는 것이 많지만 학습 완료 모델에서 예측 연산에 사용하는 경우에는 에지로 수행하는 개념이 있다. 리얼타임의 예측을 실현하기 위해 머신러닝용 에지 보드도 개발되어 있다.

엔비디아에서는 **Jetson TX2**라는 조립용 GPU 모듈 보드를 판매하고 있다. 이것은 엔비디아가 개발한 Pascal이라는 브랜드의 GPU가 탑재되어 있는데다가 저소비전력을 실현했으며 카메라와 로봇 등의 다양한 에지 디바이스에 탑재할 수 있다(그림 7-23).

엔비디아는 또한 2019년에 수백 만의 디바이스에 인공지능을 탑재하는 것을 목표로 **Jetson Nano**를 발매했다(그림 7-24). Jetson Nano는 손바닥 정도의 소형 크기에 128개의 코어를 탑재한 고성능 GPU가 실장되어 있는 저가격의 에지 보드이다(그림 7-25).

또한 구글은 2019년부터 **TPU**를 탑재한 보드인 Coral Dev Board

를 판매하고 있다. 이것도 에지에 탑재하기 위해 개발했기 때문에 소형에 저소비전력인데다 같은 소형 보드에 비해 머신러닝 처리를 비교적 고속으로 처리할 수 있다.

향후 IoT를 사용한 서비스와 인공지능의 활용이 진행하면 머신러닝용 에지 보드와 프로세서 모듈이 잇따라 개발될 것이다.

그림 7-23 ● Jetson TX2 보드
(출처: 미디어스케치)

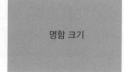

그림 7-24 ● Jetson Nano
(출처: 미디어스케치)

그림 7-25 ● Jetson Nano를 발표하는 엔비디아 CEO 젠슨 황(Jensen Huang)
(출처: 닛케이 xTECH)

【참고문헌】

1) NVIDIA DGX-2
https://www.nvidia.com/ja-jp/data-center/dgx-2/

2) 닛케이 ×Tech 「엔비디아의 GPU 슈퍼컴퓨터, DGX-2의 핵심」
https://tech.nikkeibp.co.jp/atcl/nxt/column/18/00271/042400002/

3) 닛케이 ×Tech 「서버용 AI 칩을 제어하는 것은 누구인가」
https://tech.nikkeibp.co.jp/atcl/nxt/column/18/00626/00002/

제 **1** 장

제 **2** 장

제 **3** 장

제 **4** 장

제 **5** 장

제 **6** 장

제 **7** 장

제 **9** 장

【기술편】

8

제 ────────────── 장

최신 인공지능 기술
~미래의 인공지능~

이번 장에서는 딥러닝을 다양한 장면에서 활용하기 위해 개발된 방법을 소개한다. 하나같이 매우 획기적인 수법으로 앞으로도 계속 새로운 인공지능이 탄생하고 새로운 가치를 창출할 것으로 기대할 수 있다.

다만 내용은 매우 어렵고 원리까지 설명하면 방대한 양이 된다. 때문에 본서에서는 개요만 소개한다. 각 방법을 좀 더 상세하고 알고 싶은 사람은 참고문헌을 참고하기 바란다.

8

제 **8** 장

최신 인공지능 기술 ~ 미래의 인공지능 ~

8.1 순환 신경망

순환 신경망Recurrent Neural Network은 주로 시계열 데이터 등의 분석에 사용되는 신경망 방법이다. 영어 머리글자를 따서 **RNN**으로 줄여 부른다.

순환 신경망은 데이비드 러멜하트David E. Rumelhart 등이 1982년에 제안했다. 신경망에서 학습의 계산 결과 이력을 기억하고 그것을 다음 학습 시에 입력하는 재귀형 학습(결과를 다음 입력으로 하는 학습)을 수행하는 아이디어를 기초로 고안됐다.[1] 이 개념에 기초한 신경망 모델 전체를 순환 신경망라고 부른다.

회귀 신경망과 재귀 신경망, 순환 신경망 등으로 번역되지만 모두 순환 신경망을 말한다.

순환 신경망의 특징

가장 기본적인 단순 재귀 네트워크SimpleRNN의 개요를 설명한다. 먼저 순환 신경망이 어떤 분석을 전문으로 하는지를 직감적으로 이해하기 위해 예로 확인해보자.

공장 내부의 평균 기온을 1일별로 계측했을 때 아래와 같이 변화한다고 하자.

16.0℃ 20.0℃ 24.0℃ 16.0℃ 20.0℃ 24.0℃ 16.0℃ 20.0℃
24.0℃ □℃

그러면 □는 얼마가 되는지를 예측하자. 이 숫자를 보면 전체적으로 16~24℃까지 4℃씩 상승한 후 다시 16℃로 돌아가는 경향을 확인할 수 있다. 또한 □ 바로 앞의 온도는 24℃이다. 따라서 □는 16.0일 가능성이 높다.

마찬가지로 순환 신경망도 과거의 변화 경향과 이전 데이터의 관계성을 고려하면서 다음의 수치를 예측한다. 다시 말해 순환 신경망은 시간의 경과와 함께 변화하고 이전 상태에서 예측할 수 있는 시계열 데이터를 분석하는 것을 전문으로 한다. 구체적으로는 온도 데이터와 음성 데이터, 문장 해석 등 규칙성이 있고 데이터의 길이가 일정하지 않아 항상 변화하는 데이터를 분석할 목적으로 자주 이용된다.

순환 신경망이 일반 신경망과 크게 다른 점은 은닉 상태라는 파라미터를 갖고 있는 점을 들 수 있다. 은닉 상태는 학습의 이력이라고도 할 수 있다.

순환 신경망의 계산

이어서 순환 신경망에서는 어떤 계산을 하는지를 확인해보자. 그림 8-1은 인지과학 전문가이기도 한 제프리 엘만Jeffrey L. Elman이 논문에서 발표한 엘만 네트워크라 불리는 모델 계산이다. [2]

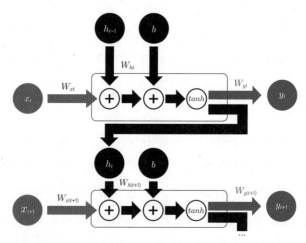

그림 8-1 ● 단순 재귀 신경망의 순전파 계산
(출처: 미디어스케치)

신경망의 경우 순전파 계산에서는 입력(x)에 가중치(Wx)를 곱하고 바이어스(b)를 더한다. 이 계산 결과를 활성화 함수로 계산한 결과가 출력(y)이 된다.

순환 신경망에서는 입력(x)에 가중치(Wx)를 곱한 것에 추가해서 은닉 상태의 파라미터(h)에 은닉 상태의 가중치(W_h)를 곱한 것을 더한다. 그림의 t는 어느 시간인지를 나타낸다. 은닉 상태의 파라미터란 이전 상태에서 계산한 결과이다. 즉, 이 은닉 상태는 전회의 계산 결과를 입력으로 사용하고 있다.

때문에 어느 시점 t의 은닉 상태의 파라미터는 이전 상태의 계산 결과인 $t-1$ 시점의 계산에서 얻어진 것을 사용하고 수식에서는 h_{t-1}로 표현한다.

이것을 정리하면 어느 시점에서 활성화 함수에 입력하기 전인 은닉 층에서의 계산은 다음과 같다.

$$x_t \times W_{xt} + h_{t-1} \times W_{ht} + b$$

이것을 활성화 함수에 입력하는데, 순환 신경망에서는 많은 논문에서 **tanh** 함수가 최적인 활성화 함수로 이용되고 있다. 실은 활성화 함수의 출력 결과가 다음 계산에서 은닉 상태의 파라미터(h_t)로 이용되므로,

$$h_t = tanh(x_t \times W_{xt} + h_{t-1} \times W_{ht} + b)$$

이 된다.

한편 다음 층에 건네는 출력 결과(y_t)는 그대로 출력하는 게 아니라 출력값을 위한 가중치(W_{yt})를 곱한다(출력용 바이어스를 따로 준비해서 더하는 경우도 있다).

결과적으로

$$y_t = h_t \times W_{yt}$$
$$= tanh(x_t \times W_{xt} + h_{t-1} \times W_{ht} + b) \times W_{yt}$$

이 된다.

이처럼 순환 신경망에서는 입력과 출력, 은닉 상태 각각에 가중치가 준비되어 있다.

학습 시에는 통상의 신경망과 마찬가지로 손실함수에 의한 오차를 계산하고 역전파 계산을 해서 오차가 작아지도록 가중치를 변경한다.

순환 신경망에서는 데이터를 일정한 개수별로 통합한 데이터군별로 학습한다. 예를 들면 1,000개의 데이터를 50개씩 나누어서 학습하기로 하자(그림 8-2). 이때 1개째부터 50개째의 데이터군이 최초의 입력 데이터가 되고 2개째부터 51개째의 데이터군이 다음의 입력 데이터가 된다. 따라서 입력층의 수는 50개이다.

이때 50개분의 데이터 경향을 분석해서 학습한다. 데이터군의 개수가 너무 작으면 작은 변화에 지나치게 영향을 받아 노이즈의 영향을 받기 쉽다. 반대로 너무 크면 대략적인 경향만을 학습해서 적절한 변화를 학습하지 못할 가능성이 있다. 때문에 몇 개의 데이터를 통합해서 학습할지, 즉 데이터군의 개수 지정은 정확도에 영향을 미친다. 따라서 매우 중요한 파라미터가 된다.

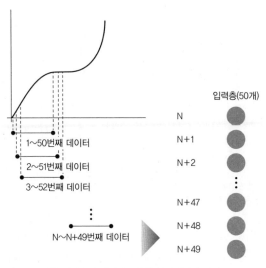

그림 8-2●순환 신경망의 데이터군과 입력 데이터의 관계
(출처: 미디어스케치)

순환 신경망의 분석 예

예를 들면 아래와 같은 데이터 경향을 순환 신경망을 사용해서 분석한다고 하자(그림 8-3).

이 데이터는 가령 기온과 음성 등의 시계열 데이터라고 이해하기 바란다(실제로는 $y=\sin(x)+\cos(x/2)$라는 식에 ±0.1의 노이즈가 들어 있다). 데이터 수는 전부 1,000개 있지만 이 중 50개분의 데이터를 꺼낸 것을 데이터군으로 해서 이 단위로 오차를 계산해서 학습한다. 학습이 완료된 후 예측 테스트를 수행한다. 최초 50개분의 데이터만을 주고 이후에 계속되는 다음 데이터가 무엇이 되는지를 순환 신경망으로 예

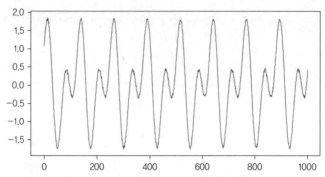

그림 8-3 ● 순환 신경망으로 분석하는 원 데이터
(출처: 미디어스케치)

측해본다(그림 8-4). 예를 들면 1~50개째의 데이터에서 51개째의 데이터를 예측하고 71~120개째의 데이터에서 121개째의 데이터를 예측한다.

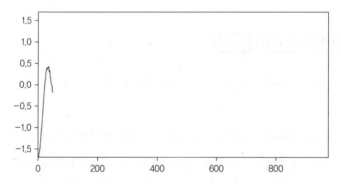

그림 8-4 ● 예측할 때 투입하는 초기 데이터
이후 어떤 데이터가 올지를 예측한다(출처: 미디어스케치)

이때 신경망 모델은 입력층의 수가 데이터군의 개수가 되기 때문에 50이 되고 출력층의 수는 다음에 오는 1개분의 데이터를 예측하기 때

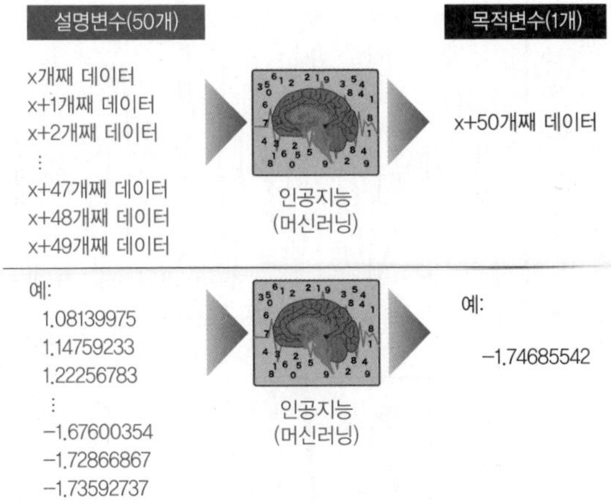

설명변수(50개)

x개째 데이터
x+1개째 데이터
x+2개째 데이터
⋮
x+47개째 데이터
x+48개째 데이터
x+49개째 데이터

인공지능
(머신러닝)

목적변수(1개)

x+50개째 데이터

예:
1.08139975
1.14759233
1.22256783
⋮
-1.67600354
-1.72866867
-1.73592737

인공지능
(머신러닝)

예:
-1.74685542

그림 8-5 ● 순환 신경망의 모델
(출처: 미디어스케치)

문에 1이 된다(그림 8-5). 은닉층의 수는 사람이 하이퍼 파라미터로 결정하지만 이번에는 20으로 한다.

이 모델에서 200회 정도 학습했다(손실함수는 평균 제곱 오차, 최적화 함수는 RMSprop를 이용). 이후 데이터의 추이를 예측시킨 결과가 그림 8-6이다. 학습 데이터와 예측 데이터를 비교해보면 주기에 약간의 차이가 있기는 하지만 예측값이 학습 데이터와 같은 곡선을 그리면서 추이하는 것을 확인할 수 있다. 또한 예측 데이터에서는 노이즈의 영향이 사라져서 노이즈를 제대로 무시한 것을 알 수 있다.

이 예는 매우 단순한 경향을 예측시킨 것에 지나지 않는다. 그러나 이렇게 해서 시간과 함께 변화하는 경향을 분석함으로써 향후의 추이를 추측하거나 예측한 경향과의 차이에 의해서 이상(異常)을 검지할 수 있다.

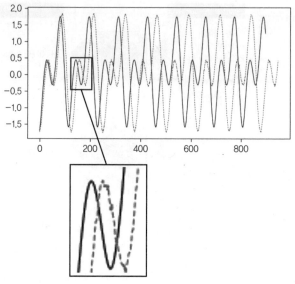

그림 8-6 ● 순환 신경망으로 예측한 경향과 원 학습 데이터
실선: 예측 데이터, 점선: 학습 데이터(출처: 미디어스케치)

LSTM(장단기 기억)

단순 재귀 네트워크SimpleRNN에서는 특정 주기에 대한 경향 분석밖
에 할 수 없다. 그러나 실제 데이터에는 단기의 경향도 있는가 하면 장
기의 경향도 있다. 예를 들어 기온 변화의 경우 하루 중에서 시간에 따
른 변화 경향도 있는가 하면 1년 중에서 계절에 따른 변화 경향도 있
다. 이처럼 장기와 단기 양방의 경향을 분석할 수 있도록 개선한 방법
이 LSTMLong Short Term Memory이다. 번역하면 장단기 기억이 된다.

단순 재귀 네트워크에서는 은닉층의 활성화 함수에 tanh 함수를 이

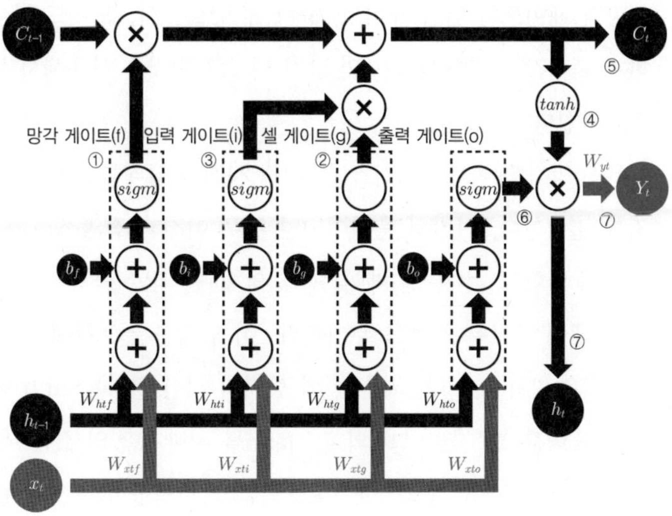

그림 8-6●LSTM의 논리 게이트 구조
(출처: 미디어스케치)

용했다. LSTM에서는 이것을 좀 더 복잡한 논리회로로 대체한다(그림 8-7).

SimpleRNN에서는 상태를 인식하는 파라미터로 h가 이용됐지만 LSTM에서는 추가해서 셀 상태라 불리는 파라미터(C)를 이용한다. 이 두 파라미터로 장기와 단기 2가지 시점의 경향을 분석한다.

전체적으로는 입력(x)과 은닉 상태의 파라미터(h)를 사용해서 셀 상태(C)를 컨트롤한다. 컨트롤하기 위한 게이트는 4가지 준비되어 있다. 망각 게이트와 입력 게이트, 셀 게이트, 출력 게이트이다. 각 게이트에는 입력값과 은닉 상태에 대한 가중치가 있다. 추가해서 게이트별로 바이어스도 있다.

망각 게이트와 입력 게이트, 출력 게이트는 시그모이드 함수를 사용하며 출력값이 반드시 0~1의 값이 되므로 이것을 사용해서 셀 상태를 컨트롤한다.

우선 망각 게이트(그림의 ①)는 이전 시점의 상태를 어느 정도 이용할지를 결정한다. 여기의 출력이 0인 경우 이전 시점의 셀 상태는 전혀 출력에 영향이 없다. 셀 게이트(그림의 ②)를 지난 출력이 이전 시점의 셀 상태에 새로운 정보를 부가한다. 이 입력을 컨트롤하는 것이 입력 게이트(그림의 ③)이다. 최후에 셀 상태의 계산 결과는 tanh 함수에 곱해서 출력값으로 한다(그림의 ④). tanh를 지나기 전의 값은 다음 셀 상태의 입력이 된다(그림의 ⑤). 이 출력값을 컨트롤하는 것이 출력 게이트이다(그림의 ⑥).

출력 게이트에 컨트롤된 결과는 최종적인 출력값(Y) 및 다음의 은닉 상태가 된다(그림의 ⑦).

순환 신경망의 향후

LSTM의 등장으로 음성인식과 번역 등의 정확도가 크게 높아졌다고 하며 실제로 많은 사례에서 이용되고 있다.

다양한 주기의 경향을 효율적으로 학습하기 위한 새로운 논리 게이트가 고안되고 있어 향후 여러 분야의 복잡한 시계열 데이터를 간단하게 분석할 수 있게 될 것으로 기대된다.

예측뿐 아니라 이상 검지에도 이용되면 고장 예측과 사고 방지 등에도 활용할 수 있다. 건물과 다리 등의 구조물에 대한 열화 예측에서는 소리의 반사가 자주 이용되고 있다. 향후 큰 구조물을 효율적이고 안전하게 관리하기 위해 LSTM의 활용이 기대된다.

8.2 강화학습의 역사와 DQN

제5장 5.5에서 강화학습의 개요를 설명했다. 인공지능의 예측에 대한 정확도를 수치로 자동으로 계측할 수 있고 또한 그 오차를 자동으로 피드백 가능한 경우 강화학습을 수행함으로써 자동으로 인공지능의 정확도를 높일 수 있을 것으로 기대된다. 지도학습은 학습 데이터를 준비하는 데 사람의 수고가 들기 때문에 최근에는 강화학습을 사용한 인공지능 연구가 진행하고 있다.

여기서는 강화학습으로 어떤 계산을 하고 있는지에 대해 설명한다.

마르코프 결정 과정

오늘날의 강화학습은 마르코프 결정 과정Markov Decision Process(MDP)이라 불리는 개념을 베이스로 고안되어 있다. 마르코프 결정 과정은 어떤 행동을 일으키면 빠르고 확실하게 이상적인 상태에 가깝게 할지를 확률을 사용해서 계산하는 개념이다. 제어공학과 경제학 등 폭넓은 분야에서 이용되고 있다.

마르코프 결정 과정에서는 최적의 행동을 계산하기 위해 S, a, P_a, R_a라는 4개의 기호를 사용해서 상태 추이를 표현한다.

구체적 예를 보고 확인하자. 마르코프 결정 과정에서는 미로에 관한 문제가 예로 제시된다. 그림 8-8과 같은 미로 문제가 있다.

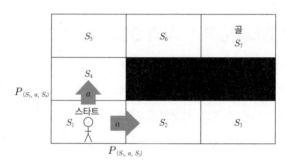

그림 8-8 ● 미로 문제 예
(출처: 미디어스케치)

지금 플레이어는 스타트 지점에 있다. 그리고 골을 목표한다. 플레이어가 어디에 있는지 나타내는 상태를 S라고 표현한다. 지금 스타트 지점에 있는 상태를 S_1이라고 하자. 그곳부터 골에 도달하려면 이동하지 않으면 안 된다. 다음 상태로 이행하기 위한 행동을 a라고 표현한다. 이렇게 해서 행동 a를 실행하고 상태가 S에서 S'로 변화하는 확률을 $P_{(S, a, S')}$라고 표현한다.

미로 문제에서 상태 S_1에 있을 때 실행할 수 있는 행동 a는 '위로 이동한다' 또는 '오른쪽으로 이동한다'이다. 각각의 행동을 할 확률이 같을 때 S_1에서 S_4로 이동할 확률 $P_{(S_1, a, S_4)}=0.5$, S_1에서 S_2로 이동할 확률 $P_{(S_1, a, S_2)}=0.5$가 된다.

마지막에 마르코프 결정 과정에는 보상이라는 개념이 있다. 보상은 a를 실행하여 S에서 S'로 변화함에 따라 어떤 보상을 얻을 수 있는가 하는 의미로 $R_{(S, a, S')}$으로 표현한다.

보상이 어떤 것인가는 푸는 문제에 따라서 변한다. 미로 문제의 경우 골에 도달한 경우에만 보상으로 100점을 얻을 수 있다고 하자.

이때 골까지의 전이는 S_6에서 S_7밖에 없기 때문에 $R_{(S_6, a, S_7)}$만 100점이고 다른 전이에 관한 보상은 모두 0점이 된다.

이 상태에서 모든 행동 패턴을 시도하면 어떤 행동을 실행하면 최단에 높은 보상을 얻을지를 알 수 있다.

인공지능은 마찬가지로 다양한 패턴을 시도하고 보상이 최단에 최대가 되는 행동 패턴을 구한다. 다만 모든 행동 패턴을 시도하는 것은 시간이 걸려서 현실적이 아니므로 방법을 고안하면서 샘플을 시도한다. 구체적인 방법에 대해서는 뒤에서 자세하게 설명한다.

보상을 어떤 값으로 할지는 인공지능의 강화학습에서도 매우 중요한 포인트이다. 보상이 커지도록 행동을 결정하기 때문에 보상의 크기가 현실 세계의 가치에 비례하지 않는 경우는 가령 인공지능이 우수해도 인간에게 좋은 결과가 되지 않는다.

최종적으로 최소한의 행동으로 보상이 최대가 되는 것이 가장 좋은 전략이 된다. 이처럼 상태 S, 행동 a, 행동 확률 $P_{(S, a, S')}$, 보상 $R_{(S, a, S')}$에 의해서 어떤 행동을 취하는 것이 최적인지를 분석하는 수법이 마르코프 결정 과정이다.

먼저 간단한 미로의 예를 들어 마르코프 결정 과정을 설명했지만 실제로 풀어야 하는 문제는 더 복잡하다. 예를 들면 미로가 좀 더 복잡해지면 언뜻 골에 가까워지는 것처럼 생각해도 실은 골까지는 매우 멀다. 또한 모든 행동 패턴을 시도하기에는 시간이 너무 걸려서 현실적이지 않다. 때문에 도중 경과에 대해 지금의 상황이 좋은지 나쁜지를 판단함으로써 임시 보상으로 하는 학습 방법이 크리스 와토킨즈Chris Watkins에 의해서 제안됐다. [3] 이것이 **Q학습**이다.

Q학습에서는 도중 경과의 상태에 관한 기댓값을 **Q값**으로 설정한다. Q값은 어느 상태에서 최종적으로 장래 취득 가능한 보수의 최댓값이 된다. 그러나 미로의 예로 말하면 어느 상태에서라도 최종적으로 골에 도달하기 때문에 장래 취득 가능한 보상의 최댓값은 모두 100점이 된다.

다만 Q값의 계산에는 할인율이라는 개념이 있다. 장래의 보상은 그 보상을 얻을 수 있을지 없을지 불확실하다. 때문에 보수를 받기까지의 행동이 많을수록 보상에서 할인되는 값을 Q값으로 한다. 할인율은 0~1의 수치로 지정되고 최대 보상과 곱셈을 한다. 골에서 멀어질수록 할인율은 0에 가까워지고 결과적으로 Q값은 작아진다.

이처럼 모든 상태에서 그 시점의 Q값을 계산하면 각 상태의 기댓값을 결정할 수 있고 다음에 어떤 행동을 취하는 것이 좋은지를 판단할 수 있다. 다만 이 경우 기댓값은 어디까지나 추측값이라는 점에 주의가 필요하다. '확률적으로 말하면'이라는 전제가 있기 때문에 Q값이 높다고 해서 반드시 최단에 높은 보상을 얻을 수 있다고는 할 수 없다.

보다 확실하게 결과로 이어지는 정확도 높은 Q값을 결정하기 위해 다양한 방법이 고안되어 있다. 다음으로 설명하는 심층 Q-네트워크 도 그중 하나다.

심층 Q-네트워크(DQN)

2014년에 미국 구글 산하에 있던 영국 딥마인드DeepMind는 이미지 에서 Q학습을 사용해서 적절한 행동을 판단할 수 있도록 신경망을 이 용하는 내용의 특허를 취득했다. [4]

특허 내용에 기재되어 있는 모델이 심층 Q-네트워크Deep Q-Network, 줄여서 **DQN**이다.

딥마인드는 이 방법을 사용해서 **Atari2600** 게임을 인공지능에 학습 시킴으로써 여러 게임에서 인간 이상의 플레이를 시키는 데 성공했다. Atari2600은 1977년에 미국 아타리Atari가 개발한 가정용 게임기이다. 전 세계에서 1,500만 대 이상 판매됐다. 인공지능에서는 Atari2600이 시험용으로 자주 이용된다.

심층 Q-네트워크는 Q학습에 기초한 강화학습을 수행한다. 우선 어 느 시간 t의 상태 S_t를 나타내는 데이터에는 게임 화면의 화상 데이터 를 그대로 이용한다.

심층 Q-네트워크가 등장하기 이전에는 한정된 정보량밖에 처리할 수 없었기 때문에 플레이어의 좌표 등 몇 종류로 구성되는 숫자 데이터가 입력값이었다. 이에 대해 심층 Q-네트워크는 화면을 이미지로 해서 입력하고 합성곱 신경망 등을 사용해서 다양한 상황을 판단하고 적절하게 행동할 수 있게 한다.

행동 a_t는 게임에서 실행하는 것이 가능한 명령어이다. 즉 어느 화면 (S_t)일 때 어떤 명령어(a_t)를 실행하면 되는가. 이것을 적절하게 판단할 수 있는 신경망의 심층 모델을 딥러닝을 이용해서 작성하는 것이 심층 Q-네트워크이다(그림 8-9).

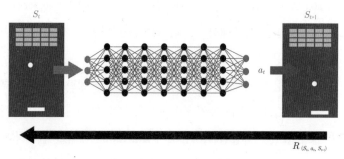

그림 8-9 ● 심층 Q-네트워크의 개요
(출처: 미디어스케치)

심층 Q-네트워크의 입력층은 게임 화면의 화소 데이터가 된다. 예를 들면 풀컬러에 320×480픽셀 화면인 경우 3×320×480픽셀로 46만 800개의 입력층이 된다.

다음으로 출력층은 게임 내에서 실행할 수 있는 명령어 중 어느 것이 최적인지를 예측하는 확률이다. 벽돌 깨기 게임의 경우 오른쪽으로 이동, 왼쪽으로 이동, 아무것도 하지 않는다의 3가지이므로 각각의 확률을 계산한다.

계산한 결과 '오른쪽으로 이동'이 가장 큰 숫자인 경우 실제로 게임에 대해 그 명령어를 실행한다. 그 결과 새로운 상태 S_{t+1}으로 게임의 상태가 변화한다. S_{t+1}이 좋은 상태인지 나쁜 상태인지를 판단하는 Q값을 계산한다.

최후에 Q값을 신경망에 피드백하고 그 값에 따라서 가중치와 바이어스 등의 파라미터를 갱신한다. 이렇게 해서 1화면의 학습이 완료된다. 다음으로 S_{t+1}일 때 어떤 행동을 취하면 될지를 같은 모델로 계산한다(그림 8-10).

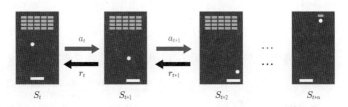

그림 8-10 ● DQN의 상태 천이
(출처: 미디어스케치)

이것을 몇 천 회, 몇 만 회 반복하면 이윽고 어떠한 상황에서도 적절하게 판단해서 행동 가능한 모델이 생긴다. 이처럼 상태로부터 행동을 산출하는 데 딥러닝을 사용하는 방법이 심층 Q-네트워크이다.

심층 Q-네트워크에서 합성곱 신경망의 활용

비디오 게임을 인공지능에 분석시킬 때 어려운 것은 무엇을 입력값으로 하는가 하는 점이다. 심층 Q-네트워크에서는 화면의 화소 데이터를 S_t로 하고 이것을 입력값으로 한다. 그러나 여기에는 문제가 있다. 화면을 1화소씩 봤을 때 상태 패턴은 무수히 많다. 이렇게 하면 아무리 학습해봐야 학습한 상황은 전체의 극히 일부이므로 결과는 대부분이 미지인 상태가 된다. 그러면 좋은 결과를 얻을 수 없다.

그래서 심층 Q-네트워크의 모델에는 많은 경우 합성곱 신경망을 채용한다(합성곱 신경망의 상세는 제6장 6.4를 참조).

합성곱 신경망을 채용하면 1도트의 화면 차이를 보는 게 아니라 화면에서 예측 정확도에 영향을 미칠 것 같은 특징을 필터를 통해서 발견해준다. 이들 아이디어에 의해 체스와 같이 패턴이 한정된 게임뿐 아니라 슈팅 게임과 같이 무수한 패턴이 있는 게임에서도 상황을 판단할 수 있는 인공지능의 실현이 가능해졌다.

8.3 알파고와 알파고 제로

알파고AlphaGo는 딥마인드(2010년에 창업, 2014년 구글이 매수. 때문에 구글 딥마인드라고 표기하는 일도 많다)가 개발하고 2015년에 세계에서 처음으로 인간에게 승리한 바둑 인공지능 프로그램이다.

컴퓨터가 인간에게 이기는 것은 불가능하다던 바둑 세계에서 딥러닝을 베이스로 한 다양한 아이디어를 도입하여 마침내 인공지능이 인간을 이긴 것이다. 이 사건은 인공지능의 진화를 말하는 데 매우 중요한 사례이다.

알파고에 관해서는 아직 발표되지 않은 내용도 많아 모두가 밝혀진 것은 아니다. 그러나 기본적인 개념은 국제적인 종합학술잡지 네이처Nature에 공개된 논문에 기재되어 있으므로 그 내용을 설명한다. [5]

왜 알파고가 대단한가

알파고 이전에도 다양한 테이블 게임에서 인공지능이 프로그램을 개발하고 인간과 대결해서 이길 수 있을지 연구해왔다. 유명한 예로는 미국 IBM이 개발한 체스를 하는 인공지능 딥블루Deep Blue가 있다. 2005년 장기 인공지능 프로그램의 토대가 된 보난자Bonanza 등이 인간과 핸디캡 없이 싸워서 이긴 역사를 만들었다.

그러나 바둑은 인간과 승부 가능한 인공지능 프로그램을 개발하는 것은 어렵지 않을까 여겨왔다. 그 이유는 바둑의 수가 많기 때문이다. 예를 들면 게임 개시 후 2수째에 생각할 수 있는 수는 체스가 약 400수, 장기가 약 900수인 데 비해 바둑은 12만 9,960수가 된다고 한다. 그렇다 보니 바둑의 수는 몇 수 앞조차도 도저히 컴퓨터로 시뮬레이션할 수 있는 양이 아니다.

실제로 2015년까지 바둑 컴퓨터 프로그램은 아마추어 강호에게도

지는 상황으로 프로바둑기사와 핸디캡 없이 싸울 만한 실력은 아니었다. 그 시점에서는 컴퓨터가 바둑으로 인간 전문가를 이기려면 적어도 10년 이상은 걸릴 거라고 했다.

그런데 2016년 3월에 알파고가 당시 세계 랭킹 4위인 한국 프로바둑기사 이세돌과 핸디캡 없이 5시합 싸운 결과 4승 1패로 이겼다(그림 8-11, 이때 대전한 알파고가 2대째 알파고 리).

그림 8-6 ● 알파고와 이세돌의 대국 장면
(출처: 구글)

그리고 2017년 5월에는 당시 세계 랭킹 1위인 중국 출신의 프로바둑기사 커제柯潔와 대전해서 3연승으로 완승했다(이때 대전한 알파고는 3대째 알파고 마스터).

이 사건으로 세계의 알파고에 대한 평가가 크게 달라졌다. 이 시점에서 바둑 세계에서 인공지능이 인간과 어깨를 나란히 하고 실제로 바둑기사 세계 랭킹에도 알파고가 2위로 올라섰다(현재 알파고는 인간과의 대국을 그만 뒀기 때문에 순위에서 밀려났다).

알파고의 아이디어와 기술

실은 알파고의 등장 이전은 장기에서도 바둑에서도 프로그램은 초반이 약하다는 것이 상식이었다. 이유는 초반에는 후보수가 너무 많다는 점과 종반까지의 수가 너무 길기 때문에 계산에 의한 전개 예측이 어렵기 때문이다. 이에 대해 알파고는 다양한 아이디어를 도입하여 바둑 초반에 인간과 오각 이상으로 싸울 수 있게 됐다. 그 아이디어란 폴리시 네트워크와 밸류 네트워크, 몬테카를로 트리 탐색이다.

알파고는 폴리시 네트워크에서 다음의 후보 수를 선정하고 밸류 네트워크에서 국면의 형세를 판단(흑과 백 어느 쪽이 이길 것인가)한다. 그리고 이 두 가지 네트워크 정보를 사용하여 몬테카를로 트리 탐색으로 나중의 전개를 시뮬레이션해서 최종적으로 이길 가능성이 가장 높은 수를 선택한다(그림 8-12).

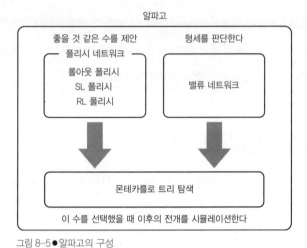

그림 8-5 ● 알파고의 구성
(출처: 미디어스케치)

또한 폴리시 네트워크와 밸류 네트워크로는 전체적으로 딥러닝을 사용해서 다양한 예측을 하고 있지만 합성곱 신경망과 심층 Q-네트워크 등의 기술을 주로 사용하고 있다. 그야말로 최신 기술의 결정판이다.

폴리시 네트워크

폴리시 네트워크란 다음의 후보 수를 출력하는 신경망 모델이다. 실은 알파고가 등장했을 때 인터넷상에서 알파고가 수행한 학습은 지도교사 학습인지 아니면 강화학습인지를 둘러싸고 논의가 있었다.

정답은 '모두 수행했다'이다.

실은 알파고의 학습은 크게 2단계로 나뉘어 있다. 제1단계에서는 지도학습에 의해 프로바둑기사라면 다음 수는 어디에 놓을 것인지를 예 측하는 **SL 폴리시 네트워크**Supervised Learning of Policy Networks를 생성 한다. 제2단계에서는 인공지능끼리 대결하는 강화학습을 통해서 어 느 수를 놓으면 이길 확률이 높을지를 나타내는 **RL 폴리시 네트워 크**Reinforcement Learning of Policy Networks를 생성한다.

RL 폴리시 네트워크는 SL 폴리시 네트워크의 강화판이라고도 할 수 있지만 SL 폴리시 네트워크도 후술하는 몬테카를로 트리 탐색에 사용 되고 있다. 양자는 서로의 특징을 살리면서 공동으로 최선의 수를 선 택하고 있는 식이다.

SL 폴리시 네트워크의 생성

초기의 알파고는 우선 어느 정도의 실력을 인간으로부터 배우기 위 해 지도학습에 의한 SL 폴리시 네트워크를 생성했다. 이때의 학습 데 이터란 KGS Go Server라는 인터넷 바둑 대전 서비스 기보이다(그림 8-13). 이 서비스상에서는 인터넷을 거쳐 매일 다양한 사람들이 많은 대국을 하고 있다.

이 서비스의 기보에서 3,000만 정도의 반면을 학습하고 다음으로 인 간이 어떤 수를 놓을지를 예측한다. 그렇다고 해도 아마추어 대국은 학습하지 않았기 때문에 KGS Go Server의 서비스상에서 일정한 단 위를 인정받고 있는 높은 수준의 실력자들의 기보만을 학습 데이터로 채용했다(KGS Go Server는 상위 수준의 프로바둑기사도 익명으로 참가하는

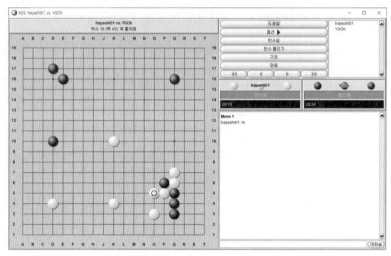

그림 8–13 ● KGS Go Server상의 대국 기보
소프트웨어는 공식 클라이언트인 CGoban(출처: CGoban)

바둑계에서는 유명한 서비스이다).

즉 SL 폴리시 네트워크는 여러 실력자를 흉내내는 가상 프로바둑기 사라는 것을 만들고자 한다. 구체적으로 어떻게 하는지를 살펴보자. 어느 반면의 상태가 있었을 때 신경망의 입력 데이터로 그 상황에서 48의 반면(48채널) 데이터를 생성한다. 48의 반면 데이터란 흑돌의 위치, 백돌의 위치, 공백의 위치, 1~8수 전까지의 흑돌의 위치, 1~8수 전까지의 백돌의 위치, 단수單手(바둑돌이 상대에게 둘러싸여 한 점만 더 놓으면 완전히 돌이 죽는 상태, 역자 주) 등 다양한 특징을 갖는 데이터를 생성한다.

예를 들면 흑놀의 위지를 나타내는 네이터의 경우 흑돌이 놓인 장소만 1이고 다른 장소는 0이 된다. 이러한 데이터가 하나의 반면에서 48

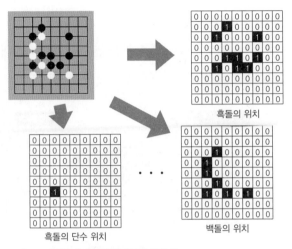

그림 8-14●반면에서의 입력 데이터 생성 예
여기서는 보기 쉽게 위해 9줄판으로 했다. 실제의 데이터는 19줄판
(출처: 미디어스케치)

흑돌의 위치

흑돌의 단수 위치   백돌의 위치

개 생성된다(그림 8-14).

결과적으로 제5장과 제6장에서도 소개한 MNIST의 손으로 쓴 숫자 화상과 같은 흑백 화상이 48장 있고 그것들이 신경망의 입력이 된다.

바둑은 일반적으로 세로 19, 가로 19로 이루어지는 19줄판에서 게임을 한다. 따라서 신경망 입력 데이터는 $19 \times 19 \times 48$의 데이터가 된다. 신경망에서는 이들 데이터를 합성곱 신경망으로 처리한다. 출력층에서는 인간이라면 다음에 어느 수를 둘지 '다음의 한 수'를 예상한다. 구체적으로 19줄판에서 둘 수 있는 장소(1의 一부터 19의 十九까지 바둑에서는 먼저 두는 흑돌에서 봤을 때 가로를 산용 숫자, 세로를 한문 숫자로 위치를 표현한다. 한문 숫자 대신 알파벳을 사용하는 경우도 있다)의 각각이 다음의 한 수가 될 확률이 출력층의 숫자가 된다. 따라서 출력층의 수는 19×19=361개가 된다.

결과적으로 출력층 361개 중 가장 높은 확률을 나타내는 장소가 SL 폴리시 네트워크가 추천하는 다음의 한 수가 된다(그림 8-15).

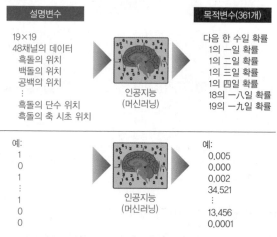

그림 8-15 ● SL 폴리시 네트워크의 설명변수와 목적변수
(출처: 미디어스케치)

이러한 모델에서 3,000만이나 되는 국면의 다음 한 수의 예상을 학습한 결과 다음 한 수의 적중률을 노이는 데 성공했다. 논문에 의하면 지금까지 다른 소프트웨어는 최고 44.4%였던 적중률이 57.0%까지 올라갔다.

실력은 일괄적으로는 측정할 수 없지만 이 시점에서 알파고는 아마추어 초단 정도의 실력이라고 한다.

반면을 회전시키는 아이디어

바둑은 장기나 체스와 달리 방향이라는 것이 없다. 가령 장기의 보步는 전진밖에 할 수 없지만 바둑은 한 번 두면 못 움직인다. 반칙이 아닌 곳이라면 원하는 장소에 둘 수 있다. 가령 반면을 뒤집어도 흑과 백의 우세와 열세는 바뀌지 않는다.

이 점을 이용해서 알파고에서는 어느 반면의 데이터를 90도, 180도, 270도로 회전시켜서 학습 데이터를 늘린다. 바둑이기 때문에 가능하다. 이로써 가능한 한 미경험의 전개를 줄이고 보다 많은 상태에서 정확도가 높은 판단이 기능해질 것으로 기대된다.

화상인식에서도 화상을 회전시키거나 노이즈를 추가해서 더욱 폭넓은 데이터에 대응할 수 있도록 학습 데이터를 늘리는 경우가 있다.

인공지능의 개발에서는 이러한 인공지능의 특성을 이해하고 창의적 발상을 추가하는 것이 중요하다.

롤아웃 폴리시 모델

사실 이때 알파고에서는 또 한 가지 모델을 작성했다. SL 폴리시 네트워크에서는 적중률을 높이기 위해 매우 큰 네트워크를 형성했다. 때문에 예측하는 데만도 상당한 시간이 걸린다. 따라서 SL 폴리시 네트워크와는 별도로 정확도가 낮은 반면 고속으로 예측하는 작은 네트워크인 롤아웃 폴리시 모델을 작성한 것이다. 롤아웃 폴리시 모델은 2마이크로초(μs)에서 24.2%의 적중률을 내고 있다.

정확도가 낮다고 하면 도움이 되지 않을 것 같지만 바둑에서는 인공지능이라도 대기 시간이 있어 그 시간 내에 다음 수를 놓지 못하면 반칙패가 된다.

또한 후술하는 몬테카를로 트리 탐색 항에서 설명하겠지만 모든 국면을 상정했을 때 인공지능끼리 시합을 종반까지 고속으로 시뮬레이선할 필요가 있다. 이를 위해서는 정확도가 낮아도 고속으로 예측이 가능한 롤아웃 폴리시 모델이 필요하다(다만 2019년 시점에서 최신 알파고 제로에서는 롤아웃 폴리시 모델은 적용하지 않았다).

알파고의 강화학습 목적

SL 폴리시 네트워크에서는 인간끼리의 대국에 관한 과거의 기보에서 다음 한 수를 예상하는 인공지능을 작성했다. 다만 이렇게 해서는 아마추어에 이길 수 있을 정도의 '인간의 흉내'에 불과하므로 상위 레벨의 프로에 이길 수 있는 실력은 아니다. 그래서 알파고를 더욱 강하게 하기 위해 인공지능끼리 대전시켜 이긴 쪽의 수순을 놓을 확률을 높이고 진 쪽의 수순을 놓을 확률을 낮추는 정책경사법에 의한 강화학습을 수행한다.

여기서 의문이 든 사람이 있을지 모르지만 실은 알파고는 반드시 가장 좋은 수를 놓는 것은 아니다. 경우에 따라서는 과거에 진 수를 놓을 수도 있다. 그러나 잘못된 수처럼 보여도 그때부터 새로운 수순을 발견해서 새로운 가능성을 찾아낼 수 있다. 그렇게 생각하면 인간과도 통하는 재미있는 점이 있다.

인간과 다른 것은 피곤을 느끼지 않는다는 점이다. 인공지능은 24시간 365일 사이버 공간에서 대국을 계속해서 학습할 수 있다. 따라서 알파고는 말할 것도 없이 인간은 평생 걸려도 체험할 수 없을 정도로 방대한 수의 대국을 경험하고 있다.

최종적으로 강화학습에 의한 학습은 뒤에 등장하는 알파고 제로 AlphaGo Zero에 상당히 중요한 수법이 되고 있다.

정책경사법에 의한 RL 폴리시 네트워크의 생성

SL 폴리시 네트워크를 강화학습을 사용해서 더욱 강력하게 한 것을 RL 폴리시 네트워크라고 한다. 강화학습에서는 어느 상황에 대해 실제로 행동하고 그 결과를 보상으로 한다. 정책경사법은 강화학습 수법의 하나로 보수에 의해서 다음에 취할 행동의 확률이 변한다.

예를 들면 미로 문제에서 오른쪽으로 가면 보상이 큰 경우는 오른쪽으로 갈 확률을 높인다. 왼쪽으로 가면 상이 작은 경우는 왼쪽으로 갈 확률을 낮춘다. 이것을 이론상 무한하게 반복하면 최단에 최적의 행동을 취하는 인공지능이 완성된다.

마찬가지로 알파고에서도 정책경사법을 사용한 강화학습을 수행한다. SL 폴리시 네트워크를 베이스로 다양한 학습을 수행하고 있는 여러 알파고에서 랜덤으로 2개를 선택하고 우선 인공지능끼리 대국시킨다. 이 2개가 128회 대국하여 이긴 쪽의 수순을 다음 회부터 선택할 확률을 조금 높인다. 진 쪽의 수순을 선택할 확률을 조금 낮춘다.

덧붙이면 〈네이처〉의 논문에 따르면 128대국의 학습을 1만 회 실시하는 데 50개의 GPU를 사용해서 하루 걸렸다고 기재되어 있다.[5] 이것을 실현하기 위해 많은 비용이 들었을 것으로 생각한다.

이로써 강화학습을 마친 RL 폴리시 네트워크는 SL 폴리시 네트워크에 대해 80%의 확률로 강해졌다고 논문에 기재되어 있다.

그러나 SL 폴리시보다 RL 폴리시 쪽이 강하다고 해서 인간과의 대전에서 RL 폴리시 네트워크만으로 이길 수 있다고는 할 수 없다. 이 단계의 알파고(3대째의 알파고 마스터)에서는 RL 폴리시 네트워크는 인공지능하고만 대전을 거듭했기 때문에 선택하는 수의 폭이 좁아졌을 가능성이 있다. 오히려 SL 폴리시 네트워크가 검토하는 전개로서는 폭넓을 가능성이 있다.

실제로 알파고 마스터AlphaGo Master에서는 롤아웃 폴리시 모델과 SL 폴리시 네트워크, RL 폴리시 네트워크를 병용해서 후보수를 결정하고 있다. 후보수에서 최종적으로 어느 것이 가장 좋을지를 결정할 필요가 있고 이를 위해 이용되는 것이 몬테카를로 트리 탐색이다.

밸류 네트워크

폴리시 네트워크는 다음의 후보수를 도출할 목적으로 이용된다. 이에 대해 밸류 네트워크는 현재의 국면이 흑돌에게 유리한지 어떤지를 판정하기 때문에 흑돌의 승률을 출력하는 네트워크이다. 그 성과는 딥마인드의 웹사이트에 게재되어 있다(그림 8-16).

사실 밸류 네트워크의 학습 방법은 폴리시 네트워크와 그게 다르지 않다. 밸류 네트워크에서도 합성곱 신경망을 사용해서 KGS Go Server의 3,000만이나 되는 기보 데이터(국면)에서 지도학습을 수행한다. 입력층의 데이터는 폴리시 네트워크와 마찬가지로 19줄판의 48채

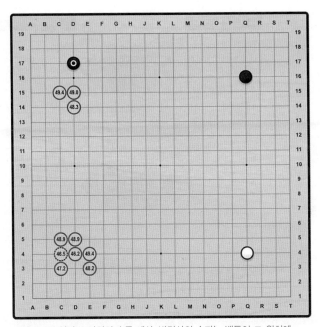

그림 8-16 ● 알파고 티치의 승률 예상. 반면상의 숫자는 백돌이 그 위치에 놓였을 때 흑돌의 확률(https://alphgoteach.deepmind.com/)
(출처: 미디어스케치)

널 데이터를 이용하고 여기에 현재의 순서가 흑돌인지 아닌지를 나타내는 1채널을 추가해 합계 49채널의 데이터를 입력값으로 한다. 출력층의 데이터는 이 국면에서 흑돌이 이길 확률을 출력하므로 출력값은 하나이다(그림 8-17).

KGS Go Server의 데이터는 3,000만의 국면이 있다고는 해도 게임 수로 말하면 16만국이다. 밸류 네트워크를 생성하려면 충분한 수라고는 할 수 없다. 그래서 RL 폴리시 네트워크를 만들 때 강화학습으로 인공지능끼리 대전한 기보를 활용한다. 이로써 최종적으로는 정확도

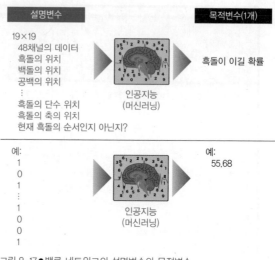

19×19
48채널의 데이터
흑돌의 위치
백돌의 위치
공백의 위치
⋮
흑돌의 단수 위치
흑돌의 축의 위치
현재 흑돌의 순서인지 아닌지?

인공지능
(머신러닝)

목적변수(1개)

흑돌이 이길 확률

예:
1
0
1
⋮
1
0
0
1

인공지능
(머신러닝)

예:
55.68

그림 8–17 ● 밸류 네트워크의 설명변수와 목적변수
(출처: 미디어스케치)

높은 밸류 네트워크가 생성됐다.

도중의 국면에서 현재 자신이 유리한지 어떤지를 판단할 수 있다는 것은 최종 국면까지 시뮬레이션하는 것이 어려운 바둑 인공지능에게 매우 가치가 있다. 이로써 알파고는 점점 강해졌다.

몬테카를로 트리 탐색

여기까지 폴리시 네트워크로 후보수를 생각하고 밸류 네트워크로 흑돌의 승률을 예상할 수 있었다. 그러나 이것만으로는 초반에 좋은 수를 둘 수 있다고는 할 수 없다.

예를 들면 초반에 폴리시 네트워크로 다음의 후보수를 10개로 압축했다고 하자. 10개 각각에 대해 앞의 전개를 읽고 가장 확률이 높을 것 같다고 판단한 것을 실제로 가리킨다. 그러나 앞의 전개가 방대한 수인 경우 도저히 다 읽을 수 없다. 앞의 전개를 읽을 수 없는 단계에 서는 우선 좋을 것 같다고 판단한 것을 가리킨다고 하자. 그러면 그 후에 아무리 발버둥쳐도 나쁜 전개가 될 과정을 놓칠 가능성이 있다.

그래서 알파고에서는 **몬테카를로 트리 탐색**Monte Calo Tree Search이라는 방법으로 앞의 전개를 읽는 후보수를 압축하고 압축된 후보수에서 최대한 앞의 전개를 시뮬레이션해서 가능한 한 간과하는 것을 없앤다. 몬테카를로 트리 탐색이란 후보수 중에서 어느 것이 좋은지를 가능한 한 정확하게 판단하기 위해 후보수의 전개를 인공지능으로 실제로 플레이해보는 수법이다. 물론 플레이라고 해도 1회가 아니다. 가능한 한 많은 게임을 짧은 시간에 플레이해보고 그 결과에서 흑돌의 승률을 도출한다.

모든 패턴을 시도하는 것은 시간 문제로 불가능하다. 그래서 알파고에서는 밸류 네트워크가 우세하다고 판단한 수순을 선택하고 그 수를 놓은 후에는 고속 롤아웃 폴리시 모델끼리 대전한다. 그리고 그 후의 전개를 가능한 한 시뮬레이션한다. 물론 그 후의 전개에 관해서도 밸류 네트워크의 평갓값이 높은 것을 우선한다. 또한 밸류 네트워크의 평갓값이 높은 수 이외에도 간과의 수순을 없애기 위해 지금까지 경험한 횟수가 적은 수순과 SL 폴리시 네트워크의 예상 수를 탐색한다.

여기서 강화학습을 실시한 RL 폴리시 네트워크가 아니라 굳이 SL 폴리시 네트워크를 사용하는 이유는 SL 폴리시 네트워크는 인간의 수순을 모의한 것이기 때문에 폭넓은 수순을 내다보고 놓을 가능성이 있기 때문이라고 한다. RL 폴리시 네트워크는 인공지능에는 강한 반면 인간끼리 대전해서 강화된 것으로, 정해진 수를 놓는 과정이나 버릇과 같은 것이 있다고 판단한 것일지 모른다.

최종적으로는 모두는 아니지만 평갓값이 높은 수순을 가능한 한 시간 내에 탐색한 결과 가장 승리할 가능성이 높은 수를 알파고는 선택한다.

알파고 제로의 충격

이미 설명한 바와 같이 알파고는 2017년 5월에 당시 세계 랭킹 1위인 중국의 커제를 꺾고 인간과의 대국에서 은퇴했다. 이것으로 알파고 연구는 일단 획을 그은 것처럼 보였다.

그런데 딥마인드는 같은 해 10월에 알파고의 4대째 버전이 되는 알파고 제로AlphaGo Zero에 관한 논문을 종합학술잡지 〈네이처〉지에 발표했다.[6] 필자도 놀랐다. 알파고 제로는 그때까지의 버전과 달리 학습 데이터, 즉 과거의 인간 대국의 기보를 전혀 학습에 사용하지 않고 강화학습만으로 만들어진 버전이었기 때문이다.

상식적으로 생각하면 바둑의 방대한 수를 학습 데이터를 사용하지 않고 강화학습만으로 경험에 의지해 학습하는 것은 시간이 너무 걸려서 어렵다. 이것은 인간도 마찬가지다. 따라서 초반에는 정석定石이라 불리는 정해진 패턴이 존재한다. 프로바둑기사라도 정석 이외의 수를 놓을 경우는 신중하게 고민한 후에 놓는다. 그런데 이 상식을 알파고

제로는 뒤집었다.

물론 컴퓨터를 수만 대 준비해서 전부 시도한 것은 아니다. 선대 알파고 마스터와 마찬가지로 4개의 TPU를 사용하여 강화학습만으로 효율적으로 강해지기 위한 새로운 아이디어를 도입했다.

그 아이디어를 간단하게 설명하면 폴리시 네트워크와 밸류 네트워크를 결합한 듀얼 네트워크를 생성하고 하나의 네트워크로 학습과 예측을 수행한다. 단수와 축 등 바둑 특유의 데이터는 입력에 사용하지 않는다. 그 결과 48채널이던 데이터가 17채널이 된다.

Residual NetworkResNet라 불리는 2015년에 고안된 신경망의 개념을 도입하여 잔차 블록과 쇼트컷 커넥션을 합성곱 신경망에 반영함으로써 보다 깊은 층의 모델을 이용한 학습을 수행한다.[7] 롤아웃 폴리시 모델은 사용하지 않는다.

이외에도 여러 가지로 세부 개선이 있었지만 결과적으로 현재의 알파고는 인간의 기보를 참조하지 않은 강화학습만으로 강한 실력을 갖게 됐다. 덧붙이면 알파고 제로와 커제를 넘어뜨린 3대째 알파고 마스터를 대전시킨 결과 알파고 제로의 승패는 89승 11패, 무려 알파고 제로가 90% 가까운 승률을 올렸다고 한다.

또한 딥마인드는 2017년 12월 5대째가 되는 **알파제로**Alpha Zero를 발표했다. 알파고 제로에서는 4대의 TPU를 사용한 것에 대해 알파제로에서는 5,000대의 TPU를 사용했다. 병렬 학습 등을 통해 8시간의 학습으로 알파고 제로를 쓰러뜨렸다는 얘기이다. 그런데다 같은 수법을 사용해서 체스와 장기를 배우고 가장 강하다고 여겼던 소프트웨어

까지 이길 정도로 성장했다고 한다. [8]

이처럼 알파고는 가장 컴퓨터가 약하다고 여기는 바둑이라는 게임에서 다양한 아이디어를 만들어내고 방대한 탐색이 필요한 문제도 효율적으로 해결하는 방법을 찾아냈다. 현재도 강화학습의 새로운 아이디어를 고안하면서 보다 단시간에 높은 정확도로 예측하기 위해 개선을 이어가고 있다.

8.4 A3C

A3C Asynchronous Advantage Actor-Critic는 2016년에 딥마인드가 발표한 강화학습 알고리즘이다. [9] 강화학습은 인간이 수고하지 않아도 되는 반면 정확도를 높이려면 많은 계산과 시간이 필요하다는 결점이 있다.

A3C는 복수의 에이전트(학습을 수행하는 주체가 되는 프로그램)가 병렬로 학습함으로써 강화학습에 필요한 시간을 크게 단축할 수 있는 알고리즘으로 주목받고 있다.

A3C에서는 심층 Q-네트워크DQN의 결점을 해결하는 3가지 방법을 쓰고 있다.

비동기(Asynchronous)

먼저 비동기Asynchronous라 불리는 비동기 에이전트 기술이다. 에이전트란 상태에서 행동을 산출해서 보상을 받는 프로그램의 실행 단위를 말한다. 심층 Q-네트워크에서는 하나의 에이전트만으로 학습을 이어가므로 시간을 들여도 무수히 많은 상태 중 일부밖에 경험하지 못하는 결점이 있었다.

A3C에서는 최대 16개의 에이전트를 비동기로(즉 동시병렬적으로) 학습하는 방법을 고안하고 학습 결과는 최종적으로 하나의 글로벌 네트워크에 통합하는 데 성공했다. 이로써 통상의 심층 Q-네트워크에 비해 보다 많은 상태의 학습을 수행할 수 있다(그림 8-18).

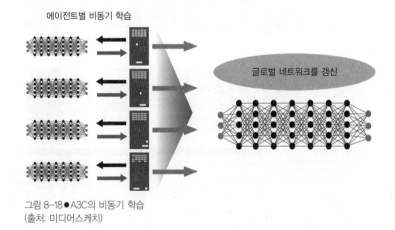

그림 8-18●A3C의 비동기 학습
(출처: 미디어스케치)

이득(Advantage)

이어서 이득Advantage이다. 통상의 Q학습에서는 1스텝 앞의 결과를 토대로 기댓값(좋은 상황인지 어떤지를 나타내는 추측값)을 판단해왔다.

그러나 1스텝 후의 상황이 좋은지 아닌지를 판단하지 못하는 경우 기 댓값도 애매하게 수정하는 수밖에 없었다.

A3C에서는 학습할 때 몇 스텝 앞의 상황을 판단하고 학습을 수행할 지를 지정할 수 있다. 보다 앞 상황의 명확한 형세 판단을 통해 기댓값 을 갱신할 수 있기 때문에 단시간의 학습으로 정확도의 향상을 기대할 수 있다(그림 8-19).

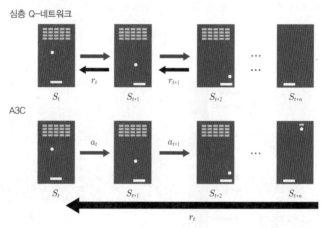

그림 8-19 ● A3C의 보상 피드백
(출처: 미디어스케치)

배우와 비평가

마지막으로 **Actor-Critic**(배우와 비평가)이다. 심층 Q-네트워크에서 는 어느 상황에서 다음의 상태가 가장 높은 평갓값(Q값)이 될 행동을 채용한다(Actor). 그러나 다음 상황에서 평갓값이 높아졌다고 해도 최종적으로 좋은 결과로 이어진다고는 할 수 없다. 그래서 A3C에서는 추가해서 Actor가 취한 행동이 좋은 결과로 이어졌는지 어떤지에 따라서 변경하는 확률치를 출력하도록 했다(Critic).

Critic에서는 평갓값으로 나타나는 상태의 좋고 나쁨을 생각하지 않고 어느 상태에서 행동을 취한 결과에 주목한다. 그리고 그것이 좋은 결과가 되면 다음 회부터 그 행동을 채용할 확률을 높이는 정책경사법에 기초한 학습을 수행한다.

좋은 상태가 될 거라는 행동을 나타내는 네트워크Actor와 과거에 좋은 결과로 이어진 행동을 나타내는 네트워크Critic 2가지를 사용해서 최종적으로 채용할 행동을 결정한다. 이 수법은 게임과 같이 일련의 연속 행동이 결과로 이어지는 학습을 수행하는 경우에 효과가 있다고 한다.

사실 제8장 8.3에서 설명한 알파고의 폴리시 네트워크와 밸류 네트워크와 같은 개념이다.

A3C의 성과

심층 Q-네트워크에서는 학습에 드는 시간은 GPU의 처리 능력에 의존하고 있다고 해도 과언이 아니다. CPU로 학습을 수행한 경우는 GPU를 사용할 때보다 수십 배의 시간이 걸린다.

이에 대해 A3C는 비동기의 복수 에이전트에 의한 병렬학습이 가능하기 때문에 CPU로도 나름의 속도로 계산을 할 수 있다. 따라서 심층

Q-네트워크에 비해 프로세서 의존도가 낮다. 때문에 연속적인 행동을 수반하는 슈팅 게임 분야에서 A3C는 특히 큰 성과를 올리고 있다. 예를 들면 DOOM이라는 세계적으로 유명한 슈팅 게임을 A3C로 강화한 인공지능으로 플레이시킨 결과 일찍이 없는 점수를 내는 데 성공했다.

가령 공장 등에서 누가 어떤 행동을 하면 최종적으로 생산성이 좋아질지와 같은 행동 계획 입안에 A3C의 활용이 기대되고 있다.

8.5 GANs

GANsGenerative Adversarial Networks는 적대적 생성 네트워크로 번역된다. GANs는 2개의 네트워크로 이루어졌기 때문에 Networks(복수형)가 되고 정확한 약어는 GANs가 되지만 s를 떼고 **GAN**이라고 적기도 한다. 모두 Generative Adversarial Networks의 약어이다.

반드시 목적이 한정되어 있는 것은 아니지만 오늘날에는 GANs 및 파생 기술은 인공지능을 사용해서 새로운 이미지를 생성하거나 예측하는 데 이용되고 있다.

예를 들면 화가 빈센트 반 고흐가 그린 것 같은 사과 이미지를 생성하고 테니스, 공이라는 키워드에서 테니스 공의 이미지를 연상해서 생성하는 이용 방법이 있다.

GANs의 역사

적대적 생성 네트워크라는 개념은 1990년에 인공지능의 아버지로 유명한 독일인 연구자 유르겐 슈미트후버Jürgen Schmidhuber 등이 최초로 제안했다.[10] 적대적 생성 네트워크는 2개의 네트워크가 상호 계산 결과를 상대에게 피드백함으로써 목적하는 화상 등을 만들어내는 수법이다.

유르겐 슈미트후버가 최초로 제안한 수법은 모델 네트워크와 컨트롤 네트워크 2개의 순환 신경망이 각각 데이터의 예측과 제어를 수행하고 각각의 오차가 최소가 되도록 결과를 피드백하는 수법이었다. 그러나 이 수법은 이렇다 할 성과를 내지 못해 크게 보급되지는 못했다.

이 개념이 널리 세계에 알려지게 된 계기는 2014년 **OpenAI**에 소속된 이안 굿펠로Ian J. Goodfellow 등의 연구자들이 발표한 논문이다.[11]

이 논문에서 그들은 2개의 신경망을 사용해서 노이즈에서 목적하는 화상을 생성하는 방법을 발표했다. 인간이 구분하기 어려운 수준의 성능으로 새로운 화상을 만들어내는 것이다. 이것이 오늘날 GANs라 불리는 수법이다.

GANs의 구조

오늘날에는 후술하는 DCGAN 등 이안 굿펠로의 GANs를 기본으로 개선 및 기능을 추가한 파생이라고도 할 수 있는 방법이 많이 등장했다. 여기서는 오늘날 GANs의 기본 개념이 되고 있는 이안 굿펠로 등이 고안한 GANs에 대해 설명한다.

GANs는 **생성 네트워크**generator와 **식별 네트워크**discriminator의 2가지 신경망으로 구성되어 있다. 이 두 네트워크는 학습 단계에서 학습에 이용하는 화상의 가짜를 만들어내는 훈련을 몇 번이나 수행한다.

우선 생성 네트워크가 랜덤으로 생성한 노이즈로부터 안작을 생성한다. 한편 식별 네트워크는 가짜와 진짜에 대해 그것이 진짜인지 아닌지를 판정한다. 정확하게 말하면 몇%의 확률로 진짜인지를 판정한다.

생성 네트워크는 식별 네트워크에 간파당하지 않도록 안작의 화상을 생성한다. 한편 식별 네트워크는 가짜를 간파하려고 서로 절차탁마한다. 이것이 적대적 생성 네트워크라고 불리는 이유이다(그림 8-20).

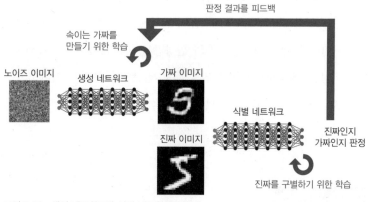

그림 8-20●생성 네트워크와 식별 네트워크의 관계
(출처: 미디어스케치)

GANs는 진짜 샘플 화상만을 이용해서 가짜를 만들 수 있도록 2개의 네트워크로 절차탁마해서 자동으로 현명해진다. 다시 말해 학습의 분류로는 비지도학습에 해당한다. 인간이 데이터를 준비할 필요가 없고 수고롭지 않으므로 매우 편리하다. 한편 준비해야 할 샘플 데이터 수가 많고 학습에 드는 시간은 길어지는 경향이 있다.

DCGAN

DCGANDCGANs은 알렉 래드포드Alec Radford 등이 2015년에 발표한 GANs의 파생 모델 중 하나이다.[12] 전체의 구성은 일반 GANs와 크게 다르지 않지만 생성 네트워크와 식별 네트워크가 합성곱 신경망으로 구성되어 있는 점이 특징이다.

네트워크에 합성곱 신경망을 사용하는 것 자체는 특별하지 않다. 발표 논문에는 학습을 안정시키기 위한 구체적인 네트워크의 구성이 기술되어 있고, 구성 내용에는 다양한 방법과 튜닝 내용이 기재되어 있다. 예를 들면 생성 네트워크에서는 통상은 합성곱층 뒤에 배치하는 풀링층을 사용하지 않고 샘플링의 폭을 2배로 하는 등의 방법이 기재되어 있다.

DCGAN의 등장으로 손으로 쓴 숫자와 같은 간단한 화상뿐 아니라 고양이 등의 컬러 화상도 생성할 수 있는 가능성이 대두됐다. 이 점에서 DCGAN은 GANs의 역사상 중요한 모델 중 하나이다.

DCGAN의 분석 예

제5장 5.4에서 소개한 MNIST의 손으로 쓴 숫자 이미지를 사용한 DCGAN로 생성한 이미지 예에 대해 소개하자.

알렉 래드포드의 논문에 따라 생성 네트워크와 식별 네트워크를 생성한다. 여기에 랜덤 노이즈를 생성하고 생성 네트워크에 가짜 이미지를 작성시켜 본다. 아무것도 학습하지 않은 상태에서는 적당하게 처리한 결과가 나오므로 노이즈와 같은 이미지밖에 출력되지 않는다(그림 8-21).

그림 8-21 ● 학습 횟수 0회의 생성 네트워크가 생성한 가짜 이미지
(출처: 미디어스케치)

우선은 모든 훈련 이미지 6만 장에 대해 100회의 학습을 실시해본다(그림 8-22).

그러자 숫자다운 것이 나왔다. 다만 인간의 눈으로 봐도 이 이미지

그림 8-22 ● 학습 횟수 100회의 생성 네트워크가 생성한 가짜 이미지
(출처: 미디어스케치)

의 숫자는 인간이 쓴 숫자가 아니라는 것은 분명하다. 따라서 이 시점에서 식별 네트워크는 높은 확률로 가짜를 간파할 수 있다.

한편 생성 네트워크는 자신이 작성한 이미지의 대부분을 가짜라고 간파할 수 있으므로 그 결과를 토대로 가중치 등의 파라미터를 변경한다. 조금이라도 식별 네트워크가 판단을 망설이는 이미지는 진짜에 가까우므로 파라미터의 수정은 최소화할 수 있다. 결과적으로 식별 네트워크를 속일 수 있을 때까지 생성 네트워크는 열심히 여러 이미지를 생성한다.

추가해서 학습 횟수를 1,000, 2,000, 3,000회 반복한다. 3,000회의 학습을 실행하려면 일반 컴퓨터로 반나절이나 그 이상의 시간이 필요하다. 필자의 환경에서는 GPU를 사용해서 2시간 정도 걸렸다(그림 8-23).

학습 횟수 1,000회 　　학습 횟수 2,000회 　　학습 횟수 3,000회

그림 8-23 ● 학습 횟수 1,000~3,000회에서 생성 네트워크가 생성한 가짜 이미지
(출처: 미디어스케치)

학습을 거듭할 때마다 차츰 숫자와 같은 가짜 이미지를 그리고 있는
것을 알 수 있다. 학습 횟수가 3,000회가 되면 인간의 눈으로 봐도 인
간이 적은 문자인지 인공지능이 만든 문자인지를 판별할 수 없는 가짜
이미지가 나온다.

이처럼 이미지가 수만 장 있으면 GANsDCGAN을 사용해서 가짜 이
미지를 만들어낼 수 있다. 인터넷의 보급으로 이미지를 수집하는 것은
이전에 비해 쉬워졌다. 또한 동영상에서 이미지를 골라 매수를 늘리는
것도 가능하다.

이 단계에서는 아직 MNIST의 숫자 이미지를 사용하기 때문에 이미
지로는 심플한 데이터이다. 그러나 그래도 학습을 통해서 가짜의 정확
도를 높이려면 상당한 시간이 걸린다. 컬러 이미지를 분석하고 인간의
눈도 속일 수 있을 정도로 높은 정확도로 끌어올리기 위해서는 고성능
의 GPU를 탑재한 컴퓨터를 사용해도 상당히 긴 시간의 학습이 필요할
것이다.

그러나 인공지능이 인간 수준의 이미지 생성을 만들 수 있다는 큰

가치를 사회에 초래했다는 점에서 GANs의 등장은 인류의 기술 발전에 큰 획을 그었다고 할 수 있다.

GANs의 향후

이어서 GANs의 파생 모델에 대해 개요를 소개한다. GANs의 등장은 인공지능에 의한 이미지와 음성 합성에 혁명적인 진화를 가져왔고 지금까지 전 세계에서 그 파생 모델을 연구하고 다양한 분야에 응용하고 있다.

PGGANProgressive Growing of GANs은 자꼬 레티넨Jaakko Lehtinen 등 미국 엔비디아NVIDIA의 연구자가 발표한 고해상도의 이미지 생성 모델이다.[13]

기존의 GANs는 학습을 위한 파라미터 조정이 어려워 고해상도의 이미지 생성은 어렵다고 여겼다. 그러나 PGGAN에서는 저해상도의 학습을 수행한 후에 서서히 고해상도의 학습을 수행하는 단계적인 학습 수행 모델을 생성함으로써 고해상도(1024×1024픽셀)의 합성 이미지를 생성하는 데 성공했다.

ACGANAuxiliary Classifier GANs은 2016년에 구글이 발표한 이미지 생성 모델이다.[14] GANs를 베이스로 하고 있지만 식별 네트워크에 진짜인지 아닌지의 판정뿐 아니라 어느 클래스에 속하는 이미지인지를 판별시킨다.

예를 들면 손으로 쓴 숫자 이미지의 경우 진위 여부 외에 그 이미지가 0~9의 어느 숫자인지를 판정시킨다. 이렇게 해서 정확도 높은 모델이 완성된 경우, 가령 숫자 5를 지정하면 랜덤의 노이즈에서 5라는 숫자가 그려진 이미지를 무한으로 생성할 수 있다.

또한 복수의 클래스를 판정시키고 학습시키는 것도 가능하다. 예를 들면 모든 동물의 이미지에 관해 동물의 종류와 털의 색을 판정시킨다. 그리고 학습 후에 고양이와 파란색이라는 특징으로 이미지를 생성하면 현실 세계에는 존재하지 않는 파란색 고양이 이미지를 생성할 수 있다.

ConditionalGAN은 딥마인드가 발표한 제어 조정 기능이 있는 GANs이다.[15] ACGAN을 베이스로 하지만 생성 네트워크에 랜덤 노이즈에 추가해서 조정 파라미터를 입력하고 있다. ACGAN에서는 이미지 생성 시에 종류를 나타내는 클래스 값만을 지정 가능하지만 Conditional GAN에서는 추가해서 조정값을 입력할 수 있다. 때문에 '조금 하얗다' 내지 '절반 하얗다'와 같은 내용까지 수치로 입력할 수 있다.

웨이브넷WaveNet은 딥마인드가 발표한 음성 생성을 위한 딥러닝 모델이다.[16] DCGAN을 베이스로 해서 고안됐다. 풀컬러 이미지에서는 이미지 데이터를 3차원 데이터로 취급하지만 음성의 경우는 1차원의 시계열 데이터로 취급하는 방법이 사용하고 있다. 결과적으로 인간의 음성뿐 아니라 악기의 소리 등도 높은 정확도로 합성해서 만들어내는 데 성공했다.

구글은 WaveNet을 사용한 음성 합성 API를 제공하고 있으며 성능은 CLOUD TEXT-TO-SPEECH의 소개 페이지에서 시도해볼 수 있다(https://cloud.google.com/text-to-speech/).

여기서 소개한 것 외에도 여러 목적으로 매일같이 새로운 GANs의 파생 모델이 고안되고 논문으로 발표되고 있다. 향후는 2차원 이미지 뿐 아니라 3차원 입체 모델과 동영상, 음성이나 텍스트 등에도 이들 방법이 응용될 것으로 생각된다. 인공지능에 의해 다양한 디지털 콘텐츠가 생성되는 시대가 도래할 것이다.

8.6 BERT

BERTBidirectional Encoder Representations from Transformers는 구글에 소속된 제이콥 데블린Jacob Devlin, 밍웨이 창Ming-Wei Chang, 켄튼 리Kenton Lee 등이 2018년에 논문에서 발표한 딥러닝에서 자동언어를 처리하는 인공지능을 위한 훈련 수법이다.[17]

BERT의 성과는 GitHub의 웹사이트에 Apache License2.0에서 공개되어 있다(https://github.com/google-research/bert).

BERT의 목적

예를 들면 특정 문서에 응답하는 차트 보드 등을 작성할 때는 자연어에 대한 훈련 데이터를 작성하고 모든 관련 키워드에 학습시킬 필요가 있다. 이때 학습 시간이 장시간이 될 가능성이 있어 개발에는 상당한 비용과 시간이 필요하다. 그래서 BERT는 특정 언어의 기본적인 학습을 마친 인공지능에 대해 몇 시간의 추가 학습만으로 목적을 달성하는 언어 처리 인공지능의 생성을 목적으로 개발됐다.

우선 자연어 처리를 수행하는 인공지능에 한국어를 학습시키는 경우 한국어에 관한 언어 표현(언어의 의미에 관한 룰과 같은 것)을 학습한다. 학습에서는 언어 코파스(연구용으로 준비된 대량의 문서가 포함되는 데이터)를 사용할 필요가 있다. 최근에는 코파스에 인터넷 백과사전인 위키피디아의 문서가 자주 이용되고 있다(인터넷에서 무료로 입수할 수 있는 데다 문서 수가 많기 때문에).

BERT의 학습

오랜 수법에서는 언어 표현의 학습을 위한 모든 문서에 특징을 나타내는 점수와 품사 등을 부여해서 학습시키는 지도학습을 수행했다. 그러나 인간이 데이터를 부여할 필요가 있기 때문에 매우 수고스럽고 번거로웠다.

BERT에서는 어떤 가공도 하지 않은 대량의 문서(코파스)가 있으면 그것만으로 언어의 사양을 학습하도록 고안되었다. 따라서 BERT는 비지도학습이다. 그런 만큼 많은 문서가 포함된 코파스가 필요하다.

방대한 데이터를 준비할 수 있으면 '랜덤으로 15%의 단어를 감추고 거기에 어떤 단어가 들어갈지를 예측한다', 'X라는 문장의 다음에 어떤 문장이 올지를 예측한다' 같은 훈련을 12~24층의 신경망을 사용해서 학습한다.

학습을 마친 모델의 활용

당연히 이 사전학습은 학습 완료까지 시간이 걸린다. 전 세계의 연구자와 기업이 한국어라는 언어에 대해 하나부터 같은 학습을 수행하는 것은 사회 전체로 볼 때 효율적이지 않다. 그래서 구글은 BERT 공식 페이지에서 세계의 주요 언어에 관한 학습을 마친 데이터를 배포하여 공유할 수 있게 했다(https://github.com/google-research/bert). 학습을 마친 데이터는 공식 홈페이지의 링크에서 다운로드 가능하다(BERT-Base, Multilingual Cased).

배포한 학습 완료 모델은 구글에서 4~16개의 TPU를 사용해서 4일간에 걸쳐 100만 회 학습시킨 것이다.

한편 학습을 마친 모델은 추가 학습을 통해 세부 조정이 가능하다. BERT의 학습 완료 모델을 이용하면 누구라도 간단하게 고도의 자연어 처리를 수행하는 인공지능을 작성할 수 있다. 때문에 세계의 인공지능 비즈니스 활용에 크게 공헌할 것으로 기대된다.

8.7 소셜 데이터의 활용

딥러닝과 BERT 등 다양한 자연어 처리를 위한 아이디어가 등장함으로써 문서의 번역과 카테고리 분류, 신뢰성 평가 등이 현실로 다가오고 있다. 이러한 진화 양상을 이어 페이스북과 트위터 등의 **SNS**(소셜 네트워킹 서비스)에 있는 여러 가지 소셜 데이터를 사용한 분석이 주목받고 있다.

예를 들면 집중호우 등의 재해가 발생한 경우 강물의 추이를 수위계 등으로 계측하지만 마을 전체의 어디가 침수됐는지를 모두 센싱하는 것은 힘들다. 그래서 SNS의 정보를 이용해서 어디가 침수됐는지 어느 주변에 부상자가 있는지 어디로 대피했는지 등을 분석하면 보다 정확하고 상세한 정보를 얻을 수 있다.

한편 SNS에는 거짓말이나 잘못된 내용도 있어 정보의 신빙성에 대해서는 의심할 부분도 있다. 때문에 어디까지나 참고 정보 정도로만 여기고 최종적으로는 인간이 진위를 확인하거나 인공지능이 진위 판정을 하는 등의 활용 방안이 검토되고 있다.

또한 큰 가능성이 있는 것이 감정 분석이다. 감정 분석이란 SNS 등에 올린 글을 보고 그 사람이 어떤 감정을 갖고 있는지를 분석하는 것이다.

예를 들면 어느 제품에 대해 기뻤다고 적는다면 긍정적인 감정을 갖고 있으며, 화가 났다라고 적으면 부정적인 감정을 갖고 있는 것을 알 수 있다. 인공지능이 그 글을 적은 사람이 어떤 감정을 어느 정도 갖고 있는지 점수로 매길 수 있으면 소셜 데이터에서 자사의 제품이 어떤 평가를 받는지, 향후 어떤 제품이 요구되는지를 분석할 수 있어 비즈니스에 활용할 수 있다.

나아가 위험한 내용을 인공지능으로 자동 검지하여 범죄 등을 미연에 방지하는 법으로 사용하는 것도 검토되고 있다.

이처럼 향후는 센서 정보와 기업이 준비한 데이터뿐만 아니라 소셜 데이터를 활용함으로써 지금까지 없던 사실을 분명히 할 수 있을 가능성이 있다. 그렇게 되면 인공지능은 또 하나의 새로운 가치를 창출하게 된다.

8.8 캡슐 네트워크

캡슐 네트워크는 지금까지 종종 등장한 딥러닝을 탄생케 한 엄마라고도 할 수 있는 제프리 힌턴Geoffrey Everest Hinton이 고안해서 발표한 전혀 새로운 심층학습 수법이다.[18]

지금까지의 심층학습은 신경망을 베이스로 해서 생각했지만 캡슐 네트워크는 신경망을 사용하지 않고 전혀 다른 방법으로 검토를 했다. 때문에 신경망을 넘는 새로운 수법으로 매우 높은 관심을 받고 있다.

합성곱 신경망의 약점

캡슐 네트워크의 구조를 이해하려면 다양한 전제 지식이 필요하다. 따라서 본서에서 일부를 소개하는 것만으로는 완전한 이해는 어려울 것이다. 그러나 가까운 장래에 큰 가능성을 갖게 될 구조인 것만은 확실하다. 캡슐 네트워크의 개발 목적과 신경망의 차이를 해설한다.

실은 신경망의 심층학습이 등장한 계기를 만든 본인이며 캡슐 네트워크의 고안자이기도 한 제프리 힌턴 자신이 소셜 뉴스 웹사이트 reddit에서 합성곱 신경망에는 문제점이 있다고 설명하고 있다.[19]

그 문제점이란 풀링층이다.

풀링층에 대해서는 제6장에서 상세하게 설명했지만, 가령 이미지의 경우 가로 3×세로 3과 같은 일정한 크기의 구획으로 구분하고 평균과 최댓값을 대표로 하는 처리를 수행하는 층을 말한다. 풀링층의 목적은 이 처리에 의해서 미묘한 위치의 오차와 평행 이동 등을 고려하지 않고 목적하는 특징을 검지하는 데 있다.

예를 들면 같은 고양이가 비치는 2개의 이미지가 있을 때 코의 위치가 조금 아래로 이동하기만 해도 전혀 다른 이미지로 인식한다면 곤란하다. 인간의 감각으로 보면 코의 위치가 어긋나도 같은 고양이가 비치면 그것을 고양이의 이미지로 인식하는 것이 바른 판단이다.

그러면 그림 8-24에 나타낸 2개의 이미지를 비교했을 때는 어떨까. 고양이 일러스트와 각 부위를 평행 이동시킨 일러스트이다.

그림 8-24 ● 고양이 일러스트와 각 부위를 평행 이동시킨 일러스트
(출처: 미디어스케치)

확실하게 고양이의 각 부위는 존재하고 있으며 오른쪽과 왼쪽은 각 부위가 평행으로 이동했을 뿐이다. 이것을 인간이 보면 왼쪽은 고양이로 보여도 오른쪽은 고양이라고는 할 수 없다.

다시 말해 합성곱 신경망의 풀링층에서는 각 부위는 검지할 수 있어도 부위끼리의 관계성이나 위치 관계, 각도 같은 구성 관계까지는 고려할 수 없다. 동시에 작은 특징은 노이즈로 간주하는 일이 있다.

지금까지 MNIST의 손으로 쓴 숫자 데이터의 화상인식 예를 몇 차례 소개했다. 그래서 다음과 같은 이미지에서 숫자를 인식시킨 경우를 생각해보자(그림 8-25).

그림 8-25 ● 겹친 숫자의 예
(출처: 미디어스케치)

이 이미지에는 독립된 2개의 숫자가 있는 것처럼 보인다. 왼쪽 그림은 6과 7, 오른쪽은 1과 3이 겹친 것처럼 보이는데, 인간이라면 2개의 독립된 숫자를 맞추는 시뮬레이션을 수행함으로써 판정할 수 있다.

이처럼 여러 개가 겹친 경우도 부위 구성을 의식하지 않는 합성곱 신경망에서는 인식률이 저하하기 쉽다.

캡슐 네트워크의 목적

인간의 경우 우선은 대상의 세세한 특징을 포착하면서 세세한 특징을 조합해서 전체의 구성을 파악한다. 캡슐 네트워크는 이러한 구조 파악을 보다 고도로 수행하기 위해 캡슐이라는 단위로 계산 처리를 한다.

신경망에서는 인간의 뇌의 뉴런에 해당하는 유닛이라는 단위로 처리를 수행했다. 이때의 입력값은 크기를 나타내는 하나로 이루어지는 수치(스칼라)였다(상세한 것은 제6장을 참조).

캡슐 네트워크에서는 일부의 은닉층 유닛을 캡슐로 대체한다. 캡슐에서는 앞의 층으로부터 여러 개의 수치로 구성되는 벡터를 수취한다. 벡터는 크기뿐 아니라 방향을 가진다. 입력값이 벡터가 되기 때문에 캡슐로 취급하는 가중치 계수도 여러 개의 수치로 이루어진 벡터가 된다.

이러한 벡터 단위로 특징을 전파시킴으로써 작은 특징뿐 아니라 특징끼리의 관계성과 구성 관계도 파악하여 인식률을 보다 더 높이는 것이 캡슐 네트워크의 목적이다.

캡슐 네트워크의 구조

제프리 힌턴이 발표한 논문에서는 실제로 캡슐 네트워크를 사용해 서 MNIST의 손으로 쓴 숫자 이미지를 인식했다.[18]

논문 내의 캡슐 네트워크는 3개로 이루어진 은닉층으로 합성곱층과 2개의 캡슐층으로 구성되어 있다. 이렇게 구성된 캡슐 네트워크는 10층 정도로 구성되는 합성곱 신경망과 같은 성능을 갖는다고 제프리 힌턴 은 주장했다(그림 8-26).

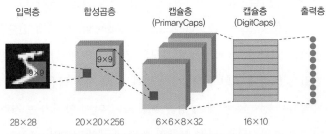

그림 8-26●MNIST 데이터를 분석했을 때의 캡슐 네트워크 구조 (제프리 힌턴의 의견을 토대로 필자가 작성)

은닉층의 제1층은 통상의 합성곱층이다. 9×9×1 사이즈의 커널을 256개 사용해서 특정 선 등의 특징을 검지하고 있다. 통상의 합성곱 신경망에서는 이 다음에 풀링층으로 이동하지만 캡슐 네트워크에서는 다음에 캡슐층을 설치한다.

은닉층의 제2층은 PrimaryCaps라고 불리는 1차 캡슐층으로 32개 의 캡슐을 준비되어 있다. 각 캡슐에서는 20×20×256의 입력에 대해 9×9×256의 합성곱 커널을 8개 준비했다. 그 결과 각 캡슐에서 6×

6×8의 출력을 수행하고 있다.

은닉층의 제3층은 DigitCaps라 명명된 2차 캡슐층이다. 여기에는 10개의 캡슐이 있다. 각 캡슐은 6×6×8×32의 입력을 수취하고 이후 16개의 수치로 이루어진 벡터의 출력을 10개 수행한다.

동적 라우팅

캡슐 네트워크에서도 일반 신경망과 마찬가지로 오차를 역전파시켜 가중치를 바꿈으로써 최적화를 지향하는 학습을 수행한다.

그것과는 별도로 PrimaryCaps와 DigitCaps의 2개 캡슐층은 친자 관계에 있고 학습 과정에서 부모와 자식 각각의 캡슐을 연결한다. 이 연결은 트리 구조와 같다. 다시 말해 여러 개의 작은 특징을 조합해서 목적하는 상像의 전체 구성을 퍼즐과 같이 조합시키는 처리를 한다. 이로써 결과적으로 어떤 부품이 어떤 관계에 있으면 그것이 숫자 0과 1이라고 할 수 있는지를 이해한다.

동적으로 트리 구조를 만드는 처리이기 때문에 이러한 구조를 동적 라우팅이라고 부른다.

캡슐 네트워크의 향후

동적 라우팅은 합성곱 신경망의 약점을 극복하기 위해 고안됐다. 때문에 향후에 인공지능의 정확도를 더욱 높이는 수법으로 주목받고 있다.

논문에서는 MNIST의 손으로 쓴 이미지로 예측 정확도를 실제로 검증했으며 단순한 화상인식뿐 아니라 2개의 숫자를 겹친 이미지의 인식에서도 높은 정확도를 실현하고 있다. 때문에 사회에서 특히 수요가 높은 화상인식의 정확도를 향후 비약적으로 높일 가능성이 있다. 다만 이 책의 집필 시점에서는 아직 MNIST의 이미지 분석으로 실적을 제시한 것에 불과하다. 향후 다양한 화상인식에서 캡슐 네트워크를 사용하여 정말로 정확도가 향상하는지를 시도할 필요가 있다. 이미 몇몇 실험과 검증이 진행되고 있다. 예를 들면 의료 분야에서 이미지를 통해 암을 발견하기 위해 캡슐 네트워크를 이용하는 등의 실험이 진행하고 있다.[20]

【참고문헌】

1) David E. Rumelhart, Geoffrey E. Hinton & Ronald J. Williams
Learning representations by back—propagating errors.
http://www.cs.toronto.edu/~hinton/absps/naturebp.pdf

2) Jeffrey L. Elman.
Finding Structure in Time.
https://onlinelibrary.wiley.com/doi/abs/10.1207/s15516709cog1402_1

3) Christopher J. C. H. Watkins. Learning from delayed rewards.
http://www.cs.rhul.ac.uk/~chrisw/new_thesis.pdf

4) United States Patent Application Publication Pub. No.: US 2015/0100530 A1
https://patentimages.storage.googleapis.com/71/91/4a/c5cf4ffa56f705/US20150100530A1.pdf

5) David Silver, Aja Huang, Chris J. Maddison, Arthur Guez, Laurent Sifre, George van den Driessche, Julian Schrittwieser, Ioannis Antonoglou, Veda Panneershelvam, Marc Lanctot, Sander Dieleman, Dominik Grewe, John Nham, Nal Kalchbrenner, Ilya Sutskever, Timothy Lillicrap, Madeleine Leach, Koray Kavukcuoglu, Thore Graepel, Demis Hassabis.
Mastering the Game of Go with Deep Neural Networks and Tree Search.
http://airesearch.com/wp—content/uploads/2016/01/deepmind—mastering—go.pdf

6) David Silver, Julian Schrittwieser, Karen Simonyan, Ioannis Antonoglou, Aja Huang, Arthur Guez, Thomas Hubert, Lucas Baker, Matthew Lai, Adrian Bolton, Yutian Chen, Timothy Lillicrap, Fan Hui, Laurent Sifre, George van den Driessche, Thore Graepel, Demis Hassabis.
Mastering the Game of Go without Human Knowledge.

https://deepmind.com/documents/119/agz_unformatted_nature.pdf

7) Kaiming He, Xiangyu Zhang, Shaoqing Ren, Jian Sun.
Deep Residual Learning for Image Recognition.
https://arxiv.org/abs/1512.03385

8) Wired.com 「ALPHABET'S LATEST AI SHOW PONY HAS MORE THAN ONE TRICK」
https://www.wired.com/story/alphabets-latest-ai-show-pony-has-more-than-one-trick/

9) Volodymyr Mnih, Adrià Puigdomènech Badia, Mehdi Mirza, Alex Graves, Timothy P.
Lillicrap, Tim Harley, David Silver, Koray Kavukcuoglu.
Asynchronous Methods for Deep Reinforcement Learning.
https://arxiv.org/abs/1602.01783

10) Jürgen Schmidhuber
On Using Self—Supervised Fully Recurrent Neural Networks for Dynamic Reinforcement
Learning and Planning in Non—Stationary Environments
http://people.idsia.ch/~juergen/FKI-126-90(revised)bw_ocr.pdf

11) Tim Salimans, Ian Goodfellow, Wojciech Zaremba, Vicki Cheung, Alec Radford, Xi Chen
Improved Techniques for Training GANs
https://arxiv.org/abs/1606.03498

12) Alec Radford, Luke Metz, Soumith Chintala
Unsupervised Representation Learning with Deep Convolutional Generative Adversarial
Networks
https://arxiv.org/abs/1511.06434

13) Tero Karras, Timo Aila, Samuli Laine, Jaakko Lehtinen
Progressive Growing of GANs for Improved Quality, Stability, and Variation
https://arxiv.org/abs/1710.10196

14) Augustus Odena, Christopher Olah, Jonathon Shlens
Conditional Image Synthesis With Auxiliary Classifier GANs
https://arxiv.org/abs/1610.09585

15) Mehdi Mirza, Simon Osindero
Conditional Generative Adversarial Nets
https://arxiv.org/abs/1411.1784

16) Aaron van den Oord, Sander Dieleman, Heiga Zen, Karen Simonyan, Oriol Vinyals,
Alex Graves, Nal Kalchbrenner, Andrew Senior, Koray Kavukcuoglu
WaveNet: A Generative Model for Raw Audio
https://arxiv.org/abs/1609.03499

17) Jacob Devlin, Ming—Wei Chang, Kenton Lee, Kristina Toutanova
BERT: Pre—training of Deep Bidirectional Transformers for Language Understanding
https://arxiv.org/abs/1810.04805

18) Geoffrey E. Hinton, Sara Sabour, Nicholas Frosst
Dynamic Routing Between Capsules
http://papers.nips.cc/paper/6975-dynamic-routing-between-capsules.pdf

19) AMA Geoffrey Hinton
https://www.reddit.com/r/MachineLearning/comments/2lmo0l/ama_geoffrey_hinton/

20) Aryan Mobiny, Hien Van Nguyen
Fast CapsNet for Lung Cancer Screening
https://arxiv.org/abs/1806.07416

9

제 장

인공지능 개발에 관한 FAQ

이번 장에서는 필자가 지금까지 여러 차례의 인공지능 강좌와 강연 등에서 받은 질문 중 자주 듣는 말과 오해가 많은 내용에 관해 FAQ 형식으로 정리했다.

앞으로의 사회에서 인공지능은 인간과 상대하는 게 아니라 함께 협조하면서 편리한 구조를 만든다는 개념이 필요하다.

FAQ를 읽고 인공지능이 가진 문제를 정확하게 인식하는 동시에 근거 없는 불안을 불식시키기를 바란다.

제9장 인공지능 개발에 관한 여러 가지 FAQ

9.1 인공지능에 관한 일반적인 질문

Q.1 인공지능은 현명한가?

A. 현명한 부분과 현명하지 않은 부분이 있다.

학습한 정보에서 미묘한 판단을 하는 능력은 인간보다 정확도가 높아질 가능성이 있다. 이러한 의미에서는 현명하다고 할 수 있을 것이다. 특히 화상인식의 정확도에서는 인간보다 우수한 성과를 내고 있다.

이미 몇 가지 논문에서는 암의 조기 발견 정확도는 사람보다 인공지능이 높다는 결과가 발표됐다. 또한 어떤 환경에서 식물을 기르면 좋은지 등 최적 환경의 산출에 대해서도 사람의 감보다 확실한 대답을 내준다. 때문에 일본에서는 일본주 등의 제조 공정에서 온도 등의 관리를 인공지능에게 시키는 실험이 시도되고 있다.

한편 사람과는 달리 여러 가지를 자율적으로 배우고 외우는 범용적인 학습 능력은 없다. 그러한 의미에서는 사람보다 현명하다고 할 수 없다.

인공지능이 할 수 있는 일은 사람과 비교하면 여전히 한정되어 있다.

Q.2 인공지능은 오류가 없는가?

A. 인공지능도 틀린다.

다만 인공지능을 사용하지 않는 소프트웨어도 틀린다. 인간도 틀린다. 따라서 인공지능이 출력하는 예측의 정답률이 100%인가 그렇지 않은가를 논하는 것은 크게 의미가 없다. 뭐가 됐건 많은 경우 100%로 보일 뿐 실제로는 100%가 아니기 때문이다. 중요한 것은 인공지능의 정답률이 몇 %인가 하는 점이다. 정답률이 70%, 90%, 95%, 99.9%, 99.9999% 등 어느 정도의 정확도인가에 따라서 용도와 가치, 운용 체제 등이 크게 바뀌기 때문이다.

이 책에서 설명했지만 인공지능을 제대로 사용하려면 다소나마 오인식은 있다는 것을 전제로 예측 정확도를 매니지먼트하는 것이 중요하다.

Q.3 인공지능이 전문인 것은 무엇인가?

A. 인간보다 우수한 능력을 발휘하는 것은 패턴 인식이다.

영상이나 소리, 뇌파 등 인간이 순식간에 판단하기 어려운 정보라도 인공지능이라면 높은 정확도로 순식간에 판별할 가능성이 있다. 이들 기술은 자율주행의 실현과 뇌파를 분석해서 인간의 사고를 분석하는 브레인 머신 인터페이스의 실현에 공헌하고 있다.

Q.4 인공지능이 서툰 것은 무엇인가?

A. 전혀 경험(학습)하지 않은 특이한 상황에 대응하는 것이다.

지금의 인공지능은 다양한 데이터를 적절하게 학습시키면 미지의 데이터에도 대응하는 응용력을 갖고 있다. 다만 응용력에는 한계가 있고 지금까지 존재하지 않은 완전하게 미지의 것에 대한 예측 정확도는 기대할 수 없다.

사실 이것은 인간도 마찬가지다. 이해하기 쉽도록 극단적인 예를 들어 설명한다. 가령 지구 이외의 별에서 생명체가 발견되고 이것이 본 적 없는 형태를 하고 있는 경우 그 생명체를 외관을 보는 것만으로 생물학상 어느 분류에 속하는지를 판단하는 것은 어려울 것이다.

인간과 인공지능의 차이는 학습량에 있다. 예를 들어 인공지능이 다양한 생물의 사진 100만 장을 학습했다고 해도 그 이외의 것에 대해서는 학습하지 않았다.

한편 인간은 태어나면 눈을 감고 있을 때를 제외하고는 다양한 것을 보고 학습하고 있다. 물론 생물 이외의 것도 많이 보고 있다.

이전에 자율주행차에 탑재한 인공지능이 라면 체인점 간판을 진입 금지 표지판으로 오인식한 것이 화제가 된 바 있다.

이러한 오류가 인공지능에서 일어나는 이유는 간단하다. 인공지능은 표지판을 학습하고 점포의 간판 등을 학습하지 않았기 때문이다.

반대로 그것은 도로 표지판이 아니라 점포의 간판이라고 학습시키면 구별을 할 수 있다. 그렇게 생각하면 인간의 뇌는 살아서 생활하는 사이에 학습하고 있는 정보량은 막대하며 기적이라고 할 수 있을 정도로 우수하다.

Q.5 기술적 특이점(싱귤래리티)이란 무엇인가?

A. 싱귤래리티는 기술적 특이점이라고 하며 정의는 확실하지 않다.

다만 싱귤래리티라는 단어를 사용한 서적 등을 살펴보면 대략 아래와 같은 것을 싱귤래리티라고 한다.

(1) 인공지능이 인간의 손을 빌리지 않고 자율적으로 현명해진다.

(2) 학습을 반복함으로써 인공지능이 인간 이상의 지성을 가질 가능성이 있다.

(3) 인공지능이 인간 이상의 지성을 갖게 되면 마침내 인간과 대립하게 되고 인공지능과 인간의 전쟁이 일어난다.

이 중 (1)의 경우는 실현 가능성이 있을지 모른다.

다만 '현명해진다'라는 의미는 여러 가지가 있다.

미국 구글은 **AutoML**이라 부르는 반자율적으로 정확도를 높이는 인공지능을 개발했다. 다만 AutoML은 신경망의 다양한 파라미터를 자동 조정하는 데 지나지 않으므로 '자율적으로 정확도를 높인다'라는 의미에서는 부합하지만 '새로운 것을 기억하기 시작한다'라는 의미에는 부합하지 않는다.

Q. 6 싱귤래리티에 의해 인공지능이 인간보다 현명해져서 인간을 지배하는 일은 없을까?

A. 그런 일은 없으니 염려할 필요 없다.

이 책을 읽은 사람은 알겠지만 현재의 인공지능은 프로그램된 소프트웨어로 특정 목적을 위해 만들어진 것이다. 설명변수와 목적변수가 정해져 있고 그것에 맞춰 튜닝한 것이다.

따라서 화상인식을 수행하는 인공지능이 멋대로 단어를 기억해서 이해하는 일은 없다. 현재의 인공지능에서는 인간의 의사에 상관없이 멋대로 여러 가지 일을 외우고 새로운 것을 만들지는 않을 것이다.

Q. 7 인공지능은 인간과 같이 생각하게 되는가?

A. 그렇게 될 가능성은 매우 낮다.

적어도 인간과 같이 생각하는 인공지능을 개발하기 위한 수법은 확립되어 있지 않다. '그러한 인공지능을 만드는 연구는 있는가'라고 물으면 그런 연구를 하고 있는 연구자는 있다.

특정 목적이 아니라 여러 가지 일이 가능한 인공지능을 범용 인공지능 Artificial General Intelligence이라고 한다. 범용 인공지능에 관한 연구는 아직 여명기이며 기술적으로 실현 가능한 목표는 없다.

Q.8 인공지능에 감정을 갖게 하는 것은 가능할까?

A. 매우 어려운 질문이다.

어렵다고 대답한 이유 중 하나는 이 질문은 정답이 하나는 아니기 때문이다. 우선 '감정'이라는 것이 무엇인지 하는 정의가 명확하지 않다. 무엇을 감정이라고 하는지는 사람에 따라 해석이 다르다. 가령 고래에게는 감정이 있다는 사람도 있는가 하면 없다는 사람도 있다. 개미에게도 아메바에게도 감정이 있다고 주장하는 사람은 있을 수 있다. 그 주장이 바른지 틀린지를 결정하려면 철학적인 얘기부터 시작해야 한다(인공지능 문제를 규명하면 최종적으로 철학의 세계에 도달하는 일이 있다).

원래 인간의 감정이라 불리는 것이 무엇인지 또한 어떤 구조인지 아직 완전하게 해명되지 않았다.

예를 들면 머리를 맞으면 아프다고 말하며 눈물과 같은 액체를 흘리는 로봇이 있다고 하자. 필자 입장에서 보면 그것은 감정을 갖고 있다고도 할 수 있을지 모르겠다. 그러나 그것이 감정은 아니라는 사람도 있을 것이다.

따라서 인공지능이 감정을 갖는가 갖지 않는가는 사람 각자의 주관에 따라 느끼는 외에 달리 방법이 없다. 때문에 확실한 결론을 내리기 어렵다.

인간의 대부분이 인공지능은 감정이 있다고 대답하게 된다면 인공지능은 감정을 갖고 있다고 할 수도 있을 것이다.

··

9.2 인공지능의 우려에 관한 질문

Q. 9 **인공지능이 군사 목적으로 이용될 가능성은 있을까?**

A. 있다.

이미 인공지능은 군사 기술에 도입되고 있다. 2018년 국제연합 회의에서 AI 병기라 불리는 자율형 치사병기 시스템LAWS에 관한 논의가 있었다. [1]

일본경제신문의 기사에 따르면 미국과 러시아 같은 군사 대국은 AI 병기에 긍정적인 반면 예산 규모가 한정된 중소 규모의 국가는 반대하는 것 같다.

미국이나 러시아 등 AI 병기에 긍정하는 의견은 결코 AI 병기로 다른 나라를 공격하려는 게 아니라 AI의 도입으로 인적 피해를 줄이기 위한 것이라고 주장하고 있다.

예를 들면 전선 가까이에 있는 야영지에서 적의 공격을 감시하는 사람은 가장 먼저 공격을 받을 가능성이 높기 때문에 부상 리스크가 따른다. 그래서 인공지능을 사용하지 않는 프로그램에 의해서 적을 검지하는 방법이 검토했지만 인공지능을 사용하지 않고 그것이 인간인지 고양이인지 적인지 아군인지 민간인인지 군인인지를 판정하는 것은 어려우며, 결과적으로 적에 대해 오검지가 많기 때문에 도움이 되지 않는다. 그래서 인공지능에 의한 감시를 하고 경우에 따라서는 자동검지에 의해서 집중 사격을 해서 경보를 울리는 활용 방법이 검토되고 있다.

Q.10 인공지능에 의해서 로봇 병기가 실현될까?

A. 그럴 가능성은 당분간 없다.

실증실험에서는 여러 가지로 시도될 것으로 생각한다. 인공지능 탑재 로봇을 제대로 활용하면 다양한 면에서 비용을 절감할 수 있다는 의도도 있을지 모른다. 로봇은 결코 저렴하게 개발할 수 있는 것은 아니지만, 원래 각국의 군대에서 상당히 고액의 미사일과 비행기를 제조하고 있으므로 그것과 비교하면 비용이 낮아질 가능성이 있다.

다만 도입한다고 해도 다양한 레벨이 있다. 많은 사람은 우선 인공지능을 탑재한 로봇이 총을 들고 전쟁터를 돌아다니는 모습을 상상할지 모르지만 이동을 하는 로봇을 제조하는 것은 현 시점에서는 비용 대비 효과가 좋은 병기라고는 할 수 없다.

어쨌든 인공지능의 성능은 로봇이 사람과 동등 이상의 운동 능력을 가지기까지는 아직 시간이 걸릴 것으로 생각한다. 너무 높은 운동 능력이 필요치 않은 작전, 가령 가까이에서 특정 표적을 향해서 특정 장소를 이동해서 공격하는 병기라면 실현 가능할지 모르지만, 굳이 인공지능을 사용하지 않아도 실현 가능하다(GPS로 장소를 검지하고 원격으로 인간이 공격 지시를 하면 실현할 수 있다).

Q. 11 인공지능을 탑재한 병기가 인간을 멸할 가능성은 없을까?

A. 없다고 단정할 수 없다.

인공지능 기술을 병기 등에 도입하는 것은 신중해야 한다. 가장 무서운 것은 오인식에 의한 사고와 고장에 의한 폭주이다.

인공지능이 아무리 우수하다고 해도 카메라가 부서진다면 예상치 못한 일을 할지도 모른다. 인공지능에는 감정이 없고 폭주한 경우의 피해는 심각할 가능성이 있다는 점은 짚고 넘어가고 싶다.

전쟁뿐 아니라 새로운 기술을 도입하는 경우에는 안전을 충분히 배려하고 윤리감을 갖고 개발해야 한다. 또한 어떤 식으로 운용할지 국제사회의 논의도 아직 충분하다고 할 수 없으며 대화를 통해 국제 룰을 정해야 한다. 인공지능의 등장으로 소프트웨어 엔지니어와 연구자에게는 지금까지 이상으로 높은 윤리감을 갖는 것이 요구되는 시대가 됐다고 할 수 있다.

Q. 12 인공지능이 범죄에 이용될 가능성은 없을까?

A. 있다.

리스크 매니지먼트의 관점에서 인공지능이 범죄에 이용될 가능성은 높다. 특히 유념해야 할 것은 테러이다.

예를 들면 무인항공기(드론)를 사용해서 폭발물을 나르는 것을 상정했을 때 문제가 되는 것은 정확도이다. 목표물을 찾아내서 가까이 다가가야 한다는 기술적 과제가 있지만 인공지능을 포함한 기술 혁신을 통해서 해결할 수 있다. 그러면 지금까지 없던 형태의 범죄 가능성이 있다.

때문에 범죄 대책에서는 항상 최신 기술에 주목하면서 지금까지 이상으로 다양한 패턴을 고려할 필요가 있다.

한편 다양한 상황을 고려하고 그 모든 것에 대한 경계 감시를 인간에게 기대하는 것은 어려울지 모른다. 작금의 인력 부족 문제에 추가해서 시큐리티에 할애할 수 있는 예산은 한정되어 있기 때문이다.

따라서 범죄 대책에서도 가능한 한 최신 기술로 효율화를 도모하고 다양한 이상(異常)을 자동으로 검지할 수 있는 장치를 모색해야 한다.

예를 들면 대규모 행사장에서 소지품 검사와 본인 확인을 가능한 한 자동화하는 등의 방법이 필요하다. 또한 로봇 등을 사용할 뿐 아니라 현장에서 어떤 범죄가 발생할지를 인공지능을 사용해서 예측하는 것도 효과적인 방범 대책이다.

미국에서는 로스앤젤레스시 경찰이 인공지능의 범죄 예측에 기초해서 경관 배치를 재검토해서 범죄율을 줄이는 데 성공한 사례가 있다.[2]

Q.13 인공지능이 사이버 공격을 할 가능성이 있을까?

A. 인공지능이 지적으로 생각하고 네트워크 공격을 하는 것은 생각하기 어렵다.

네트워크는 프로토콜이라 불리는 규약에 따라 쌍방이 송수신하는 구조로 되어 있다. 즉 프로토콜에서 일탈한 경우 통신 자체가 불가능하므로 정해진 룰상에서 공격하는 수밖에 없다.

즉 정해진 룰상에서 취약성을 찾아내는 것이 사이버 공격이기 때문에 인공지능을 사용할 여지는 없다. 다만 상대를 속이기 위해 간접적으로 인공지능을 사용할 가능성은 있다.

예를 들면 고도의 스팸 메일을 작성하기 위해 인공지능을 이용할 수 있다. 마치 관계자인 것처럼 위장해서 스팸 검지 소프트웨어가 판정할 수 없는 메일 본문을 작성하는 것이다. 여기에 속은 사람이 무심코 메일에 첨부된 파일 등을 실행하면 컴퓨터 바이러스에 감염되어 정보를 외부에 송신하거나 공격자가 네트워크에 침입하기 위한 백도어를 만드는 등의 시나리오가 상정된다.

Q.14 사이버 공격을 막기 위해 인공지능을 활용할 수 있을까?

A. 가능하다.

이미 몇 곳의 기업이 사이버 공격에 대한 방어 수단으로 인공지능을 활용하고 있다. 네트워크 통신 내용의 이상 검지에서 실적이 있다.

평소에 없는 특수한 송신 패턴을 검지하고 이상을 감지하면 관리자에게 공격을 받을 가능성이 있다고 통보한다.[3]

또한 신종 멀웨어(컴퓨터 바이러스 등의 악의 있는 프로그램)를 검지할 목적으로도 인공지능을 이용하고 있다.[4]

멀웨어의 검지에 인공지능을 활용하는 메리트는 알려지지 않은 신종 바이러스 검지에 강하다는 점이다. 인공지능이 컴퓨터 바이러스는 '이러한' 코드가 있을 가능성이 높다는 패턴을 발견하면 아직 발견되지 않은 미지의 바이러스에도 대응 가능하다. 인공지능을 사이버 시큐리티에 활용하면 인간의 작업 수고를 덜어줄 가능성이 있다. 따라서 방어 수단으로서 적극 활용해야 한다.

Q.15 인공지능이 크래킹을 받을 가능성은 있을까?

A. 있다.

크래킹이란 악의를 가진 제3자가 시스템을 공격, 침입해서 자기 멋대로 조작하는 것이다. 주로 해킹이라는 단어가 사용되지만 실은 잘못된 단어이고 해킹은 '내용을 분석한다'는 의미이다. 파괴와 탈취를 목적으로 하는 공격은 정확하게는 크래킹이라고 한다.

인공지능에서는 탈취한다기보다는 공격에 의해서 혼란을 일으킬 가능성이 높다. 인공지능은 학습 프로세스에 의해 개념(계산식에 의한 판단 기준)을 항상 변화시킨다. 따라서 어떤 수단을 사용해서 잘못된 내용을 학습시키면 인공지능의 판단을 바꿀 수 있다.

예를 들면 개의 사진을 학습시키고 고양이라고 가르치면 인공지능은 개를 고양이라고 여긴다. 그렇게까지 하지 않더라도 터무니 없는 노이즈 데이터를 학습시키기만 해도 예측 정확도를 크게 떨어뜨릴 수 있다.

인공지능을 운용할 때는 그런 일이 없도록 신경 써야 한다. 따라서 제3자가 학습 데이터를 추가하거나 수정할 수 없도록 해야 한다.

특히 강화학습을 수행하는 경우는 학습 데이터를 체크하지 않고 취득한 보상을 항상 자동적으로 학습하는 경우가 많으므로 보상을 외부에서 취득하는 경우에는 부정한 데이터가 섞여 들어오지 않도록 주의가 필요하다.

9.3 기업의 인공지능 활용에 관한 질문

Q.16 모든 기업이 인공지능을 활용해야 할까?

A. 그렇지 않다.

반드시 모든 기업이 인공지능을 활용해야 하는 것은 아니다. 그러나 활용 여부와 상관없이 인공지능을 이해할 필요는 있다.

활용해야 할지 말지는 기업을 둘러싼 상황에 따라서 다르다. 업계의 동향과 재무 상황, 현장이 안고 있는 문제 등을 감안한 후에 종합적으로 판단해야 한다.

다만 인공지능을 지나치게 믿은 나머지 인공지능을 도입하는 것을 목적으로 프로젝트를 가동하는 일만은 없어야 한다.

실은 필자의 경험에서도 굳이 인공지능을 사용하지 않고 일반 데이터 사이언스로 해결한 사례가 많이 있다. 필요가 없는데 인공지능을 사용하는 것은 비용의 낭비.

반대로 인공지능을 무조건으로 부정하는 것도 좋지 않다. 인공지능에 대한 인상만으로 판단하고 전문가의 의견을 듣지 않고 인공지능 활용의 가능성을 배제하는 것은 큰 가능성을 스스로 버리는 행위라고 할 수 있다.

모든 기업에 공통으로 말할 수 있는 것은 인공지능을 활용하는가 그렇지 않는가에 상관없이 앞으로는 인공지능의 영향을 전혀 받지 않는 비즈니스를 전개하는 것은 불가능하다는 점이다. 경쟁 기업이 인공지능을 사용해서 업계의 상식을 뒤집을 가능성이 있기 때문이다. 따라서 기술자와 관리자, 경영자는 인공지능이 어떤 것인지를 제대로 이해하고 업계 내 및 경쟁 회사가 어떻게 활용하고자 하는지를 파악할 필요가 있다.

Q. 17 인공지능에 의해서 이업종 참가가 늘까?

A. 그렇다.

인공지능은 지금까지 어려웠던 이업종의 시장 진입 문턱을 낮추어 업계 내 제휴와 세력 관계를 재정의할 것이다. 어떤 상황에서 어떤 전략을 선택하든 상대가 어떤 전략을 취할지를 모르고서는 전략을 세울 수 없다.

실제로 마이클 포터가 〈경쟁 전략〉이라는 세계적으로 유명한 책에서 제안한 '5가지 경쟁 요인'에서는 대체품의 위협에 대해 설명하고 있다. 즉 기술 혁신으로 지금까지 전혀 상관 없었던 업계의 기업과 경쟁 관계에 놓일 가능성이 있다.

예를 들면 자동차 업계에서는 도요타자동차 등의 자동차 제조사가 전기자동차와 자율주행차를 염두에 두고 구글 등을 경쟁자로 상정하고 본래 경쟁자인 혼다와 협업하는 등의 움직임이 있다.[5]

이처럼 인공지능의 등장은 이미 업계의 상식과 구도를 크게 바꾸기 시작했다. 가까운 미래에 자동차 제조사뿐 아니라 부품 제조 등 업계 전체에 큰 영향을 미칠 것이다.

Q.18 인공지능 개발비용은 비쌀까?

A. 그렇다.

인공지능의 개발비용은 고액인 경향이 있다. 가장 큰 요인은 개발 가능한 인재가 부족하다 보니 인건비가 높아지기 때문이다(기술자 입장에서는 큰 기회이다).

그러나 돈이 많이 든다는 이유만으로 개발을 그만 두는 것은 지나치게 단락적이다. 무엇보다 고액이라고 해도 적절한 필요 경비인지 낭비되는 경비 때문인지에 따라서 의미가 다르다. 인공지능을 개발함으로써 개발에 드는 이상의 매출 증가와 비용 삭감을 기대할 수 있는 거라면 적극적으로 개발을 검토하는 편이 좋다.

다만 신서비스와 신제품을 개발하는 경우는 그 효과가 어느 정도 매출에 영향을 미칠지 알 수 없다. 그런 경우는 투자로 취급하기 때문에 여유가 있는 범위에서 검토하면 좋을 것이다. 적어도 본업의 매출이 떨어지는 데다 재무적인 여유가 전혀 없는 상황에서 '모 아니면 도' 식으로 인공지능에 희망을 거는 것은 바람직하지 않다.

Q.19 적절한 인공지능 개발비용을 판단하는 방법은 있는가?

A. 있다.

그러나 전문지식이 없으면 IT 사업자가 제출하는 견적에 제시된 가격이 적절한지 아닌지 판단하기 어려울 것이다. 다소 비용이 들어도 IT 및 인공지능 지식을 가진 전문가에게 **프로젝트 감사**를 의뢰해야 한다.

감사를 하는 사람은 경영 전문가보다는 IT 업계에서 프로젝트 매니지먼트 경험이 있는 기술자가 가장 적합하다. 가능하면 감사인은 외부 사람이 제3자의 입장에서 공평하게 볼 수 있으므로 권장한다. 내부 사람의 경우 프로젝트와는 관계가 없는 인간 관계가 판단에 영향을 미칠 가능성이 있기 때문이다.

또한 기술자라면 세세한 부분을 이해하고 IT 사업자의 사정과 기술적 난이도를 고려한 후에 교섭이 가능하다. 추가해서 프로젝트에 들어가고 나서도 문제를 이해하고 어드바이스할 수 있는 이점도 있다.

Q. 20 인공지능 기술자는 부족한가?

A. 부족하다. 세계적으로 인공지능 기술자는 부족하다. 또한 인공지능에 대한 수요가 증가하는 가운데 인공지능 기술자는 크게 증가하지 않기 때문에 향후 더욱 더 부족해질 것으로 필자는 예측한다.

이미 인공지능 개발이 가능한 기술자의 인건비가 급등하고 있다. 인공지능 기술자의 연수입은 30~50만 달러라고 하며 일본의 급여 기준으로는 생각할 수 없는 수준이다.[6]

이 상황에 대해 일본 기업은 대응이 늦다. 일본의 벤처 기업 등에서는 1000만엔의 연수입을 내걸고 모집하고 있는 곳도 있지만 세계 수준에서 보면 한참 낮다. 그러한 일본의 상황은 이미 우수한 인재의 해외 유출이라는 사태를 초래하여 대학에서 인공지능을 연구한 인재가 해외 기업에 취직하는 상황이다.

이렇게 해서 향후의 일본 기업은 인공지능 기술자의 심각한 인재 부족에 빠지고, 이로 인해 일본에서 인공지능 활용에 걸림돌이 될 것으로 예상한다. 그렇다면 인공지능 기술자에 대한 보수를 세계 수준으로 올리면 되겠지만 유감스럽게 현실은 어렵다. 일본 기업에는 연공서열 제도와 개념이 뿌리 깊게 남아 있어 그 전제를 무너뜨리는 것이 쉽지 않기 때문이다.

한편 인공지능 관련 전문가는 신기술인 만큼 전 세계적으로 부족한 것이 현실이다. 따라서 전 세계적으로 국가 차원의 전문인력 양성에 투자 중이다.

한편으로 기업도 기존의 인사 평가와 조직 운영에 한계를 느끼고 있다. 2019년 4월의 일본경제신문 보도에 따르면 일본경제단체연합회의 나카니시 히로아키 회장(히타치제작소 회장)은 "채용에 전혀 규칙이 없는 것은 곤란하지만 다양성이 매우 중요하다. 기업은 종업원을 평생 고용하는 보증서를 갖고 있는 것은 아니다"라고 말했다.[7]

같은 회사에서 함께 계속 일한다는 개념이 아니라 일하는 사람 저마다 전문성을 갖고 그때그때의 정세에 맞춰 최적의 기업에 소속한다는 개념을 갖게끔 일하는 사람도 고용자도 교육하는 학교도 생각을 바꿔야 한다.

Q.21 인공지능 개발을 도와줄 기술자는 어디에 있는가?

A. 어려운 질문이다.

우선 인공지능 기술자는 그리 많지 않다. 그 정도로 고도의 새로운 기술이다. 대기업에 AI 인재는 있지만 기본적으로 부업의 금지되어 있으므로 타사의 의뢰를 받는 것은 어려울 것이다.

따라서 모든 기업이 조기에 자사의 종업원 중에서 인공지능을 개발할 기술자를 육성할 필요가 있다. 그러려면 조금 시간이 걸리므로 바로 찾아내야 하는 경우를 생각해보자.

외부 인재를 활용할 수 있는 거라면 벤처 기업에 소속된 기술자에게 개발을 의뢰하는 것도 한 방법이다. 벤처 기업 중에는 규정이 엄격하지 않은 곳도 있기 때문에 도와줄 가능성이 있다.

또한 인공지능을 개발하고 있는 벤처 기업에게 직접 개발 지원 상담을 하면 유연하게 대응해줄 가능성도 있다. 필자의 회사에서도 다양한 기업에서 개발 지원과 프로젝트 감사 상담을 받고 있다.

다만 우수한 벤처 기업은 전문성과 모티베이션이 높은 인재가 많기 때문에 저렴하게 의뢰하려거나 자원봉사자로 도움을 받으려고 생각해서는 안 된다.

Q.22 인공지능 개발이 가능한 기술자를 접촉하려면 어떻게 하면 될까?

A. 기술자는 SNS(소셜 네트워킹 서비스)나 블로그를 적극적으로 활용하고 있다. 이를 통해서 상담하는 것은 가능하다.

물론 벤처 기업은 시간적 여유가 없는 특성상 우선 물어나 보자는 자세는 금물이다. 용도와 예산 규모를 결정하고 나서 문의하자.

어쨌든 평소부터 인공지능 개발이 가능한 기술자가 어디에서 무엇을 하고 있는지에 대한 정보에 예의주시할 필요가 있다. 그런 사람과 만난다면 적극적으로 교류를 시도하자. 어렵사리 만나놓고 교류를 하지 않는 것은 매우 큰 손실이다.

특히 기업의 경영자에게 기술자와의 교류는 향후의 가장 중요 업무라고 해도 과언이 아니다.

바쁜 데다가 정보 기술 리터러시가 높은 기술자는 전화나 전자메일을 꺼리는 경향이 있으므로 페이스북 등의 SNS를 활용하면 좋을 것이다.

Q.23 국가는 인공지능 활용을 권장하고 있는가?

A. 물론이다. 세계 각국에서 적극적으로 권장하고 있다.

인공지능을 빼놓고 국가의 미래를 논할 수 없다. 일본과 중국, 미국, 기타 많은 국가에서 인공지능 보급은 국가의 가장 중요한 과제로 자리 매김하고 있다.

때문에 각국에서 인공지능 관련 벤처 기업을 다양한 방면에서 적극적으로 지원하고 있다. 문제는 다양한 시책을 추진하는 관료가 인공지능을 이해하는가 하는 점이다. 인공지능을 이해하지 못한 사람은 실패를 두려워하기 때문에 과감하지 못해 세금을 사용했음에도 불구하고 결과적으로 이렇다 할 효과를 내지 못하는 시책을 추진하고 무난한 보고서로 마무리하려는 것이 최악의 시나리오이다.

사실은 이러한 이유에서도 기술자가 아닌 사람도 읽었으면 하는 바람을 담아 이 책을 집필했다.

이미 인공지능을 테마로 한 치열한 국제 경쟁이 시작됐다. 이 사실을 모든 사람이 직시해야 한다. 그런 다음 국가가 적극적으로 추진하고 있다는 것을 이해하고 민간 기업은 이를 적극적으로 활용하되 필요가 있으면 국가의 시책에 협력해야 한다. 그것이 곧 국가의 발전에 기여하는 일이기도 하다.

Q. 24 지방 자치단체는 인공지능의 활용을 권장하고 있는가?

A. 권장한다.

특히 인구 감소 등의 문제에 직면해 있는 지방 자치단체에서는 인공지능을 활용한 새로운 마을 구축을 진지하게 검토하고 있다. 때문에 지방 자치단체에서도 민간이 적극적으로 활용을 검토할 수 있도록 다양한 시책을 실시하고 있다.

한편 세금을 사용하는 이상은 각 자치단체에 환원할 수 있는 시책이어야 한다. 때문에 전문가가 전국의 자치단체에서 심사원 지원 업무 등을 맡고 있다. 필자도 여러 현의 지원을 하고 있다.

후쿠이현에서는 후쿠이 AI 비즈니스 오픈 연구소를 개설하고 센터 내에서 공부방 운영과 상담, 활용 사례에 관한 패널 설치와 개발 성과를 전시하고 있다.[8] 필자도 설립 당시 위원회에 참가했다.

또한 각 자치단체는 후쿠이현과 요코하마시와 같이 인공지능 활용에 관한 보조금 제도를 정하고 있다. 보조금 심사에서는 그 기업에서 실현 가능한지의 여부뿐 아니라 그 성과를 자치단체에 환원할 수 있을지의 여부도 포함해서 엄격하게 심사하고 있다.

민간기업은 이러한 지원을 적극적으로 활용하자. 자치단체로서도 세금을 사용한 이상 아무도 이용하지 않는데 계속할 수는 없다. 사회에 도움 되는 지원을 지속하기 위해서라도 꼭 민간 기업이 활용하기 바란다.

마이클 포터가 제창하는 공유가치 창출Creating shared value이 말해주듯이 자신이 속한 기업과 조직의 이익만을 생각하는 시대는 이미 끝났다.

지금은 사회 전체의 이익을 생각하는 것이 결과적으로 자신의 이익으로 이어지는 시대이다. 국가와 지방 자치단체, 민간, 학술기관 모두가 하나가 되어 새로운 사회 구축을 위해 연계해야 한다.

9.4 생활에 관한 질문

Q. 25 **인공지능에 의해서 우리의 생활은 어떻게 달라질까?**

A. 여러 가지 일이 편리해질 것이다.

이 책에서도 소개했지만, 가령 가전제품 등은 리모컨이 필요없어지고 말을 걸어 조작할 수 있게 된다. 또한 공기조화기 등은 상황에 따라서 자동으로 최적의 환경을 찾아줄 것이다.

자동차뿐 아니라 모든 것이 자동화될 것으로 생각한다. 너무나 편리해져서 인간의 운동 능력이 떨어질 리스크는 있다고 생각한다.

Q. 26 **인공지능을 이해하지 않으면 생활이 불가능해질까?**

A. 그런 일은 없다.

대부분의 경우 제품이 인공지능을 사용하고 있는지 없는지를 의식하지 않고 사용하게 될 것이다. 모든 것은 인간이 직감적으로 이용할 수 있도록 설계되기 때문에 목소리(음성)와 행동으로 조작할 수 있게 되고 가전제품도 휴대전화도 지금보다 사용법이 간단해질 것으로 생각한다. 사용법을 알지 못하면 직접 물어보면 적절한 대답을 해줄 것이다.

9.5 인공지능의 인재 육성과 교육에 관한 질문

Q. 27 어떤 사람이 인공지능을 개발하고 있는가?

A. 인공지능은 소프트웨어이므로 소프트웨어 기술자가 많다.

다만 소프트웨어 기술자라고 해서 모든 사람이 데이터 사이언스를 배우고 있는 것도 인공지능을 이해하고 있는 것도 아니다. 따라서 소프트웨어 기술자 누구나가 인공지능을 개발할 수 있다고는 할 수 없다.

반대로 인공지능 연구자에게 소프트웨어 개발 스킬은 필수이다. 소프트웨어 기술자로서 종사한 경험이 없어도 프로그래밍을 포함한 컴퓨터 사이언스 전체에 대해 높은 스킬을 갖고 있지 않으면 안 된다. 어떤 입장에서 지식을 갖고 있다고 해도 인공지능을 개발하려면 데이터 사이언스는 물론 소프트웨어 개발과 리눅스 플랫폼 등을 포함한 폭넓은 지식이 필요하다.

따라서 인공지능을 개발할 수 있다는 것만으로도 고도의 인재라는 것을 의미한다.

Q. 28 앞으로의 젊은 세대는 인공지능에 관한 지식이 필요할까?

A. 필요불가결하다.

지금은 컴퓨터 지식 없이 가능한 업무의 수는 한정되어 있다. 요구되는 스킬의 차이는 있다고 해도 적어도 컴퓨터로 문서를 작성하고 프리젠테이션을 하고 전자메일을 사용하는 것은 필수이다.

마찬가지로 인공지능에 관한 최소한의 지식 없이 가능한 업무의 수는 줄 것이다. 또한 인공지능의 등장으로 지금까지 상상하지 못한 업무가 등장할 거라고들 한다.

앞으로의 시대에 인공지능을 모른다는 것은 업무를 하는 데 있어 큰 걸림돌이 된다는 점을 젊은 세대에게 제대로 교육해야 한다.

Q. 29 학교에서 인공지능이 필수 과목이 될까?

A. 그렇다.

앞으로의 비즈니스에 인공지능의 이해는 필수이기 때문이다.

이미 각국에서 인공지능 인재(AI 인재)를 육성하기 위한 교육 개혁이 시작됐다. 특히 미국과 중국이 적극적이다.

세계 최대급의 비즈니스 특화형 SNS인 링크트인Linked-in의 조사에 따르면 2019년 시점에 인공지능 관련 기술자의 수는 세계에서 190만 명이고 약 절반을 미국인이 차지하고 있다. 중국의 인공지능 관련 기술자는 약 5만 명이라고 한다. 중국에서는 고등학교에서 IoTInternet of

Things와 인공지능을 배우기 위한 데이터 사이언스를 포함한 과목이 2018년부터 필수가 됐다.

일본 정부도 2019년 3월에 모든 고등학생과 대학생을 대상으로 초급 수준의 인공지능 교육을 실시하는 내용을 담은 전략을 책정했다.[10] 한편 인공지능 교육을 받은 대학생은 2019년 시점에서 2,800명 정도에 불과하며 약 30만 명이 부족하다고 한다. 정부의 전략에도 적혀 있는 대로 '읽고 쓰고 계산'하는 것과 마찬가지로 '수리, 데이터 사이언스, 인공지능' 지식이 필수가 될 것이다.

다만 인공지능 교육이 가능한 사람이 충분히 있는가 하는 우려가 있다. 인공지능 분야는 매우 고도의 내용이 많아 알기 쉽게 가르치는 자질이 필요하다. 높은 품질의 교육을 보다 많은 사람에게 신속하게 제공하려면 이미 학교에 종사하고 있는 교사뿐 아니라 기업에 근무하는 현장 경험이 풍부한 인재 등도 활용하여 e러닝과 원격 수업을 활용함으로써 보다 많은 사람에게 질 높은 인공지능 교육을 제공할 수 있는 장치를 사회 전체에서 만드는 것도 중요하다.

Q.30 인공지능을 개발하려면 무엇을 공부하면 될까?

A. 데이터 사이언스 지식이 필요하다.

또한 이 책에서도 소개한 바와 같이 프로그래밍 언어에 관한 지식 외에 동작 환경에 관한 리눅스 OS와 네트워크 지식도 어느 정도 필요하다.

그러나 컴퓨터 지식만 있다고 해서 우수한 개발자와 연구자가 될 수 있는 것은 아니다.

딥마인드DeepMind의 창업자인 데미스 하사비스와 같이 인공지능을 지향하는 최첨단 연구자 중에는 인간의 뇌를 이해하고 구조를 인공지능에 도입하기 위해 대학에서 인지과학을 연구하는 사람도 있다.

더 이상 특정 분야만을 공부하면 되는 시대가 아니라는 사실을 감안하고 자신이 개발하려는 인공지능을 명확히 정의하고, 필요한 지식을 필요에 따라서 배워 가면 좋을 것이다.

Q.31 수학이 서툰 사람도 인공지능을 이해할 수 있을까?

A. 어려운 질문이다.

데이터 사이언스를 배우려면 기초적인 수학은 물론 확률, 통계, 미분·적분 등의 지식이 필요하다. 수학이 서툴면 진정한 의미에서 이해하기는 어려울 것이다. 무엇보다 수학을 싫어한다면 학습 동기가 지속되지 않는다. 인공지능까지 가지 않더라도 데이터로 진실을 규명하는 일은 앞으로의 사회에서 매우 중요하다.

예를 들면 어느 상품 A가 생각한 것보다 팔리지 않은 경우 언제부터 팔리지 않게 됐는지, 연령과 지역에 따라서 인기에 차이가 있는지 등 다양한 분석을 통해서 원인을 명확히 밝히지 않으면 다음 전략을 세울 수 없다.

데이터 분석을 하지 않고 영감이나 직감만으로 다음 전략을 세워봐야 완전히 예상이 어긋나 모든 게 허사가 될지도 모른다.

사실 우리 사회에는 이러한 일이 여전히 남아 있다. 그렇게 생각하면 역시 데이터 사이언스는 필요하며 그 연장선상에 인공지능의 활용이 있는 것이다.

Q.32 인공지능을 배우기 위해 가장 먼저 무엇을 하면 좋을까?

A. 인공지능에 흥미를 갖는 것이다.

높은 동기 없이 배워야 할 것이 많은 인공지능을 이해하는 것은 쉬운 일이 아니다. 가르치는 사람도 이 점을 깨달아야 한다. 또한 배우는 순서가 정해져 있는 것도 아니다. 자신이 전문인 부분과 흥미가 있는 곳부터 배우고 이해하지 못해도 실망하지 않는 것이 중요하다.

이 책도 많은 사람이 인공지능의 본질을 이해할 수 있도록 알기 쉽게 전달하는 것을 최우선으로 생각하고 썼다. 그러나 한 번 읽었다고 해서 모든 것을 이해하는 것은 불가능하다.

지금까지 읽은 다른 책에서 이해하지 못한 부분을 이 책을 읽고 이해할 수 있게 되거나, 반대로 다른 책을 읽고 이 책에서 이해하지 못한 부분을 이해할 수 있게 되지 않을까 생각한다.

다시 말해 한 번 읽고 이해하지 못한 점은 더 많은 책을 읽으면 많은 도움이 된다.

물론 이 한 권은 어느 책보다 알기 쉽다고 자부한다. 그러나 필자도 인공지능 관련 책을 몇십 권이나 읽었다. 많이 읽다 보면 미처 이해하지 못한 내용을 이해하게 되고, 그 하나하나가 연결되어 자신의 것으로 되는 순간이 찾아온다.

프로그램이 가능하다면 실제로 자신이 인공지능 프로그램을 짜볼 것을 권한다.

인터넷상에 샘플과 개발에 관련된 프로그램 등 많은 정보 소스가 있으므로 참고하면 좋을 것이다. 필자도 그렇지만 책을 통해서 이론을 이해할 것이 아니라 우선 샘플 등을 움직여보고 체감적으로 이해해야 논문이나 책의 내용을 파악할 수 있는 부분도 많다.

Q.33 인공지능을 효율적으로 배우는 방법은?

A. 역시 인공지능에 흥미를 갖는 것이다.

인공지능을 이해하면 다양한 면에서 큰 도움이 될 것이다. 효율적으로 학습하려면 가능한 한 질 좋은 다양한 정보를 접할 필요가 있다. 인공지능 관련 전시회와 강연회는 전국 각지에서 개최되고 있다. 적극적으로 참가하면 좋을 것이다. 체험을 통해 배우는 것은 매우 효율적이다.

최근에는 신문이나 잡지, 텔레비전에서도 인공지능 관련 내용이 자주 거론되고 있지만 각 미디어도 비즈니스이므로 독자와 시청자로부터 반향이 적은 기사와 보도는 줄어들 수밖에 없다. 그래서 인공지능에 관한 정보를 조금이라도 늘리기 위해 적극적으로 SNS를 활용하자. 인공지능에 흥미가 있는 지인이 인공지능에 관한 좋은 기사 등을 가르쳐줄 기회가 많으므로 SNS는 편리하다.

이외에도 뉴스 사이트와 SNS 등에서 사회에서 어떻게 인공지능을 사용되고 있는지에 대한 정보를 수집하기를 권한다.

예를 들면 인공지능이 질병을 발견하고 치료할 수 있게 됐다는 뉴스를 본다면 밝은 미래가 다가온 것 같은 기분이 들어 들뜨지 않겠는가? 다음은 인공지능을 잘 아는 친구를 만드는 일이다.

기술자와 함께 이야기를 나누는 것만으로도 최고의 기술 교육을 받는 셈이다. 만약 가까이에 IT 기술을 잘 아는 친구가 있다고 하면 당신에게 큰 은혜를 가져다주는 둘도 없는 재산일지 모른다.

9.6 인공지능의 미래에 관한 질문

Q. 34 인공지능은 향후에도 진화하는가?

A. 그렇다. 진화한다.

이유는 이 책에서 소개한 논문 등을 읽으면 알 수 있지만 인공지능 연구자의 연구는 완결된 것이 아니라 개선의 여지가 있기 때문이다.

다만 진화라는 의미에는 2가지가 있다. 하나는 새로운 알고리즘이나 수법으로 예측 정확도를 향상한다는 의미에서의 진화이다. 딥러닝과 캡슐 네트워크 연구는 이제 막 시작했을 뿐이다. 향후에도 연구에 의해서 예측 정확도는 향상할 것이다.

또 하나는 인공지능은 전 세계의 모든 장소에서 활용되고 있는 상황은 아니다. 향후 새로운 분야에서의 활용이 전 세계에서 시도되는 과정에서 각 분야에 맞는 최적화된 모델이나 학습 방법이 고안될 것으로 생각한다.

예를 들면 암의 화상 검지에 관해서는 대장암 등의 조기 발견에서 성과를 내고 있지만 모든 암을 발견할 수 있는 것은 아니다.[11] 기타 질병에 관해서도 향후 연구 결과에 따라 인공지능이 조기에 질병을 발견할 가능성은 있다.

Q. 35 인공지능은 상상력을 갖게 되는가?

A. 필자를 그렇다고 생각한다.

실은 필자는 인공지능이 새로운 그림을 그리는 등의 상상력을 갖는 것에 얼마 전까지 부정적이었다. 그러나 이 책에서 소개한 GANs 등에 의해서 작성된 그림을 보고 생각이 바뀌었다.

인간이 그림을 그리는 것과 인공지능이 그림을 그리는 것은 무엇이 다른지를 생각해보자.

인간이 그림을 그릴 때는 역시 자신의 경험과 본 것에서 발상을 얻어 그릴 것이다. 인간의 경우 본 것이라는 것은 그리고 싶은 것과는 직접 관련이 없을지 모른다. 따라서 마치 이 세상에 없는 것을 창조하는 것처럼 보인다. 그렇게 생각하면 인공지능도 그림뿐 아니라 다양한 전 세계의 동영상이나 직접 관련이 없는 것을 배울 수 있으면 보다 창조적인 새로운 것을 만들어낼 것이다.

그 결과 인공지능이 예술 작품을 만들어 좋은 평가를 받았다고 해도 이상하지 않다. 마찬가지로 인공지능이 소설 등의 문서를 작성하는 것도 가능하다고 생각한다.

Q. 36 우리들 인류는 인공지능과 어떻게 교류하면 될까?

A. 인공지능은 인간의 좋은 파트너가 될 것이다.

인공지능과 공생하는 사회 구축은 인류에게 첫 경험이다. 인간은 미지의 새로운 경험에 대해 본능적으로 두려움을 갖는다. 인공지능을 두려워하는 사람이 있다고 해도 이상하지 않다. 그렇기 때문에 싱귤래리티(기술적 특이점)에 의해서 인공지능이 인간을 지배할 거라는 근거 없는 이야기가 나온다. 물론 인공지능을 사용하는 데 따른 리스크가 전혀 없는 것은 아니다. 무슨 일이든 리스크 매니지먼트가 중요하다.

그러나 리스크는 막연히 두려워할 게 아니라 매니지먼트하는 것이다. 이 점을 착각해서는 안 된다. 따라서 군사 목적으로 인공지능을 어떻게 활용할 것인가 하는 국제 룰과 인공지능 개발에 일정한 제한을 두는 법률의 정비는 필요하다.

그렇다고 두려운 나머지 필요 이상으로 인공지능의 개발을 억제하는 일이 있어서는 안 된다. 우리들은 지금까지도 불을 사용하고 전기를 사용하고 정보 기술을 활용해서 현재의 편리한 사회와 생활을 손에 넣었다.

때문에 룰의 정비에 임해서는 관계자들이 자주 토론하고 의견을 집

약한 후에 가능한 한 많은 사람이 납득할 수 있도록 할 필요가 있다. 특히 저출산·고령화가 진행하는 선진국에서는 인구가 줄어드는 가운데서도 편리하게 쇼핑이 가능하고 원하는 것을 원하는 때 얻는, 지금 이상의 편리한 생활을 실현하기 위해서는 인공지능의 힘을 빌릴 수밖에 없다.

그러려면 '인간 대 인공지능'이 아니라 '인간과 인공지능'이라는 관계 하에 어떤 사회를 창조해갈 것인지에 대해 모두가 진지하게 생각해야 한다. 그렇게 하면 빛나는 밝은 미래가 기다릴 것이다.

【참고문헌】

1) 일본경제신문「AI 병기, 실용화 임박했다　규제 도입에 미국 러시아 등 대국이 반대」
https://www.nikkei.com/article/DGXMZO34909190T00C18A9FF8000/

2) 일본경제신문(원문 Forbes)「LA, 애틀랜타… 미 경찰에 범죄예방 기술을 도입」
https://www.nikkei.com/article/DGXMZO83355560Y5A210C1000000/

3) 닛케이비즈니스「인공지능으로『미지의 사이버 공격』을 파헤쳐라」
https://business.nikkei.com/atcl/report/15/226265/070800040/

4) 닛케이컴퓨터「사이버 공격을 AI로 간파하는 주목 제품　내부비리도 검지」
https://www.nikkei.com/article/DGXMZO35817680X20C18A9000000/

5) 일본경제신문「도요타와 혼다, 이례적 악수　구글 선행에 위기감」
https://www.nikkei.com/article/DGKKZO43063630Z20C19A3EA2000/

6) 닛케이 xTECH 기사「당신도 연수입 3000만엔 넘는 AI 인재가 될 수 있다」
https://tech.nikkeibp.co.jp/atcl/nxt/column/18/00138/061100087/

7) 일본경제신문「취활 전환, 전문성 필수　탈(脫)종신고용이 가속」
https://www.nikkei.com/article/DGXMZO44045090S9A420C1EA2000/

8) 후쿠이 AI 비즈니스 오픈 래보
http://www.fisc.jp/it/fukui_ailab/

9) 닛케이비즈니스「사회과제의 해결, 기업이 주역으로」
https://business.nikkei.com/atcl/NBD/15/special/011700565/

10) 일본경제신문「정부, AI 인재 연 25만 명 육성　전 대학생에게 초급 교육」
https://www.nikkei.com/article/DGXMZO42932250W9A320C1SHA000/

11) 일본경제신문「암 발견『AI의 눈』실용화　올림푸스, 정답률 90%」
https://www.nikkei.com/article/DGXMZO42025400U9A300C1TJ3000/01.1 人工知能とは何なのか

후기

　이 책의 기획을 들었을 때만 해도 집필할지 말지 고민이 많았습니다. 학생이나 문과 출신 사람도 인공지능을 이해할 수 있도록 집필한다는 것은 매우 힘든 일이 될 거라고 예상했기 때문입니다.

　그러나 인공지능을 이해할 수 있는 인재는 향후 분명 부족할 것으로 예측됩니다. 어쩌면 그것 때문에 경제가 침체할지도 모릅니다. 실제로 인공지능을 활용하지 못해 프로젝트가 정체되어서 실적이 오르지 않는 기업이 있습니다. 이러한 불안과 위기감에 책을 집필하기로 결정했습니다. 이 책과 같은 서적이 사회에서 요구되고 있는데다 인공지능 엔지니어이자 책임자인 나 자신에게는 폭넓은 독자에게 쉽게 전달하는 인공지능 책을 집필해서 사회에 공헌할 의무가 있다고 느꼈기 때문입니다.

　그러나 예상대로 책을 쓰느라 매우 힘들었습니다. 원고를 쓰고 다시 읽고 수정하고…. 그야말로 일진일퇴(一進一退)를 반복하며 매우 많은 시간을 할애해 집필했습니다. 따라서 예정보다 집필이 늦어져서 닛케이BP와 담당자인 치카오카 씨, cinq의 마쓰오카 씨, 이 책의 제작에 관여한 분들에게 큰 폐를 끼친 것 같습니다. 이 자리를 빌려 이 책의 제작에 진력해주신 분들께 진심으로 감사드립니다. 평소 SNS 등을 통해 격려와 응원을 보내준 친구들, 흔쾌히 코멘트를 해준 와타나베 선생님, 오카다 선생님께도 감사의 말씀 올립니다.

또한 바쁜 저를 관대한 마음으로 여러 가지 면에서 지원해 준 가족에게 깊은 감사의 마음을 전합니다.

이모토 타카시(伊本 貴士)

찾아보기

비즈니스 구축부터 신기술 개발까지

인공지능 교과서

2021. 1. 4. 초판 1쇄 인쇄
2021. 1. 12. 초판 1쇄 발행

지은이 | 이모토 타카시
감 역 | 이강덕
옮긴이 | 김기태
펴낸이 | 이종춘
펴낸곳 | **BM** (주)도서출판 **성안당**

주소 | 04032 서울시 마포구 양화로 127 첨단빌딩 3층(출판기획 R&D 센터)
10881 경기도 파주시 문발로 112 파주 출판 문화도시(제작 및 물류)

전화 | 02) 3142-0036
031) 950-6300

팩스 | 031) 955-0510
등록 | 1973. 2. 1. 제406-2005-000046호
출판사 홈페이지 | www.cyber.co.kr
ISBN | 978-89-315-9034-0 (13000)
정가 | 19,000원

이 책을 만든 사람들
책임 | 최옥현
진행 | 김혜숙
본문 디자인 | 임진영
표지 디자인 | 임진영
홍보 | 김계향, 유미나
국제부 | 이선민, 조혜란, 김해영
마케팅 | 구본철, 차정욱, 나진호, 이동후, 강호묵
마케팅 지원 | 장상범
제작 | 김유석

www.cyber.co.kr ★★★
성안당 Web 사이트